Hannah Rehage

Der Einsatz deutscher Streitkräfte

Unter besonderer Berücksichtigung der
verfassungsmäßigen Prüfung innerstaatlicher
Verwendungen bei terroristischen Angriffen

Herbert Utz Verlag · München

Neue Juristische Beiträge

herausgegeben von
Prof. Dr. Klaus-Dieter Drüen (Ludwig-Maximilians-Universität München)
Prof. Dr. Thomas Küffner (Fachhochschule Landshut)
Prof. Dr. Georg Steinberg (Universität Potsdam)
Prof. Dr. Fabian Wittreck (Westfälische Wilhelms-Universität Münster)

Band 117

D6

Zugl.: Diss., Münster (Westf.), Univ., 2018

Bibliografische Information der Deutschen Nationalbibliothek: Die Deutsche Nationalbibliothek verzeichnet diese Publikation in der Deutschen Nationalbibliografie; detaillierte bibliografische Daten sind im Internet über http://dnb.d-nb.de abrufbar.

Dieses Werk ist urheberrechtlich geschützt. Die dadurch begründeten Rechte, insbesondere die der Übersetzung, des Nachdrucks, der Entnahme von Abbildungen, der Wiedergabe auf fotomechanischem oder ähnlichem Wege und der Speicherung in Datenverarbeitungsanlagen bleiben – auch bei nur auszugsweiser Verwendung – vorbehalten.

Copyright © Herbert Utz Verlag GmbH · 2018

ISBN 978-3-8316-4653-1

Printed in EC
Herbert Utz Verlag GmbH, München
089-277791-00 · www.utzverlag.de

Meinen Eltern.

Vorwort

Die vorliegende Arbeit wurde im Wintersemester 2016/2017 von der Juristischen Fakultät der Westfälischen Wilhelms-Universität Münster angenommen.

Ich danke meinem Doktorvater, Herrn Prof. Dr. Fabian Wittreck, der mir die Realisierung des vorliegenden Werkes überhaupt erst ermöglicht und mich dabei stets unterstützt hat.

Ich danke meinen engsten Freunden und meiner wunderbaren Familie.

Namentlich erwähnen möchte ich Jana Theyson, die mich als Freundin und Mitbewohnerin in all den Jahren ermutigt und immer lachend ertragen hat; Laura Sophia Garbe, die mich mit ihrem fröhlichen Wesen jederzeit einfing und Charlotte Stricker, mit der ich gemeinsam wachsen durfte;

Caroline Weißner, Agnes Sowa und Dr. Claudio G. Chirco, an denen ich mich juristisch aufrichten und menschlich stärken konnte.

Von Herzen danke ich Felix Bräutigam und meinen Geschwistern, Judith und Dr. Benjamin Rehage, die mich mit Geduld und Fürsorge durch meine Rastlosigkeit mit Liebe getragen haben.

Mein größter Dank gilt meinen Eltern, Heike und Dr. Thomas Rehage.

> „Wie die Eltern sind,
> wie sie durch ihr bloßes
> Dasein auf uns wirken –
> das entscheidet."
> (Fontane)

Ihnen ist diese Arbeit gewidmet.

Gliederung

Gliederung I
A. Einleitung 1
   I. Problemaufriss 2
   II. Gang der Untersuchung 5
B. Die Rolle der Bundeswehr in historischer Perspektive 8
   I. Der Weg zur Wiederbewaffnung 9
   II. Streitkräfte für die Bundesrepublik Deutschland – und ihre
      Widersacher 10
   III. Der Wendepunkt 11
      1. Der Weg zur Souveränität 13
        (1) EVG – Die europäische Verteidigungsgemeinschaft 13
        (2) NATO – Die North Atlantic Treaty Organization 14
      2. Aufstellung der Streitkräfte 15
   IV. Wehrrechtliche Gesetzesgrundlagen zur deutschen
      Streitkräfteaufstellung 17
      1. Erste Schritte zur Wehrverfassung 20
      2. Entwicklung des Bundeswehrkonzeptes – von der Aufstellung
         des Soldaten bis zu Ergänzungen des Grundgesetzes 21
      3. Kritik an wehrrechtlichen Gesetzesgrundlagen und der Weg zur
         Anerkennung in der Zivilbevölkerung 22
   V. Der militärgeschichtliche Weg bis zur Wiedervereinigung 22
   VI. Fokusveränderung der Bundeswehr 24
      1. Paradigmenwechsel in der deutschen Außenpolitik 25
      2. Das Out-of-Area-Urteil vom 12. Juli 1994 26
   VII. Die Bundeswehr im internationalen Einsatz 29
   VIII. Zusammenfassende Würdigung und Ausblick 36
C. Rechtliche Grundlagen für das Handeln deutscher Soldatinnen und
   Soldaten 37
   I. Verwendung der Streitkräfte auf Grundlage des Art. 87a Abs. 2 GG
      als Auftrag des Bundes 38
      1. Grundfunktion der Streitkräfte in Abgrenzung zu deutschen
         Polizeiorganen 39
      2. Strittiges Verständnis über Reichweite des Art. 87a Abs. 2 GG 41
        (1) Restriktives Verständnis des Art. 87a Abs. 2 GG 42
        (2) Auslandseinsätze vom Anwendungsbereich des Art. 87a
           Abs. 2 GG erfasst 43
        (3) Einsatz und Verteidigung im Sinne des Art. 87a Abs. 2 GG . 45
           a) „Einsatz" im Sinne des Art. 87a Abs. 2 GG 45
           b) „Verteidigung" im Sinne des Art. 87a Abs. 2 GG 48
      3. Zusammenfassende Würdigung 51

	II.	Art. 24 Abs. 2 GG als Rechtsgrundlage zur Entsendung in einem System gegenseitiger kollektiver Sicherheit 52
	III.	Der Konstitutive Parlamentsvorbehalt – Im Rahmen der Darstellung der AWACS-Entscheidungen des Bundesverfassungsgerichtes 54
	IV.	Das Parlamentsbeteiligungsgesetz 60
D.	Der Inneneinsatz der Streitkräfte und seine verfassungsrechtlichen Grenzen 63	
	I.	Die aktuelle Sicherheitslage im Hinblick auf terroristische Bedrohungen 64
	II.	Das Verschwimmen der Grenzen der Befugnisse – Trennung von äußerer und innerer Sicherheit 68
	III.	Der Verteidigungsbegriff im Hinblick auf terroristische Angriffe 71

       1. Angriff *von außen* auf die Bundesrepublik 72
       2. Erforderlichkeit des Kombattantenstatus 73
       3. Erweiterung des Verteidigungsbegriffes im Hinblick auf terroristische Angreifer 75
           (1) Verteidigung als Abwehr staatlich militärischer Angriffe 76
           (2) Möglichkeit der Angriffszurechnung an einen Staat 76
           (3) Staatliche Zurechnung nicht erforderlich 77
       4. Keine Neuausrichtung von Art. 87a Abs. 2 GG 78

	IV.	Die vorhandenen ausdrücklichen Verfassungsvorbehalte im Grundgesetz 81

       1. Rechts- und Amtshilfeanspruch nach Art. 35 Abs. 1 GG 81
       2. Innerer Notstand nach Art. 87a Abs. 4 GG 83
       3. Äußerer Notstand nach Art. 87a Abs. 3 GG 85
       4. Naturkatastrophe oder besonders schwerer Unglücksfall nach Art. 35 Abs. 2 Satz 2, Absatz 3 Satz 1 GG 86

	V.	Zwischenbilanz und weiteres Vorgehen 90
	VI.	Beleuchtung der Entscheidung des Bundesverfassungsgerichtes vom 15. Februar 2006 – 1 BvR 357/05; Nichtigkeit der Abschussermächtigung im Luftsicherheitsgesetz 91

       1. Reichweite des Art. 35 Abs. 2 Satz 2, Abs. 3 Satz 1 GG 92
       2. Möglichkeit präventiver Einsatzmaßnahmen der Streitkräfte 92
       3. Kritische Auseinandersetzung mit richterlichen Ausführungen 93
       4. Zusammenfassende Würdigung 94

	VII.	Erfolgte Vorschläge zur Verfassungsänderung beziehungsweise Ergänzung 95

       1. Vorschlag Schäubles zur Änderung des Art. 87a Abs. 2 GG 96
       2. Kritik an der Auffassung Schäubles zur Änderung des Art. 87a Abs. 2 GG 97
       3. Vorschlag Schäubles zur Ergänzung des Art. 87a Abs. 3 GG 100
       4. Kritik an der Auffassung Schäubles zur Ergänzung des Art. 87a Abs. 3 GG 100
       5. Vorschlag Schäubles zur Ergänzung des Art. 35 GG 101

      6. Kritik an der Auffassung Schäubles zur Ergänzung des Art. 35 GG 102
      7. Zwischenbilanz und weiteres Vorgehen 102
  VIII. Beleuchtung der Entscheidung des Bundesverfassungsgerichtes, Beschluss vom 3. Juli 2012 – 2 PBvU 1/11; Einsatz der Bundeswehr im Inland – Luftsicherheit 103
      1. Zulässigkeit des Einsatzes spezifisch militärischer Waffen 104
      2. Möglichkeit präventiver Einsätze 108
      3. Keine ungeschriebenen Sonderkompetenzen für Eil- und Notfälle im Rahmen des Art. 35 Abs. 3 GG 109
      4. Zusammenfassende Würdigung 110
  IX. Beleuchtung der Entscheidung des Bundesverfassungsgerichtes, Urteil vom 20. März 2013 – 2 BvF 1/05; Abschuss von Flugzeugen: Schutzlücke oder Bresche für Einsatzerweiterung? 111
      1. Zulässigkeit des Einsatzes spezifisch militärischer Waffen 112
      2. Möglichkeit präventiver Einsätze 113
      3. Nichtigkeit der alleinigen Entscheidungsbefugnis des Ministers/ Erforderlichkeit des Beschlusses der Bundesregierung als Kollegialorgan 116
      4. Zusammenfassende Würdigung 116
E. Solidaritätsklausel gemäß Artikel 222 des Vertrages über die Arbeitsweise der Europäischen Union (AEUV) als Vorlage zur Ergänzung des Grundgesetzes 118
  I. Solidarität und ihre Entstehung innerhalb der Europäischen Union 119
      1. Unterstützende Verpflichtung gemäß Art. 222 Abs. 1 AEUV innerhalb der Europäischen Union 120
      2. Erforderlichkeit unterstützender Verpflichtung innerhalb Deutschlands 121
  II. *„Nationale Solidaritätsklausel"* 124
      1. Anwendung militärischer Mittel im Rahmen solidarischer Unterstützung 125
      2. Erforderlichkeit einer Ratsabstimmung 126
      3. Überprüfung aktueller Bedrohungslagen 126
      4. Zusammenfassende Würdigung 127
F. Vorschlag einer Grundgesetznorm für den innerstaatlichen Einsatz deutscher Streitkräfte zur Abwehr terroristischer Angriffe 128
Schrifttum 130
Abkürzungsverzeichnis 145

A. Einleitung

„Ein unaufgebbares, zur Verfassungsstruktur des Grundgesetzes gehörendes Essentiale der geltenden Verfassung der Bundesrepublik Deutschland ist der Grundrechtsteil des Grundgesetzes"[1]. Diese Formulierung traf das Bundesverfassungsgericht am 29. Mai 1974 und formulierte damit eine noch heute geltende Kernaussage des Staatsrechts[2].

Während die Grundrechte anfänglich zur Freiheits- und Eigentumssicherung dienten, regeln sie heutzutage zusätzlich das Verhältnis zwischen Staat und Bürger und die Rechtsverhältnisse Letzterer untereinander[3]. Dabei beeinflussen sie Theorie und Praxis auf jedem Rechtsgebiet und prägen entscheidend Rechtsprechung und Gesetzgebung[4]. Erst durch die Grundrechte ist der deutsche Staat ein Verfassungsstaat, da ihm durch sie die Grenzen für sein Handeln aufgezeigt werden[5]. Die Beachtung dieser Grenzen ist somit oberstes Gebot, um die Verfassungsmäßigkeit staatlichen Handelns jederzeit garantieren zu können. Problematisch wird es indes dann, wenn sich die Gegebenheiten innerhalb eines Landes oder im Zusammenspiel mit anderen Ländern derart geändert haben, dass die vorhandenen Gesetze für erforderliches Staatshandeln schlichtweg nicht mehr ausreichen können. Von einem solchen Zustand ist auszugehen, wenn es inhaltlich um einen Regelungsbereich geht, der sich seit Einführung verfassungsrechtlicher Grundlagen in einem Umfang ausgedehnt hat, dass die ursprünglichen Vorstellungen heute existierende Verhältnisse nicht mehr in hinreichendem Maße erfassen können. So verhält es sich vor allem mit den neuen Herausforderungen deutscher Streitkräfte, die seit einigen Jahren sowohl im Ausland unterstützend tätig sind als auch im Innern Deutschlands zum Schutz des eigenen Landes immer mehr Befugnisse zur Gefahrenabwehr wahrnehmen. Dass eine derartige Ausdehnung der Streitkräfteverwendungen erfolgen würde, konnte der Gesetzgeber zum Zeitpunkt der Einfügung wehrverfassungsrechtlicher Normen in das Grundgesetz nicht erahnen.

Das Hinzutreten neuer Sicherheitsherausforderungen durch das Entstehen des internationalen Terrorismus führt zu der Einsicht, vorhandene staatsrechtliche Grundsätze überdenken zu müssen[6]. Durch die erfolgte Globalisierung rücken

---

1 BVerfGE 37, 271 (280).
2 BVerfGE 37, 271 (280).
3 *H. Maurer,* Staatsrecht I, 6. Aufl. 2010, § 9 Rn. 1.
4 *B. Pieroth/B. Schlink/T. Kingreen/R. Poscher,* Grundrechte, 30. Aufl. 2014, Rn. 40.
5 *K. Stern,* Das Staatsrecht der Bundesrepublik Deutschland, Bd. III/1, 1988, § 61 I 3 (S. 182).
6 *D. Wiefelspütz,* Reform der Wehrverfassung, 2008, S. 5.

entfernte Konflikte und terroristische Bedrohungen geographisch immer näher[7], sodass es erforderlich wird, den neuen Gefahrendimensionen entgegen wirken zu können. Dabei sollte davon auszugehen sein, dass in einem Rechtsstaat wie der Bundesrepublik verfassungsrechtliche Grundlagen für Anti-Terror-Abwehrmaßnahmen eindeutig geregelt sind, vor allem, wenn es um den elementaren Bereich militärischer Einsätze im eigenen Land geht[8]. Dies trifft für den deutschen Staat indes nicht zu[9].

Trotz enormen Wandels in der Innen- und Außenpolitik erfolgte die letzte diesbezügliche Änderung des Grundgesetzes im Jahre 1968, sodass an den ursprünglichen Normierungen und Aufgabenzuschreibungen nach wie vor festgehalten wird[10]. Auf welcher Rechtsgrundlage den globalen sicherheitspolitischen Problemen in Form des internationalen Terrorismus[11] nunmehr begegnet wird und inwieweit das Grundgesetz einer zeitgemäßen Auslegung überhaupt noch Stand halten kann, wird Gegenstand vorliegender Arbeit sein.

I. Problemaufriss

Das Aufgabenspektrum der Streitkräfte hat sich seit ihrer Gründung beträchtlich erweitert. Zunächst dienen sie nicht mehr ausschließlich innerhalb der Landesgrenzen der Bundesrepublik Deutschland[12]. Seit Mitte der 90er Jahre beteiligt sich die Bundeswehr im Auftrag des Parlamentes an internationalen Friedensmissionen[13]. Neben humanitären Aufgaben bewältigen deutsche Streitkräfte bewaffnete, also im engeren Sinne militärische Einsätze in ausländischen Krisen-

---

7   *D. Sigloch,* Auslandseinsätze der deutschen Bundeswehr. Verfassungsrechtliche Möglichkeiten und Grenzen, 2006, S. 21.

8   *D. Wiefelspütz,* Das Parlamentsheer, 2005, S. 1; *ders.,* Der Einsatz bewaffneter deutscher Streitkräfte und der konstitutive Parlamentsvorbehalt, 2003, S. 7.

9   *Wiefelspütz,* Parlamentsheer (Fn. 8), S. 1.

10 *Wiefelspütz,* Parlamentsheer (Fn. 8), S. 2.

11 *S. Horn,* Die Verfassungsgemäßheit präventiver Terrorismusbekämpfungsmaßnahmen, 2013, S. 17.

12 *M. Dames,* Armee im Einsatz, 05.02.2015, in: Bundesministerium der Verteidigung, BMVg (Hrsg.),
    http://www.bundeswehr.de/portal/a/bwde/!ut/p/c4/DcixEYAgDADAWVyA9HZuoXYh
    RMiB0YMg68t993DCpPhJRJNHscAOB8nqh_MjsGtWWSxX5MvYxdo1FIysLnKjJJT
    m9tvXTgnevC0_m-5KJg!!/ (zuletzt abgerufen: Januar 2016).

13 *O. Depenheuer,* in: T. Maunz/G. Dürig (Hrsg.), GG, Art. 87a (2008), Rn. 56; *A. Müller,* Auslandseinsätze der Bundeswehr, 12.01.2016, in: BMVg (Hrsg.),
    http://www.bundeswehr.de/portal/a/bwde/!ut/p/c4/04_SB8K8xLLM9MSSzPy8xBz9CP
    3I5EyrpHK9pPKUVL3UzLzixNSSqlT9gmxHRQDaMqaD/ (zuletzt abgerufen: Januar 2016); *A. Werner,* Die Grundrechtsbindung der Bundeswehr bei Auslandseinsätzen, 2006, S. 25.

gebieten und stehen somit seit Jahren vor neuen Herausforderungen[14]. Aber auch die eigentliche Landesverteidigung, die zu den Kernaufgaben der Bundeswehr gehört, ist durch neue Gefahren an Umfang und Auswirkung gewachsen. Das Näherrücken weltweiter terroristischer Bedrohungen führte auch bezüglich der Streitkräfteverwendung im Innern des Landes zu einer Ausdehnung ihres Aufgabenspektrums. Seither stehen die Streitkräfte vor der Verantwortung, die Bevölkerung vor Angriffen zu schützen, denen die Polizei mit ihrem zur Verfügung stehenden Kontingent nicht im erforderlichen Maße begegnen kann. Im Fokus liegen terroristische Angriffe aus der Luft, deren Bewältigung nahezu ausschließlich der Bundeswehr mit ihren sogenannten Abfangjägern möglich ist.

Die Zulässigkeit der Abwehr neuer Gefahren durch Einsatz der Streitkräfte kann jedoch nicht schlichtweg damit begründet werden, dass die Polizei mangels vorhandener Mittel kein ausreichendes Maß an Gefahrenabwehr gewähren kann. Vielmehr fordert die Kernnorm des Wehrverfassungsrechtes (Art. 87a Abs. 2 GG) eine ausdrückliche grundgesetzliche Regelung, die die Verwendung der Streitkräfte im Innern erlaubt, sofern es sich bei dem jeweiligen Einsatz nicht um Verteidigung im Sinne der Norm handelt[15]. Es gilt daher zu prüfen, ob eine der vorhandenen ausdrücklichen Verfassungsnormen als Grundlage zur Verwendung der Streitkräfte bei terroristischen Angriffen im Innern in Betracht kommt. Problematisch im Rahmen dieser Wertung ist der Umstand, dass die seit Jahrzehnten existierenden Artikel zur Streitkräfteverwendung im Grundgesetz schwerlich den neuen Herausforderungen gewachsen sein können.

Die Streitkräfte werden für Einsätze verwandt, die den geplanten Befugnissen zum Zeitpunkt ihrer Gründung widersprechen. Sie werden trotz der in Deutschland strikt verfolgten Trennung zwischen Polizei- und Militärbefugnissen[16] für Aufgaben eingesetzt, die nach ursprünglichem Verständnis in den Bereich der Gefahrenabwehr und damit folglich in die Zuständigkeit der Polizeikräfte fallen. Inwieweit sie dabei die verfassungsrechtlichen Grenzen überschreiten beziehungsweise ob ausreichende Ermächtigungsgrundlagen in der Verfassung existieren, wird Gegenstand der Arbeit sein.

---

14   *F. Schröder*, Das parlamentarische Zustimmungsverfahren zum Auslandseinsatz der Bundeswehr in der Praxis, 2005, S. 23; *Werner*, Grundrechtsbindung (Fn. 13), S. 27; *M. Yousif*, Die extraterritoriale Geltung der Grundrechte bei der Ausübung deutscher Staatsgewalt im Ausland, 2007, S. 1.

15   Vgl. den Wortlaut von Art. 87a Abs. 2 GG.

16   Vgl. den Wortlaut von Art. 87a Abs. 2 GG; *P. Dreist*, Offene Rechtsfragen des Einsatzes bewaffneter deutscher Streitkräfte – Zwischenbilanz und Problemaufriss; in: NZWehrR 44 (2002), S. 133 (137); *G. Krings/C. Burkiczak*, Bedingt abwehrbereit? – Verfassungs- und völkerrechtlicheAspekte des Einsatzes der Bundeswehr zur Bekämpfung neuer terroristischer Gefahren im In- und Ausland –, in DÖV 2002, S. 501 (510); *S. Middel*, Innere Sicherheit und präventive Terrorismusbekämpfung, 2007, S. 75-76.

Die Prüfung vorhandener grundrechtlicher Bestimmungen erfolgt anhand des Beispiels einer terroristischen Flugzeugentführung, die unter Einsatz deutscher Streitkräfte beendet werden soll. In diesem thematischen Zusammenhang existieren derzeit drei relevante Entscheidungen des Bundesverfassungsgerichtes, in denen es darum geht, die Zulässigkeit etwaiger Streitkräftemaßnahmen im Luftraum zur Unterstützung der Polizei auf ihre Verfassungsmäßigkeit hin zu überprüfen. Den Grundstein legte das im Jahre 2006 gefällte, in der Konsequenz folgenreiche und noch zu erläuternde Luftsicherheitsurteil des Bundesverfassungsgerichtes[17]. In diesem beschlossen die Richter, dass die Streitkräfte auch dann gegen geltendes Verfassungsrecht verstoßen, wenn sie im Rahmen eines Einsatzes Gewalt gegen ein Luftfahrzeug anwenden, von dem eine gegenwärtige Gefahr für die Allgemeinheit ausgeht[18]. Damit entschied sich das Gericht für den Vorrang und die uneingeschränkte Geltung der Grundrechte, namentlich Art. 1 Abs. 1, Art. 2 Abs. 2, S. 1 GG und im Ergebnis für die Verfassungswidrigkeit des bis dahin existenten § 14 Abs. 3 LuftSiG[19].

In der jüngsten Zeit erfolgten sodann zwei weitergehende Entscheidungen, die den umstrittenen Streitkräfteeinsatz zur Gefahrenabwehr bei terroristischen Angriffen aus der Luft zum Gegenstand haben[20]. Das Plenum hatte sich zunächst im Jahre 2012 mit einzelnen Vorlagefragen auseinander zu setzen, die ursprünglich dem Ersten Senat vorgelegt wurden, um zu überprüfen, ob dieser an seinen Rechtsauffassungen des Luftsicherheitsurteiles aus dem Jahre 2006 festhalte[21]. Eine erwähnenswerte Änderung ist das neue Verständnis zur Verwendung spezifisch militärischer Waffen durch die Streitkräfte. Sie wurde nunmehr im Rahmen eines Streitkräfteeinsatzes als zulässig befunden, sofern die engen Voraussetzungen des Art. 87a Abs. 4 GG Beachtung finden, durch die der bewaffnete Inneneinsatz seine Begrenzung erfährt[22]. Diesen Tenor behält das Gericht auch in der darauffolgenden Entscheidung aus dem Jahr 2013 bei und bestätigt zur Unterstützung der Polizei die Zulässigkeit präventiver Maßnahmen seitens der Streitkräfte[23]. Insgesamt gelangt die richterliche Prüfung zu dem Ergebnis, dass eine den Streitkräfteeinsatz im Innern zur Abwehr terroristischer Angriffe umfassende Regelung im Grundgesetz nicht vorhanden ist[24]. Die folgenreiche Feststellung dieser Tatsache wird durch dezidierte inhaltliche Darstellung oben ge-

---

17 BVerfGE 115, 118.
18 Leitsatz Nr. 3, BVerfGE 115, 118.
19 BVerfGE 115, 118 (119); *J. Kokott*, in: M. Sachs (Hrsg.), Grundgesetz-Kommentar, 7. Aufl. 2014, Art. 87a GG Rn. 18.
20 BVerfGE 132, 1 (1-39); 133, 241 (241-272).
21 BVerfGE 132, 1 (1ff.).
22 BVerfGE 132, 1 (1)
23 BVerfGE 133, 241 (263 ff.).
24 BVerfGE 132, 1 (20)

nannter Entscheidungen und Prüfung sämtlicher in Betracht kommender Normen im Hauptteil der Schrift erfolgen.

II. Gang der Untersuchung

Um den Einstieg zur behandelnden Thematik – dem Streitkräfteeinsatz und seiner verfassungsrechtlichen Rechtfertigung – zu erleichtern, beginnen die Ausführungen zunächst mit einer allgemeinen historischen Darstellung zur Entwicklung der Bundeswehr. Einleitend mit ihrer Gründung im Jahre 1955 und der dann zeitnah aufkommenden Kritik in der Öffentlichkeit bezüglich der geplanten Wiederbewaffnung Deutschlands erfolgt eine Beschreibung der ursprünglichen Funktion der Streitkräfte und die damit einhergehende Intention ihrer Gründer (Gliederung B. I.-III.). Es folgt die Beschreibung der zurückhaltenden Einführung wehrrechtlicher Gesetzesgrundlagen, die die Eingliederung der Bundeswehr in die Verteidigungsgemeinschaft bezweckte (Gliederung B. IV.). Im Anschluss daran wird die Veränderung der deutschen Sicherheitspolitik beleuchtet, die insbesondere nach der Wiedervereinigung der beiden nach Kriegsende getrennten deutschen Staaten ihren wesentlichen Umschwung erfuhr. Im Fokus steht dabei zunächst die Entwicklung und Neuorientierung im Hinblick auf den durch die Soldatinnen und Soldaten wahrzunehmenden Aufgabenbereich, der aufgrund der Out-of-Area-Entscheidung des Bundesverfassungsgerichtes vom 12. Juli 1994[25] mit der Erlaubnis zur Entsendung der Streitkräfte ins Ausland erweitert wurde (Gliederung B. V.-VI.). Zur Verdeutlichung erfolgt eine beispielhafte Darstellung der bereits abgeschlossenen und noch andauernden Missionen der Bundeswehr, die weltweit zur Wiederherstellung friedlicher Verhältnisse, zur Grundversorgung Hilfebedürftiger oder zum allgemeinen Schutz der Bevölkerung in ausländischen Krisengebieten durchgeführt werden (Gliederung B. VII.).

Der zweite Teil der Arbeit befasst sich sodann mit den rechtlichen Grundlagen für das zuvor erörterte Handeln der Soldatinnen und Soldaten und dessen erforderliche verfassungsrechtliche Rechtfertigung. Der Schwerpunkt liegt hier zunächst auf der Frage, ob Art. 87a GG im Hinblick auf militärische Einsätze auch außerhalb der Bundesrepublik Anwendung findet[26] und letztlich als Rechtsgrundlage in Betracht kommen kann (Gliederung C I.). Als unbestrittene Ermächtigungsnorm erfolgt im Weiteren die Darstellung des Art. 24 Abs. 2 GG, der den Streitkräften die Verwendung in einem kollektiven Sicherheitssystem verfassungsrechtlich gestattet (Gliederung C II.). Im Anschluss daran werden die sogenannten AWACS-Urteile behandelt, die sich inhaltlich mit der Rechtmäßigkeit deutscher Lufteinsätze im Rahmen der NATO befassen. Basierend

---

25 BVerfGE 90, 286.
26 *Depenheuer* (Fn. 13), Art. 87a Rn. 126 f.; *W. Heun*, in: H. Dreier (Hrsg.), Grundgesetz-Kommentar, Band III, 2. Aufl., 2008, Art. 87a Rn. 16; *Kokott* (Fn. 19), Art. 87a Rn. 11 ff.; *B. Pieroth*, in: H.D. Jarass/ders., GG, 13. Aufl. 2014, Art. 87a Rn. 7.

auf dem Out-of-Area-Urteil wird grundlegend die Erforderlichkeit der Beteiligung des deutschen Bundestages bezüglich extraterritorialer Verwendungen geprüft. Die Begründung der Rechtsfigur des konstitutiven Parlamentsvorbehaltes mündet letztlich in den Erlass eines Parlamentsbeteiligungsgesetzes im Jahre 2005, auf das sodann Bezug genommen wird (Gliederung C. III.-IV.). Nach thematischer Behandlung extraterritorialer Einsätze erfolgt der Übergang zum Kern der Arbeit, der Prüfung der Verfassungsmäßigkeit innerstaatlicher Streitkräfteverwendungen (Gliederung D. I. ff.). Die zweifelsfreie Geltung des Grundgesetzes innerhalb der Bundesrepublik lässt zwar die Frage seiner Anwendbarkeit entfallen. Die wenigen thematisch den Streitkräfteeinsatz behandelnden Regelungen machen indes die Rechtslage nicht weniger kompliziert – im Gegenteil.

Die verfassungsrechtlichen Grenzen ergeben sich vor allem aus dem strikt einzuhaltenden Grundsatz der Trennung der Befugnisse zwischen Militär und Polizei. Aufgrund dessen stellt das Verschwimmen dieser Grenzen im Rahmen der Gefahrenabwehr durch die Streitkräfte ein erhebliches Problem dar und wird demnach eingehend thematisiert (Gliederung D. II.).

Im nächsten Schritt geht der Verteidigungsbegriff in die erneute Prüfung, diesmal jedoch ausschließlich im Hinblick auf sein Verständnis bezüglich der Abwehr terroristischer Angriffe im Innern Deutschlands (Gliederung D. III.). Im Rahmen dessen wird diskutiert, ob eine Neuausrichtung des Art. 87a Abs. 2 GG aufgrund innenpolitischer Veränderungen erforderlich ist oder an dem alten Verständnis weiterhin festgehalten werden kann. Letztlich lautet die These, dass es sich bei der Abwehr terroristischer Angriffe nicht um einen Fall der Verteidigung im Sinne der Norm handelt, sodass für den speziellen streitgegenständlichen Einsatz der Streitkräfte nach einer ausdrücklichen Zulassung im Grundgesetz gesucht werden muss. Als unstreitig in Betracht kommende Verfassungsvorbehalte im Sinne der Norm stehen die Art. 35 Abs. 2 S. 2, Abs. 3 S. 1, 87a Abs. 3 oder Abs. 4 GG der Prüfung als Ermächtigungsgrundlagen zur Verfügung[27]. Die Untersuchung bezieht sich daher im Weiteren auf die Auseinandersetzung mit vorstehenden Normen und Beantwortung der abschließenden Frage, ob der Einsatz der Streitkräfte im Innern bei terroristischen Angriffen auf sie gestützt werden kann oder letztlich eine Änderung oder Ergänzung des Grund-

---

27 *P. Dreist*, Terroristenbekämpfung als Streitkräfteauftrag – zu den verfassungsrechtlichen Grenzen polizeilichen Handelns der Bundeswehr im Innern, in: NZWehrR 46 (2004), S. 89 (96); *C. Gramm*, Bundeswehr als Luftpolizei: Aufgabenzuwachs ohne Verfassungsänderung?, in: NZWehrR 45 (2003), S. 89 (92); *B. Grzeszick*, in: K. H. Friauf/W. Höfling (Hrsg.), Berliner Kommentar zum Grundgesetz, 2006, Art. 87a, Rn. 28; *Heun* (Fn. 26), Art. 87a Rn. 20; *C. Lutze*, Abwehr terroristischer Angriffe als Verteidigungsaufgabe der Bundeswehr, in: NZWehrR 45 (2003), S. 101 (102); *D. Wiefelspütz*, Verteidigung und Terrorismusbekämpfung durch die Streitkräfte, in: NZWehrR 49 (2007), S. 12 (12).

gesetzes erforderlich ist (Gliederung D. IV.). Nach eingehender Prüfung sowie der Feststellung, dass eine umfangreiche verfassungsrechtliche Absicherung anhand der Normen nicht möglich erscheint, erfolgt die Beleuchtung der bedeutenden Entscheidung des Bundesverfassungsgerichtes aus dem Jahre 2006. In dieser hatten die Richter festzustellen, ob Art. 35 Abs. 2 S. 2, Abs. 3 S. 1 GG eine ausreichende Rechtsgrundlage für einen präventiven Hilfseinsatz der Streitkräfte im Innern Deutschlands bietet[28] (Gliederung D. VI.). Die auf das Urteil ergangenen Vorschläge zu möglichen Verfassungsänderungen werden in dem anschließenden Abschnitt dargestellt und kritisch beleuchtet (Gliederung D. VII.). Sodann erfolgt die Auseinandersetzung mit den beiden weiteren bereits in Bezug genommenen Entscheidungen des Bundesverfassungsgerichtes, die bislang in der Literatur kaum Beachtung fanden. Sowohl im Beschluss aus dem Jahre 2012 als auch im Urteil des darauffolgenden Jahres hatte sich das Bundesverfassungsgericht mit der streitgegenständlichen Thematik der Zulässigkeit von präventiven Inneneinsätzen der Streitkräfte unter Verwendung militärtypischer Waffen auseinanderzusetzen[29] (Gliederung D. VIII.-IX.). Das Gericht traf in diesem Rahmen grundlegende und zugleich überraschende Entscheidungen, die bezüglich kommender Ergänzungen und/oder Änderungen des Grundgesetzes, an denen der Gesetzgeber aller Voraussicht nach nicht vorbeikommen wird, Berücksichtigung finden müssen.

Unter Beachtung vorhandener Normen und damit einhergehender Anforderungen wird die verfassungsrechtliche Fragwürdigkeit militärischer Inneneinsätze der Streitkräfte bei terroristischen Angriffen dargestellt, um letztlich als Ertrag der Arbeit die Erforderlichkeit einer Grundgesetzänderung zu begründen. Angelehnt an die Inhalte der Solidaritätsklausel gemäß Artikel 222 AEUV erfolgt ein Gesetzesvorschlag, der als Anregung inhaltlicher Ausgestaltung verfassungsrechtlicher Normen dienen soll (Gliederung E.).

---

28 BVerfGE 115, 118-166.
29 BVerfG, 2 PBvU 1/11 vom 3. 7. 2012, Absatz-Nr. (1-89); BVerfG, 2 BvF 1/05 vom 20.3.2013, Absatz-Nr. (1-90).

B. Die Rolle der Bundeswehr in historischer Perspektive

Nachdem am 7. Mai 1945 die bedingungslose Kapitulation der deutschen Wehrmacht in Reims unterzeichnet wurde, endete der Zweite Weltkrieg und mit ihm der Nationalsozialismus und das politische Unrecht in Deutschland[30]. Neben einem wirtschaftlichen machte sich auch ein moralischer Einbruch in der Bevölkerung breit, sodass die Gestaltung des Landes in jeglicher Hinsicht von außen bestimmt werden musste[31]. Am 5. Juni 1945 vollzog sich dann die Regierungsübernahme der Bundesrepublik durch die aus dem Weltkrieg hervorgegangenen Siegermächte[32]. Namentlich die USA, Großbritannien und die UdSSR besetzten das Land und teilten es in drei Zonen, wobei Berlin von allen Alliierten gemeinsam verwaltet wurde[33]. Dass die Okkupation ein für lange Zeit anhaltender Dauerzustand werden sollte, lag zum damaligen Zeitpunkt in noch niemandes Bestreben[34].

Um Deutschland als bedrohenden ehemaligen Kriegskonkurrenten einzudämmen, erfolgte zwischen den Alliierten im Jahre 1945 auf der Konferenz von Potsdam der Beschluss über die „völlige Abrüstung und Entmilitarisierung Deutschlands und die Ausschaltung der gesamten deutschen Industrie, welche für eine Kriegsproduktion benutzt werden kann oder deren Überwachung"[35]. Zur Umsetzung des Beschlusses wurde in der Folgezeit die Auflösung der Wehrmacht vollzogen und das Verbot jedweder militärischer Aktionen verkündet[36]. Das zum damaligen Zeitpunkt noch gemeinsame und einigende Ziel der Alliierten war die unbedingte Verhinderung einer deutschen Bedrohung für den Weltfrieden, verbunden mit der politischen und wirtschaftlichen Dezentralisierung des Landes[37]. Es war der Schrecken des soeben erst beendeten Krieges, der für

---

30 R. Wenzke/I. Zündorf, „Ein Eiserner Vorhang ist niedergegangen". Militärgeschichte im Kalten Krieg 1945-1968/70, in: K.-V. Neugebauer (Hrsg.), Grundkurs deutsche Militärgeschichte, Bd. 3, 2008, S. 1 (5).
31 Wenzke/Zündorf, Vorhang (Fn. 30), S. 5.
32 Wenzke/Zündorf, Vorhang (Fn. 30), S. 5; R. Zippelius/T. Würtenberger, Deutsches Staatsrecht, 32. Aufl., 2008, § 2 Rn. 1.
33 S. Schulz, Das neue Heer, 1979, S. 16; H. A. Turner, Geschichte der beiden deutschen Staaten seit 1945, 1989, S.43.
34 Schulz, Heer (Fn. 33), S. 16; Turner, Geschichte (Fn. 33), S. 43.
35 W. v. Bredow, Militär und Demokratie in Deutschland – Eine Einführung, 2008, S. 80-81; Kongreß-Verlag GmbH (Hrsg.), Potsdamer Abkommen und Warschauer Beschlüsse, 1949, S.6.
36 F. Pauli, Wehrmachtsoffiziere in der Bundeswehr, 2010, S. 119; H. Reinfried, in: H. Reinfried/H.F. Walitschek (Hrsg.), Die Bundeswehr. Eine Gesamtdarstellung, Bd. 9, 1978, S. 27; G. Walpuski/D. O. A. Wolf, Einführung in die Sicherheitspolitik, 1979, S. 169.
37 G. Meyer, Die Entmilitarisierung in den westlichen Besatzungszonen und nach Gründung der Bundesrepublik Deutschland von 1945 bis 1950, in: 30 Jahre Bundeswehr 1955-1985, hrsg. vom Militärgeschichtlichen Forschungsamt, 1985, S. 207 (210, 214).

das klar definierte Übel in Form des machtpolitischen Ausschreitens Deutschlands sorgte, und dessen Verhinderung oberste Prämisse der Alliierten war[38]. Trotz grundsätzlicher Einigkeit über das „Kleinhalten" Deutschlands konnte eine gemeinsame Besatzungspolitik unter den vier Siegermächten in der Folgezeit nicht realisiert werden[39]. Der aufkeimende Mächtedualismus zwischen den USA und der Sowjetunion führte zu einem Auseinanderdriften grundsätzlicher ideologisch-gesellschaftlicher Wertvorstellungen[40]. Die dabei lauernde Gefahr eines jederzeit erneut ausbrechenden Krieges wurde vor allem durch die offensive Politik der UdSSR geschürt, die im Gegensatz zu den Westalliierten auf Abrüstungen verzichtete und stattdessen aus den besetzten Ländern einen neuen Militärblock formte[41]. Diese räumliche Aufspaltung stellte den sog. Eisernen Vorhang dar, der in geographischer, besonders in ideologischer Hinsicht die Länder während des jahrelang andauernden „Kalten Krieges" voneinander trennte[42]. Die räumliche Aufteilung erfolgte entsprechend der zum Kriegsende vorgenommenen Okkupationen durch die Siegermächte, sodass eine Trennung Deutschlands in Ost und West entstand, die für mehr als vierzig Jahre Bestand haben sollte[43].

Die in den kommenden Jahren im Osten vorgenommene überproportionale militärische Aufrüstung der UdSSR führte zu starken Bedrohungsgefühlen im Westen[44]. Um diesen zu begegnen, verbündeten sich die West-Alliierten mit praktisch sämtlichen westlichen Ländern, sodass es plötzlich galt, auch Deutschland gegenüber dem Osten zu stärken[45]. Dies führte zu einer nicht vorhergesehenen Entwicklung, die einzig und allein auf den besonderen Gegebenheiten des Kalten Krieges gründete. Deutschland war nicht mehr der einst verhasste Feind, sondern ein Mittel, sich im Mächtedualismus gegenüber dem Osten zu behaupten.

I. Der Weg zur Wiederbewaffnung

Die Bundesrepublik Deutschland wurde mit der Annahme des Grundgesetzentwurfes durch den Parlamentarischen Rat am 8. Mai 1949 und mit darauffolgendem Inkrafttreten in der Nacht vom 23. auf den 24. Mai 1949 geboren[46]. Nach

---

38 *v. Bredow*, Militär (Fn. 35), S. 80 f.; *G. Wettig*, Von der Entmilitarisierung zur Aufrüstung in beiden Teilen Deutschlands 1945-1952, in: B. Thoß (Hrsg.), Vom Kalten Krieg zur deutschen Einheit, 1995, S. 3 (3).
39 *R.-D. Müller*, Militärgeschichte, 2009, S. 308; *Wenzke/Zündorf*, Vorhang (Fn. 30), S. 6.
40 *Wenzke/Zündorf*, Vorhang (Fn. 30), S. 6.
41 *C. Range*, Das Heer der Bundeswehr, 1978, S. 10.
42 *Wenzke/Zündorf*, Vorhang (Fn. 30), S. 6.
43 *v. Bredow*, Militär (Fn. 35), S. 82.
44 *v. Bredow*, Militär (Fn. 35), S. 80-82.
45 *v. Bredow*, Militär (Fn. 35), S. 80-82.
46 *Schulz*, Heer (Fn. 33), S. 16; *Turner*, Geschichte (Fn. 33) S. 43; *Zippelius/Würtenberger*, Staatsrecht (Fn. 32), §2 Rn. 10-11.

Aufstellung des ersten deutschen Bundestages folgten die Wahlen des Bundespräsidenten und -kanzlers[47]. Trotz dieser Entwicklung und den damit unterbreiteten Zugeständnissen an das gerade erst besiegte Land besaß die Bundesrepublik im Bereich Sicherheit und Schutz des Landes gegenüber den Besetzern noch keinerlei Handlungsfähigkeit[48]. Ihr fehlte die staatliche Souveränität zur Schaffung einer Rechtsgrundlage, die die Bildung von Streitkräften ermöglichte[49].

Auch unter Berücksichtigung der Konzessionen an das besetzte Land behielten die Westmächte, gerade im Bereich Außenpolitik und darin eingeschlossen dem nicht mehr existenten deutschen Militärwesen, ihre uneingeschränkten Befugnisse[50]. Von dem Gedanken, den Deutschen den Aufbau einer souveränen freiheitlichen Demokratie zu gestatten, waren die Siegermächte noch weit entfernt[51]. Dennoch fand in den Folgejahren aufgrund der Rahmenbedingungen des Kalten Krieges ein Rollenwechsel der Stellung beider deutscher Staaten, insbesondere der Bundesrepublik, statt[52]. Sie wurden strategisch zu Verbündeten ihrer jeweiligen Besatzungsmacht herangezogen, sodass sich ihr Status des Kriegsverlierers und des besiegten Landes zeitnah in den Hintergrund drängte[53]. Der Mächtedualismus wurde jeweils als so bedrohlich eingeschätzt, dass sowohl die USA als auch die UdSSR – entgegen dem Potsdamer Abkommen – mit der Wiederbewaffnung der Bundesrepublik beziehungsweise der Aufrüstung der DDR begannen, um das eigene militärische Potential auszubauen und sich gegenüber dem anderen zu stärken[54].

In der Bundesrepublik sollte die Remilitarisierung jedoch bedacht und zunächst unter weitestgehendem Heraushalten der Öffentlichkeit stattfinden, um Unruhen in der Bevölkerung gering zu halten, die aufgrund der zweifelsfrei abschreckenden Erfahrungen im Weltkrieg zu befürchten waren[55].

II. Streitkräfte für die Bundesrepublik Deutschland – und ihre Widersacher

Da auch die Siegermächte mit allen Mitteln ein erneutes Machtausschreiten der Bundesrepublik unterbinden wollten, bemühte man sich zunächst noch, an den

---

47 *Schulz*, Heer (Fn. 33), S. 16.
48 *Schulz*, Heer (Fn. 33), S. 16.
49 *Schulz*, Heer (Fn. 33), S. 16.
50 *Wenzke/Zündorf*, Vorhang (Fn. 30), S. 24.
51 *Meyer*, Entmilitarisierung (Fn. 37), S. 211.
52 *Wenzke/Zündorf*, Vorhang (Fn. 30), S. 10; *v. Bredow*, Militär (Fn. 35), S. 82.
53 *v. Bredow*, Militär (Fn. 35), S. 82; *Wenzke/Zündorf*, Vorhang (Fn. 30), S. 10.
54 *v. Bredow*, Militär (Fn. 35), S. 82-83.
55 *v. Bredow*, Militär (Fn. 35), S. 82-83.

politischen Grundsätzen des Potsdamer Abkommens festzuhalten[56]. Im Zuge des im Jahre 1948 beschlossenen Aufbaus eines westdeutschen Staates mussten sich die Alliierten in der Folgezeit mit ihren kontroversen Ansichten beschäftigen: Zum einen erschien ihnen ein westdeutscher Beitrag zur angemessenen Verteidigung Westeuropas unabdingbar, und zum anderen sollte eine Wiederbewaffnung Deutschlands vermieden werden[57].

Auch Bundeskanzler *Konrad Adenauer* erkannte die zwiespältige Situation, in der sich Deutschland befand und sah die Ängste der Bevölkerung vor einer deutschen Remilitarisierung. Er wies daher die Idee einer nationalen deutschen Armee strikt zurück[58] und berief sich auf die tragende Verantwortung der westlichen Siegermächte für die Sicherheit der Bundesrepublik Deutschland, die diese übernommen hatten. Dennoch begriff er die Unausgewogenheit des Mächteverhältnisses Ost gegenüber West, was ihn dazu veranlasste, mit äußerster Vorsicht die Möglichkeit eines deutschen Beitrages zu einer europäischen Armee vorzuschlagen.

Mit 4,7 Millionen sowjetischen Soldaten gegenüber der westlichen Besatzungsmacht mit 880.000 Streitkräften war bereits im Jahre 1946 die eklatante Überlegenheit der „Sowjets" nicht mehr von der Hand zu weisen[59]. Trotzdem lösten die Überlegungen zur Remilitarisierung des Landes aufgrund der gerade erst durchlebten Kriegsjahre Massenbewegungen in der Bevölkerung aus[60]. Mit der sogenannten Ohne-mich-Bewegung wurde eine pazifistische Strömung losgetreten, die die Gründung deutscher Streitkräfte zu verhindern suchte, indem für negative Stimmung gesorgt und unter der Bevölkerung die Notwendigkeit der Aufstellung deutscher Soldaten heruntergespielt wurde[61].

Aufgrund des heftigen Widerspruches unter den Bürgern konzentrierte sich Adenauer zunächst auf die wirtschaftlichen und politischen Belange des Landes, sorgte unter anderem für den deutschen Beitritt zur Montanunion und nahm den Diskussionspunkt der Wiederbewaffnung aus dem Fokus der Öffentlichkeit[62].

III. Der Wendepunkt

Viele Stimmen aus der Bevölkerung, die der Wiederbewaffnung der Bundesrepublik weiterhin ablehnend gegenüberstanden, verstummten am 25. Juni 1950

---

56 *Walpuski,/Wolf*, Einführung (Fn. 36), S. 169.
57 *Walpuski/ Wolf*, Einführung (Fn. 36), S. 169-171.
58 *Schulz*, Heer (Fn. 33), S. 16.
59 *Schulz*, Heer (Fn. 33), S. 16.
60 H. *Schneider*, Protest gegen den Frieden durch Rüstung, in: W.R. Vogt (Hrsg.), Streitfall Frieden, Positionen und Analysen zur Sicherheitspolitik und Friedensbewegung, 1984, S. 178 (178).
61 *Meyer*, Entmilitarisierung (Fn. 37), S. 210, 224; *Schneider*, Protest (Fn. 60), S. 178.
62 *Schulz*, Heer (Fn. 33), S. 17.

mit dem Einmarsch nordkoreanischer Truppen in Südkorea[63]. Dieser ließ den bis zum 27. Juli 1953 andauernden Korea-Krieg ausbrechen und mit ihm einhergehend die Bedrohung des Westens durch die Sowjetunion stetig steigen[64]. Die westlichen Regierungen reagierten nervös auf das militärische Vorgehen in Ostasien und befürchteten gleichzeitig, mit einer akuten Wiederaufrüstung der kommunistischen Staaten nicht mithalten zu können und dadurch einem potentiellen Angriff machtlos ausgeliefert zu sein[65]. Zudem sah die aufgeschreckte Weltöffentlichkeit mögliche Parallelen der Situation in Korea zu jener im geteilten Deutschland, sodass die Angst vor ähnlichen Interventionen wuchs[66]. Die aus den Kriegsjahren herrührenden schwerwiegenden Gründe, die gegen den Einsatz deutscher Soldaten bei einer westeuropäischen Verteidigung sprachen, verloren durch diese Umstände zunehmend an Gewicht[67]. Die zuvor aufgeworfenen Überlegungen Adenauers konkretisierten sich sodann dahingehend, dass Washington der Wiederbewaffnung der Bundesrepublik Deutschland zustimmte, ohne jedoch die deutsche Regierungsspitze in Beratungen bezüglich des Verteidigungsbeitrages konkret einzubeziehen[68].

Das öffentliche Liebäugeln Adenauers mit einem westdeutschen Verteidigungsbeitrag basierte auf der Hoffnung, sich einen Fortschritt in Richtung staatlicher Souveränität und Gleichberechtigung im Bündnis zu verschaffen[69]. Seine Mühen fruchteten und führten im Jahre 1951 zur ersten mehrheitlichen Zustimmung in der Bevölkerung zugunsten einer Wiederbewaffnung des Landes[70]. Adenauers Einfluss war dabei nicht zu unterschätzen, da er aufgrund seiner Stellung als anerkannter Repräsentant der Bevölkerung von großer Bedeutung war[71]. Die langanhaltenden Diskussionen über die Wiederbewaffnung gründeten letztlich auch nicht auf der Ablehnung unter den Bürgern, sondern vielmehr auf allgemeinen Interessenkonflikten der Nachbarländer untereinander[72]. Da sich jedoch neben der Bundesrepublik auch die Westmächte zur Einhaltung und Befolgung von

---

63 *v. Bredow*, Militär (Fn. 35), S. 87; *Y. Kipp*, Eden, Adenauer und die deutsche Frage, 2002, S. 69.
64 *v. Bredow*, Militär (Fn. 35), S. 87; *Kipp*, Eden (Fn. 63), S. 69.
65 *Wettig*, Entmilitarisierung (Fn. 38), S. 17.
66 *Kipp*, Eden (Fn. 63), S. 69.
67 *Meyer*, Entmilitarisierung (Fn. 37), S. 214.
68 *Wettig*, Entmilitarisierung (Fn. 38), S. 17.
69 *Pauli*, Wehrmachtsoffiziere (Fn. 36), S. 124; *H.-E. Volkmann*, Der westdeutsche Verteidigungsbeitrag in der innenpolitischen Auseinandersetzung, 1950-1955, in: 30 Jahre Bundeswehr. 1955-1985. Friedenssicherung im Bündnis, 1985, S. 277 (288); *Walpuski/Wolf*, Einführung (Fn. 36), S. 171.
70 *Pauli*, Wehrmachtsoffiziere (Fn. 36), S. 124; *Volkmann*, Verteidigungsbeitrag (Fn. 69), S. 288.
71 *Wettig*, Entmilitarisierung (Fn. 38), S. 33.
72 *Wettig*, Entmilitarisierung (Fn. 38), S. 33 f.

Vorgaben verpflichteten, konnte ein System geschaffen werden, das von Wechselseitigkeit und letztlich auch von Akzeptanz der besetzten Bundesrepublik geprägt war[73].

1. Der Weg zur Souveränität

Die politische Annäherung an den einst besiegten Feind Deutschland war getrübt durch die Existenz grundsätzlicher Ablehnung, sodass ein gegenseitiges Vertrauen nur sehr langsam entstehen konnte[74]. Vor allem Frankreich war viel daran gelegen, die Kontrolle über Deutschland aufrecht zu erhalten, da offensichtlich ein großes Vergeltungsbedürfnis aufgrund der Geschehnisse des Ersten Weltkrieges gegenüber der Bundesrepublik bestand[75]. Da sich die Franzosen jedoch darüber im Klaren waren, dass die Deutschen für eine erforderliche westliche Truppe im Kampf gegen die überlegenen konventionellen Streitkräfte der Sowjetunion unabdingbar waren, agierten sie strategisch[76]. Sie erkannten das Dilemma, dass die Bundesrepublik auf Seiten der UdSSR eine noch viel größere militärische Gefahr für Frankreich darstellen würde, zöge man sie nicht auf westeuropäische Seite[77].

(1) EVG – Die europäische Verteidigungsgemeinschaft

Am 24. Oktober 1950 erfolgte daher durch *René Pleven*, der als damaliger Ministerpräsident dem der Remilitarisierung zugrunde liegenden Plan seinen Namen gab, die französische Zustimmung zur europäischen Bewaffnung Deutschlands[78]. Der Plan sah eine Verteidigungsgemeinschaft für Europa vor, die sich durch eine militärische und politische Einheit auszeichnen und zu einer Verschmelzung europäischer Streitkräfte und Rüstungen führen sollte[79]. Intention des französischen Konzeptes war die Verhinderung des direkten Beitrittes der Deutschen zur North Atlantic Treaty Organization (NATO)[80]. Mit Verweigerung des Zuspruches einer nationalen Armee und eines eigenen Generalstabes sollte

---

73 *Wettig*, Entmilitarisierung (Fn. 38), S. 34 f..
74 *Meyer*, Entmilitarisierung (Fn. 37), S. 218.
75 *Meyer*, Entmilitarisierung (Fn. 37), S. 222.
76 W. v. *Bredow*, Demokratie und Streitkräfte, 2000, S. 77.
77 *Meyer*, Entmilitarisierung (Fn. 37), S. 234 f..
78 D. *Bald*, Die Bundeswehr, 2005, S. 36; *Reinfried*, Streitkräfte (Fn. 36), S. 27 f.; B. *Wiggershaus*, Die Überlegungen für einen westdeutschen Verteidigungsbeitrag von 1948- bis 1950, in: 30 Jahre Bundeswehr. 1955-1985. Friedenssicherung im Bündnis, 1985, S. 233 (249).
79 v. *Bredow*, Demokratie (Fn. 76), S. 77.
80 W. *Meier-Dörnberg*, Die Europäische Verteidigungsgemeinschaft, in: 30 Jahre Bundeswehr, 1955-1985. Friedenssicherung im Bündnis, 1985, S. 259 (262).

den Deutschen die Gleichberechtigung verwehrt werden, sodass die Franzosen trotz ihrer schwachen Aufstellung die Oberhand behalten könnten[81].

Aufgrund inhaltlicher Vorbehalte und auch wegen der Diskriminierungen der Deutschen konnten sowohl die Bundesrepublik als auch die übrigen Mitgliedstaaten des Verteidigungspaktes dem Pleven-Plan nicht ohne Änderungen zustimmen[82]. Er scheiterte letztlich nach monatelangen Verhandlungen, indem er durch das Konzept des EVG-Vertrages ersetzt wurde[83]. Letzteres entsprach jedoch nicht den Vorstellungen der Franzosen, sodass sie die Annahme des EVG-Vertrages verweigerten[84]. Der französische Widerstand ließ so am 30. August 1954 die Europäische Verteidigungsgemeinschaft in der französischen Nationalversammlung scheitern[85].

(2) NATO – Die North Atlantic Treaty Organization

Bizarrerweise führte gerade dieser Umstand im Jahre 1955 zur Aufnahme der Deutschen in die NATO[86], obwohl die Franzosen genau diese Entwicklung zu verhindern beabsichtigt hatten[87]. Für die deutsche Sicherheitspolitik war der Beitritt zur NATO lebenserhaltend, da sich das Land gegen die Warschauer-Pakt-Staaten ohne Unterstützung des Bündnisses nicht hätte zur Wehr setzen können[88]. Zudem erhielt die Bundesrepublik ab diesem Zeitpunkt die Erlaubnis, eine Bundeswehr für das Land aufzubauen[89].

Die als NATO bezeichnete Organisation wurde am 4. April 1949 gegründet und stellt den Zusammenschluss demokratischer Länder der nördlichen Hemisphäre dar, die sich zum damaligen Zeitpunkt gegen den von der UdSSR betriebenen Militärausbau in den besetzten Ländern verbündeten[90]. Die allgemeinen Vorzü-

---

81 *J. Gerber*, Die Bundeswehr in der Nato, in: H. Reinfried/H. F. Walitschek (Hrsg.), Die Bundeswehr. Eine Gesamtdarstellung, Bd. 2, 1985, S. 4.
82 *Meier-Dörnberg*, Verteidigungsgemeinschaft (Fn. 80), S. 266; *Wiggershaus*, Überlegungen (Fn. 78), S. 250-253.
83 *Meier-Dörnberg*, Verteidigungsgemeinschaft (Fn. 80), S. 266; *Wiggershaus*, Überlegungen (Fn. 78), S. 250-253.
84 *Meier-Dörnberg*, Verteidigungsgemeinschaft (Fn. 80), S. 266.
85 *Meier-Dörnberg*, Verteidigungsgemeinschaft (Fn. 80), S. 259, 273; *Müller*, Militärgeschichte (Fn. 39), S. 312. *Reinfried*, Streitkräfte (Fn. 36), S. 29.
86 *F. Kurowski*, Die Bundeswehr, 1977, S. 18; *Müller*, Militärgeschichte (Fn. 39), S. 312; *R. Schmidt-Radefeldt*, Parlamentarische Kontrolle der internationalen Streitkräfteintegration, 2005, S. 25.
87 *Meier-Dörnberg*, Verteidigungsgemeinschaft (Fn. 80), S. 273.
88 *Kurowski*, Bundeswehr (Fn. 86), S. 16; *H.-G. Wieck*, Die Bundesrepublik Deutschland und das Nordatlantische Bündnis – Rückblick und Perspektive, in: 30 Jahre Bundeswehr. 1955-1985. Friedenssicherung im Bündnis, 1985, S. 304.
89 *Kurowski*, Bundeswehr (Fn. 86), S. 18.
90 *Range*, Heer (Fn. 41), S. 10.

ge der NATO liegen nicht nur in der gemeinsamen militärischen Verteidigung bei einem möglichen Angriffsfall, sondern durchweg in gemeinschaftlicher Politik und Wirtschaft[91], sodass die Aufnahme der Bundesrepublik einen wesentlichen Fortschritt für das Land bedeutete[92]. Als wohl größte Errungenschaft des Beitrittes zur NATO wie der flankierenden Mitgliedschaft in die Westeuropäische Verteidigungsunion (WEU) wurde der Bundesrepublik im Jahre 1955 weitestgehend ihre staatliche Souveränität zurückgegeben[93].

„Sowohl die Nato als auch die WEU sind gemäß den Gründungsverträgen Verteidigungsbündnisse. Sie richten sich mit dem Versprechen des gegenseitigen Beistands gegen bewaffnete Angriffe auf eines oder mehrere ihrer Mitglieder (Art. V des WEU- und Art. 5 des Nato-Vertrags)"[94].

Zusammenfassend lässt sich festhalten, dass der Entschluss zu einem westdeutschen Verteidigungsbeitrag – eingedenk der Tatsache, dass das Ende des Zweiten Weltkrieges erst wenige Jahre zurücklag – einen Markstein in der Nachkriegszeit darstellt[95]. Sowohl das Kriegsende als auch der aufkeimende Ost-West-Konflikt und die westlich orientierten Regierungsziele Adenauers dürfen jedenfalls für ein treffendes Verständnis zur Gründungsphase der Bundeswehr und ihre Ausrichtung nicht unberücksichtigt bleiben[96].

2. Aufstellung der Streitkräfte

Im Gegensatz zum zuvor existierenden Militär in der Weimarer Republik sollte unter Anleitung der westlichen Sicherheitspolitik ein Nachkriegsmilitär geschaffen werden, das in die Gesellschaft integriert ist und dieser nicht mehr nur als Nationalarmee gegenübersteht[97]. „Streitkräfte aus dem Nichts heraus neu aufzubauen, ohne jede Anknüpfung an bestehende Truppeneinheiten"[98] stellte die junge Regierung vor eine große Herausforderung[99]. Auf der Himmeroder Konferenz im Oktober 1950 wurde die grundlegende Ausrichtung der Bundeswehr

---

91 *Kurowski*, Bundeswehr (Fn. 86), S. 19.
92 *Range*, Heer (Fn. 41), S. 10.
93 *Reinfried*, Streitkräfte (Fn. 36), S. 29; *Zippelius/Würtenberger*, Staatsrecht (Fn. 93), §2 Rn. 12.
94 BVerfGE 90, 286 (372).
95 *Wiggershaus*, Überlegungen (Fn. 78), S. 253.
96 *T. Loch*, Das Gesicht der Bundeswehr, 2008, S. 29.
97 D. Bald/P. Klein (Hrsg.), Historische Leitlinien für das Militär der neunziger Jahre, Bd. 2, 1988, S. 21.
98 *T. Blank*, Regierungserklärung vor dem Deutschen Bundestag am 27. Juni 1955, in: A. König (Hrsg), 30 Jahre Bundeswehr – 30 Jahre Sicherung des Friedens Dokument zum politischen Verständnis der Streitkräfte in der Demokratie, in: CDU-Dokumentation, Union in Deutschland, 32/1985, S. 2, http://www.kas.de/wf/doc/kas_26653-544-1-30.pdf?110826092540 (zuletzt abgerufen: Januar 2016).
99 *Reinfried*, Streitkräfte (Fn. 36), S. 32.

beschlossen, unter keinen Umständen Wehrmachtsstrukturen zu übernehmen, sondern das innere Gefüge europäisch und vor allem demokratisch zu prägen[100]. Als Ziel galt es, den „Bürger in Uniform" zu konzipieren[101]. Dadurch sollte gewährleistet werden, dass der Soldat zwar besonderen Pflichten untersteht, er sich aber gleichzeitig auf allgemeine Rechte berufen kann[102]. Das daraus resultierende Spannungsverhältnis sollte dann durch das Konzept der „Inneren Führung" gelockert und die Funktionsfähigkeit der Streitkräfte garantiert werden[103]. Dieses Konzept sorgte für einen Bundeswehraufbau, der mit Unterstützung der Bevölkerung erfolgen konnte[104], sodass eine deutsche Armee heranwuchs, die nicht mehr als „Staat im Staate" fungierte[105].

Erstmalig sollten gesetzliche Grundlagen geschaffen werden, nach denen sich das Handeln der Streitkräfte ausrichten sollte, um sie fest ins demokratische Gefüge zu integrieren[106]. Die „Innere Führung" der Soldaten beruhte dabei auf den Inhalten des Soldatengesetzes und der Wehrverfassung[107]. Für diese neue Ausrichtung war im besonderen Maße Major a.D. *Graf von Baudissin* zuständig, der sich als Referent im Amt von *Theodor Blank*, dem ersten deutschen Verteidigungsminister, für das innere Konzept der Bundeswehr dieser komplexen Aufgabe stellte[108]. Trotz eines unumgänglichen Rückgriffes auf das Personal des ehemaligen deutschen Heeres[109] und vieler kritischer Stimmen in der Bevölkerung wuchs eine in das neu entstandene demokratisch politische System eingebettete Armee, ohne dabei jemals wieder eine Gefahr im Sinne eines politischen Eigenlebens darzustellen[110]. Dieser von vielen befürchteten Entwicklung entging man, indem unter anderem das eingestellte Führungspersonal unter strikter Beobachtung stand und beim Aufbau des neuen Militärwesens besonderes Augenmerk auf die Ausgestaltung der Gesetzgebung auf dem Gebiet des Wehrrechts gelegt wurde[111].

---

100 *Pauli*, Wehrmachtsoffiziere (Fn. 36), S. 124-125.
101 Bald/Klein, Leitlinien (Fn. 97), S. 21; *C.-G. v. Ilsemann*, Die Innere Führung in den Streitkräften, in: H. Reinfried/H.F. Walitschek (Hrsg.), Die Bundeswehr. Eine Gesamtdarstellung, Bd. 5, 1981, S. 7.
102 *Walpuski/Wolf*, Einführung (Fn. 36), S. 182.
103 *Walpuski/Wolf*, Einführung (Fn. 36), S. 182-183.
104 *Kurowski*, Bundeswehr (Fn. 86), S. 14.
105 *Reinfried*, Streitkräfte (Fn. 36), S. 32.
106 *Pauli*, Wehrmachtsoffiziere (Fn. 36), S. 125.
107 *C.-G. v. Ilsemann*, Streitkräfte in der Demokratie. Innere Führung gestern und heute, in: 30 Jahre Bundeswehr. 1955-1985. Friedenssicherung im Bündnis, S. 313 (313).
108 *Walpuski/Wolf*, Einführung (Fn. 36), S. 179.
109 *M. Kutz*, Deutsche Soldaten. Eine Kultur- und Mentalitätsgeschichte, 2006, S. 195; *Schulz*, Heer (Fn. 33), S. 15.
110 *Kutz*, Soldaten (Fn. 109), S. 195.
111 *Kutz*, Soldaten (Fn. 109), S. 195.

So konnte eine Institution im demokratischen Staat entstehen, in dem die Streitkräfte fest verankert wurden[112]. Ab dem Zeitpunkt ihrer Gründung sah sich daher die Bundeswehr als Teil der Gesellschaft, sodass ihre Anhänger nie ambitioniert waren, eine eigenständige Kraft außerhalb des Staates und seiner Bevölkerung zu sein[113]. Um dennoch ein politisches Kontrollkonzept zu gewährleisten, wurde unter anderem dem Verteidigungsminister lediglich zu Friedenszeiten die Befehlsgewalt erteilt[114]. Im Kriegsfall obliegt sie hingegen ausschließlich dem Kanzler[115]. Zudem wurde das Amt des Wehrbeauftragten eingeführt, der gemäß Art. 45b GG für die parlamentarische Kontrolle zuständig ist[116].

IV. Wehrrechtliche Grundlagen für die Aufstellung deutscher Streitkräfte

Ein historischer Rückblick auf ehemalige Normen zur Einsetzung des Militärs zeigt den damaligen Zuspruch zur Wahrnehmung originärer Polizeiaufgaben[117]: So enthielt beispielsweise die Reichsverfassung aus dem Jahre 1871 den Art. 66 Abs. 2, der grundsätzlich den Einsatz zu polizeilichen Zwecken im Innern gestattete, wobei die nähere Ausgestaltung zur Regelung den Ländern überlassen wurde[118]. Tatsächlich durchgeführte militärische Einsätze innerhalb des Deutschen Reiches, die sich u.a. gegen die streikende Arbeiterschaft richteten, verzeichneten mehrere Todesopfer, sodass sich bereits zum damaligen Zeitpunkt ablehnende Stimmen gegenüber dem Militär im Allgemeinen wie seinem Einsatz im Inneren im Besonderen entwickelten[119]. Die Auseinandersetzungen führten zu Unbehagen innerhalb der Gewerkschaften, Misstrauen in die Sozialdemokratie und letztlich zu der Forderung des Generalkommandos des 7. Armeekorps im Jahre 1889, einen Rückgriff auf das Militär zukünftig zu unterlassen und der Arbeiterschaft nachzugeben[120].

Im weiteren Verlauf ereignete sich im November 1913 die sogenannte Zaberaffäre, bei der das Militär des Ortes Zabern in Elsass-Lothringen eigenmächtig die Polizeigewalt an sich riss und Verhaftungen durchführen ließ, nachdem ein

---

112 *S. Weber*, Die parlamentarische Untersuchung von Auslandseinsätzen der Bundeswehr: Der Fall Murat Kurnaz, S. 145, in: D. Weingärtner (Hrsg.), Die Bundeswehr als Armee im Einsatz, 2003, S. 143 (145).
113 *U. Simon*, Die Integration der Bundeswehr in die Gesellschaft, 1980, S. 89.
114 *Kutz*, Soldaten (Fn. 109), S. 196.
115 *Kutz*, Soldaten (Fn. 109), S. 196. Diese Differenzierung ergibt sich seit dem Jahre 1968 aus Art. 115b GG.
116 *Kutz*, Soldaten (Fn. 109), S. 196.
117 *P. Dreist*, Bundeswehreinsatz als Wahrnehmung materieller Polizeiaufgaben ohne Grundgesetzänderung?, in: UBWV 3/2006, S. 93 (94).
118 Vgl. den Wortlaut von Art. 66 Abs. 2 RV; *Dreist*, Bundeswehreinsatz (Fn. 117), S. 94.
119 *Dreist*, Bundeswehreinsatz (Fn. 117), S. 94.
120 *Dreist*, Bundeswehreinsatz (Fn. 117), S. 94.

Leutnant beleidigt worden war[121]. Dass der zuständige Regimentskommandeur durch die Verhaftungen polizeiliche Befugnisse ausüben ließ, ohne dass zuvor ein Kriegs- oder Belagerungszustand festgestellt wurde, bedeutete einen evidenten Verfassungsbruch[122]. Dieser löste eine Welle der Empörung aus und stieß eine weitreichende Debatte im Reichstag an, die zu der erstmaligen Aussprache einer großen mehrheitlichen Missbilligung gegenüber dem Reichskanzler führte[123].

Dennoch wurden die Ereignisse letztlich auf Wunsch des Kaisers durch den damaligen Reichskanzler Bethmann Hollweg verharmlost und vor dem Parlament gerechtfertigt[124]. Mangels vorgesehener Konsequenzen in der Reichsverfassung blieben die Geschehnisse für den Reichskanzler folgenlos und wurden von der Reichsleitung letztlich ignoriert[125]. Dennoch war das Verhältnis zwischen dem Kanzler und dem Parlament kurz vor Kriegsbeginn unwiderruflich zerrüttet[126].

Mit dem Ende des Ersten Weltkrieges und der Geburtsstunde der Weimarer Reichsverfassung eröffnete deren Art. 48 Abs. 2 dem Reichspräsidenten die Möglichkeit, sich des Militärs zu bedienen, sofern bloße unterstützende Hilfe für die Polizei zur Aufrechterhaltung der öffentlichen Sicherheit und Ordnung nicht ausreichen sollte[127]. Weitere Einschränkungen in Form von Voraussetzungstatbeständen wie etwa kriegerische Verhältnisse gab es indes nicht[128], sodass der Reichspräsident sodann zu jedem denkbaren Rechtsakt befugt war[129]. Die Entscheidung darüber, ab wann ein präsidiales Eingreifen notwendig erschien und welches Ausmaß es haben durfte, wurde wiederum in das eigene pflichtgemäße Ermessen des Reichspräsidenten gestellt[130]. Diese sogenannte Diktaturgewalt

---

121 *R. v. Bruch/B. Hofmeister,* Kaiserreich und Erster Weltkrieg. 1871-1918, in: R. A. Müller (Hrsg.), Deutsche Geschichte in Quellen und Darstellung, Bd. 8, 2006, S. 316; *Dreist,* Bundeswehreinsatz (Fn. 117), S. 94; *E. R. Huber,* Struktur und Krisen des Kaiserreichs, in: Deutsche Verfassungsgeschichte seit 1789, Band IV, 1982, S. 477.

122 *W. Halder,* Innenpolitik im Kaiserreich. 1871-1914, in: K. Brodersen/M. Kintzinger/U. Puschner/V. Reinhardt (Hrsg.), Geschichte Kompakt, 2011, 3. Aufl., S. 143.

123 *Halder,* Innenpolitik (Fn. 122), S. 143;

124 *v. Bruch/Hofmeister,* Kaiserreich (Fn. 121), S. 316; *Halder,* Innenpolitik (Fn. 122), S. 143.

125 *Halder,* Innenpolitik (Fn. 122), S. 143.

126 *Halder,* Innenpolitik (Fn. 122), S. 143-144.

127 Vgl. den Wortlaut von Art. 48 Abs. 2 RV; *Dreist,* Bundeswehreinsatz (Fn. 117), S. 94; *R. Grau,* Die Diktaturgewalt des Reichspräsidenten und der Landesregierungen aufgrund des Artikels 48 der Reichsverfassung, in: H. Triepel/ E. Kaufmann/ R. Smend (Hrsg.), Öffentlich-rechtliche Abhandlungen, 1922, Heft 5, S. 32.

128 *Grau,* Diktaturgewalt (Fn. 127), S. 32.

129 E. R. Huber, Die Weimarer Reichsverfassung, in: Deutsche Verfassungsgeschichte seit 1789, Band VI, 1981, S. 444.

130 Huber, Reichsverfassung (Fn. 129), S. 444.

ließ in den unruhigen Jahren nach Kriegsende die Reichswehr zu einer fest etablierten vierten Macht innerhalb der Weimarer Republik werden, indem sie mehrfach und teils unter starker Bewaffnung zum Einsatz kam[131]. Aufgrund der negativen Erfahrungswerte wird noch heute diese innenpolitische Machterlangung des Militärs als „Staat im Staate" und eine Wiederholung dieser Ereignisse befürchtet[132]. Daher wird auch konsequent an der verfassungsrechtlichen Begrenzung des Einsatzes der Streitkräfte zur Wahrnehmung polizeilicher Befugnisse auf wenige Ausnahmefälle festgehalten[133].

Es fragt sich jedoch, ob nicht die Befürchtungen aufgrund der positiven Erfahrungswerte seit Gründung der Bundeswehr mittlerweile als überholt anzusehen sein könnten[134]. Es herrscht bereits seit Jahrzehnten ein demokratisches Kräftegleichgewicht in der Bundesrepublik, wobei die Bundeswehr zweifelsfrei den Primat der Politik respektiert[135].

Bei Einführung des Grundgesetzes im Jahr 1949 war eine Ausgestaltung des deutschen Wehrrechtes nicht vorgesehen[136]. Es war lediglich der noch heute existente Art. 4 Abs. 3 GG vorhanden, der das Recht auf Kriegsdienstverweigerung beinhaltet, obschon eine Wehrpflicht im Grundgesetz noch gar nicht vorgesehen war[137].

Es fehlte schlichtweg an der Notwendigkeit wehrverfassungsrechtlicher Normen im Grundgesetz, da Letzteres als nur vorrübergehender Notbehelf angesehen wurde[138]. Man hielt zum damaligen Zeitpunkt die deutsche Teilung für einen nur kurz währenden Zustand, sodass lediglich ein Provisorium an Regelungen erforderlich war[139], das auf seine Ablösung durch demokratische Wahlen der ungeteilten deutschen Bevölkerung wartete[140]. Dabei sollte die Bezeichnung „Grundgesetz" der Vorläufigkeit Ausdruck verleihen, da es die Bezeichnung „Verfassung" nach seinem Charakter nicht verdient hatte[141].

---

131 *Dreist*, Bundeswehreinsatz (Fn. 117), S. 94.
132 *Dreist*, Bundeswehreinsatz (Fn. 117), S. 94.
133 Dreist, Bundeswehreinsatz (Fn. 117), S. 94; *V. Epping,* in: ders./C. Hillgruber (Hrsg.), Grundgesetz-Kommentar, 2. Aufl. 2013, Art. 35 Rn. 25.
134 *Dreist*, Bundeswehreinsatz (Fn. 117), S. 94.
135 *Dreist*, Bundeswehreinsatz (Fn. 117), S. 94 f..
136 *Reinfried*, Streitkräfte (Fn. 36), S. 30.
137 Vgl. den Wortlaut von Art. 4 Abs. 3 GG; *Reinfried*, Streitkräfte (Fn. 36), S. 30.
138 *Reinfried*, Bundeswehr (Fn. 36), S. 30.
139 *Reinfried*, Bundeswehr (Fn. 36), S. 30.
140 *Turner*, Geschichte (Fn. 33), S. 45 f..
141 *H. Dreier*, Grundlagen und Grundzüge staatlichen Verfassungsrechts, in: A. v. Bogdandy/P. C. Villalón/P. M. Huber (Hrsg.), Handbuch Ius Publicum Europaeum, Bd. I, 2007, § 1, Rn. 48; *A. Poretschkin*, Zivilverteidigung als Verfassungsauftrag, 1997, S. 31.

Gemäß dem Brüsseler Vertrag vom 17. März 1948 oblag den Besatzungsmächten die Gewährleistung europäischer Sicherheit, sodass den Deutschen keine explizite Wehrhoheit zugesprochen wurde[142]. Die Vorbehaltsrechte der Besatzungsmächte gingen dabei so weit, dass die Regelungen des Besatzungsstatuts in jedem Fall Vorrang gegenüber denen des Grundgesetzes genossen[143].

Nachdem Westdeutschland jedoch am 5. Mai 1955 seine staatliche Souveränität erlangte, ging es zugleich die Verpflichtung ein, im Rahmen des Beitrittes zur Nato ein Heer aufzubauen, um den erwünschten militärischen deutschen Beitrag zu leisten[144]. Theodor Blank äußerte sich in seiner Regierungserklärung am 27. Juni 1955 konkret mit den Worten:

„Wir wollen Streitkräfte in der Demokratie, die sich dem Vorrang der Politik fügen. Sie sollen die Grundsätze der Rechtsstaatlichkeit achten, die staatsbürgerlichen Grundrechte und Grundpflichten ernst nehmen und die Würde des Menschen anerkennen. [...] Die Armee darf kein Staat im Staate sein. Die zivile Leitung muß den Vorrang der Politik sichern. Die parlamentarische Kontrolle soll stärker durchgeführt werden, als das früher in Deutschland der Fall war"[145].

Die von Blank beschriebenen Bestrebungen sollten nun in Form von Gesetzen zur Umsetzung und folglich Fixierung niedergeschrieben werden[146].

1. Erste Schritte zur Wehrverfassung

Neben dem grundsätzlichen Problem, inwieweit die Remilitarisierung möglich und im Hinblick auf die anzustrebende deutsche Wiedervereinigung auch geboten erschien, wurde der Streit ausgefochten, ob die Verpflichtung zum Wehrdienst Deutscher oder deren Beteiligung an einer bewaffneten Streitmacht ohne Ergänzung des Grundgesetzes als zulässig zu erachten ist[147]. Da sämtliche hierzu geführten Verfahren vor dem Bundesverfassungsgericht ohne Sachentscheidung beendet und wehrverfassungsrechtliche Normen, mehrheitlich im Bundestag beschlossen, in das Grundgesetz eingefügt wurden, nahm die innenpolitische Diskussion eher klanglos, aber nachhaltig ihr Ende[148]. In der Folgezeit erließ der Bundestag diverse Gesetze, um die Eingliederung in die Verteidigungsgemein-

---

142 *Reinfried*, Bundeswehr (Fn. 36), S. 2.
143 *Poretschkin*, Zivilverteidigung (Fn. 141), S. 31.
144 *Kurowski*, Bundeswehr (Fn. 86), S. 13 f..
145 *Wenzke/Zündorf*, Vorhang (Fn. 30), S. 76.
146 *Wenzke/Zündorf*, Vorhang (Fn. 30), S. 76.
147 K. A. v. d. Heydte (Hrsg.), Der Kampf um den Wehrbeitrag I, Bd. 2, 1. Halbband. Die Feststellungsklage, 1952, S. 436; *Poretschkin*, Zivilverteidigung (Fn. 141), S. 32.
148 K. A. v. d. Heydte (Hrsg.), Der Kampf um den Wehrbeitrag III, Bd. 3, Ergänzungsband, 1958, S. 592 ff.; *Poretschkin*, Zivilverteidigung (Fn. 141), S. 32-33.

schaft abzurunden[149]. Der am 19. März 1956 verkündete Art. 87b GG bildete die Basis der Wehrverwaltung, sodass erstmalig eine Verfassungsnorm als Grundlage für die Verwaltungsorganisation der Bundeswehr existierte[150]. Das Soldatengesetz war das erste, am 1. April 1956 in Kraft tretende Gesetz, bevor am 21. Juli das Wehrpflichtgesetz und am 24. Dezember desselben Jahres das „Gesetz über die Dauer des Grundwehrdienstes und die Gesamtdauer der Wehrübungen" erlassen wurde[151]. Dadurch erfolgten erstmals gesetzliche Normierungen der Rechtsverhältnisse der Soldaten untereinander, sodass nicht mehr auf weniger bestimmte Befehle oder Verordnungen zurückgegriffen werden musste[152].

2. Entwicklung des Bundeswehrkonzeptes – von der Aufstellung der Soldaten bis zu Ergänzungen des Grundgesetzes

Als eine zuvor nicht existente Regelung der Rechtsstellung eines Soldaten bildet das Soldatengesetz den Grundstein der Wehrgesetzgebung[153]. Es enthält Bestimmungen, die einen Ausgleich zwischen den soldatischen Verpflichtungen und der freiheitlich-demokratischen Grundordnung schaffen sollen[154]. Zu diesem Zweck wird der Soldat gemäß § 8 SG zur Beachtung und Umsetzung der Inhalte des Grundgesetzes und zudem gemäß § 33 Abs. 1 und 2 SG zur Aneignung völkerrechtlicher Grundkenntnisse verpflichtet[155].

Verfassungsrechtliche Regelungen betreffend die veränderte Einsatzphilosophie der Bundeswehr ergänzten spät das Grundgesetz. Es bedurfte zunächst den Rückgang der Besatzungsrechte, bevor allmählich staatliche Handlungsvollmachten zurück erlangt wurden[156]. Als *Verfassungsnachholung* verstandene Entwicklung wurde das Grundgesetz mit Wiedereinführung der Wehrpflicht für Männer durch die Wehrverfassung und im weiteren Verlauf durch eine Notstandsverfassung modifiziert[157]. Der sich über Jahre hinziehende Prozess der Rückerlangung staatlicher Souveränität mündete erst im Jahr 1968 in die Einfügung der Artikel, die zur Bewältigung staatlicher Notstandslagen durch den Einsatz der Bundeswehr dienen sollen[158]. Hierin liegt auch die Bedeutung der Not-

---

149 *Kurowski*, Bundeswehr (Fn. 86), S. 14.
150 *Wenzke/Zündorf*, Vorhang (Fn. 30), S. 102.
151 *Kurowski*, Bundeswehr (Fn. 86), S. 14;.*A. Poretschkin/U. Lucks*, Vorbemerkungen zum Soldatengesetz, in: W. Scherer/R. Alff/A. Poretschkin (Hrsg.), Soldatengesetz. Kommentar, 9. Aufl., 2013, Rn. 0.
152 *Walpuski/Wolf*, Einführung (Fn. 36), S. 194.
153 *Poretschkin/Lucks*, Vorbemerkungen (Fn. 151), Rn. 0; *Wenzke/Zündorf*, Vorhang (Fn. 30), S. 80.
154 *Wenzke/Zündorf*, Vorhang (Fn. 30), S. 80.
155 Vgl. den Wortlaut von § 8 und § 33 SG; *Wenzke/Zündorf*, Vorhang (Fn. 30), S. 80.
156 *Dreier*, Grundlagen (Fn. 141), Rn. 50.
157 *Dreier*, Grundlagen (Fn. 141), Rn. 50.
158 *Dreier*, Grundlagen (Fn. 141), Rn. 50, 53; *Wenzke/Zündorf*, Vorhang (Fn. 30), S. 82.

standsverfassung, die inhaltlich zu einer Verlagerung sämtlicher Vollmachten auf deutsche Organe führte, sodass die Vorbehaltsrechte der Besatzungsmächte, die noch aus dem Deutschlandvertrag hervorgingen, abgelöst wurden[159].

3. Kritik an wehrrechtlichen Gesetzesgrundlagen und der Weg zur Anerkennung in der Zivilbevölkerung

Die Dauer der Wehrpflicht, die im Zusammenhang mit der Verschriftlichung der Rechte und Pflichten deutscher Soldaten eingeführt wurde, ließ starke Kritik in der Bevölkerung aufkommen. Erst mit Errichtung der Berliner Mauer im Jahre 1961 verstärkte sich die Notwendigkeit der Einsatzmöglichkeiten der Streitkräfte und führte zu einer größeren Akzeptanz innerhalb der Bevölkerung[160]. Den vorhandenen Bedarf nach einer einsatzbereiten Bundeswehr stellten die Streitkräfte dann zweifelsfrei im Februar 1962 unter Beweis, als die große Sturmflut den Norden Deutschlands heimsuchte, und die Soldaten Tausenden durch ihren Einsatz das Leben retten konnten[161]. Damit verschafften sie sich den nötigen Respekt der Bevölkerung[162], der dennoch nicht zur erhofften endgültigen Auflösung des erheblichen Unbehagens sorgte[163]. Um den Integrationsprozess der Streitkräfte voranzutreiben, galt es, die Wahrnehmung der Aufgaben transparent zu gestalten, um das mangelnde Verständnis für die Funktion der Bundeswehr auszugleichen[164]. Die angespannte Situation und vor allem die negativ belastete Sichtweise auf die Bundeswehr brachte den damals amtierenden Verteidigungsminister *Helmut Schmidt* auf die Idee, im Jahre 1969 das erste deutsche „Weißbuch" zu veröffentlichen[165]. Bei dem Weißbuch handelt es sich um eine Darstellung der Tätigkeitsfelder der Bundeswehr und ihrer Einsätze, um die nicht hinreichend unterrichtete Bevölkerung zu informieren und das Objekt ‚Streitkräfte' für Zivilisten transparenter und nachvollziehbarer zu gestalten. Das dadurch hervorgerufene Verständnis trug zweifelsfrei zur Entspannung der Sichtweisen der Bevölkerung auf das Konstrukt deutscher Streitkräfte bei und stellt somit eine unersetzbare Idee dar.

V. Der militärgeschichtliche Weg bis zur Wiedervereinigung

Die sich Anfang der 60er Jahre einleitende Entspannungspolitik zwischen den USA und der UdSSR setzte aufgrund der Erkenntnis ein, dass ihre Auseinandersetzungen im Rahmen des Kalten Krieges mit militärischen Mitteln nicht been-

---

159 *Wenzke/Zündorf*, Vorhang (Fn. 30), S. 82.
160 *Wenzke/Zündorf*, Vorhang (Fn. 30), S. 78.
161 *Kurowski*, Bundeswehr (Fn. 86), S. 122; *Wenzke/Zündorf*, Vorhang (Fn. 30), S. 82.
162 *Wenzke/Zündorf*, Vorhang (Fn. 30), S. 82.
163 *Wenzke/Zündorf*, Vorhang (Fn. 30), S. 103.
164 *Wenzke/Zündorf*, Vorhang (Fn. 30), S. 102; R. Zoll/E. Lippert/T. Rössler (Hrsg.), Bundeswehr und Gesellschaft, 1. Aufl., 1977, S. 348.
165 *Wenzke/Zündorf*, Vorhang (Fn. 30), S. 102.

det werden können[166]. Mithilfe des Atomwaffensperrvertrages, der im Jahre 1969 beschlossen wurde, begann daher allmählich einvernehmlich die gegenseitige Rüstungskontrolle[167]. Bei den sogenannten SALT-Verhandlungen, den Strategic Arms Limitation Talks, wurde mit zwei Verträgen die Angst vor der Konsequenz strategischer Waffen dahingehend besänftigt, dass das Wettrüsten eingestellt und eine Begrenzung der Offensivraketen und der Raketenabwehrsysteme beschlossen wurde[168]. Der Beginn der Konferenz über Sicherheit und Zusammenarbeit in Europa, der KSZE, im Juli 1973 läutete das vorläufige Ende des Kalten Krieges zwischen den Siegermächten ein[169]. Die aus der Konferenz 1975 in Helsinki hervorgegangene Schlussakte bildete die Vorreiterin für anschließende Forderungen und galt zudem als Hoffnungsträgerin, da sie wesentliche demokratische und rechtsstaatliche Bestimmungen enthielt[170]. Unter der politischen Führung Willy Brands gelang die Abschwächung des Konfliktes zwischen Ost und West und die Annäherung beider deutscher Staaten[171]. Dennoch währte der gespaltene Zustand in Deutschland weitere zwanzig Jahre, bevor sich nach zahlreichen Protesten und Massenfluchten in den Westen am 9. November 1989 endgültig die Grenzen der DDR öffneten[172]. Es folgten die „Zwei-plus-Vier"-Gespräche, bei denen die Regierungen die politischen Voraussetzungen für das tatsächliche Ende des Kalten Krieges verhandelten[173]. Die letztlich erfolgreiche Beendigung wurde mit Auflösung des Warschauer Paktes im Jahre 1991 deutlich[174]. Nachdem sich dann noch im selben Jahr die sowjetischen Nachfolgestaaten, namentlich die Ukraine, Russland und Weißrussland zur Ge-

---

166 *M. Görtemaker/R. Wenzke*, Zwischen Konfrontation und Entspannung- Militärgeschichte von 1969/1970 bis zur Wiedervereinigung, in: K.-V. Neugebauer (Hrsg.), Grundkurs deutsche Militärgeschichte, Die Zeit nach 1946, Bd. 3, 2008, S. 150 (155); Zoll/Lippert/Rössler, Bundeswehr (Fn. 164), S. 86.
167 *Görtemaker/Wenzke*, Konfrontation (Fn. 166), S. 155.
168 *Görtemaker/Wenzke*, Konfrontation (Fn. 166), S. 166; Zoll/Lippert/Rössler, Bundeswehr (Fn. 164), S. 87.
169 *Görtemaker/Wenzke*, Konfrontation (Fn. 166), S. 155; *Y. v. Saal*, KSZE-Prozess und Perestroika in der Sowjetunion. Demokratisierung, Werteumbruch und Auflösung 1985-1991, 2014, S. 2-3.
170 *Görtemaker/Wenzke*, Konfrontation (Fn. 166), S. 155; *A. Uzulis*, Die Bundeswehr. Eine politische Geschichte von 1955 bis heute, 2005, S. 86.
171 *Görtemaker/Wenzke*, Konfrontation (Fn. 166), S. 156; *Uzulis*, Bundeswehr (Fn. 170), S. 85.
172 *T. Diedrich*, Die militärische Grenzsicherung an der innerdeutschen Demarkationslinie und der Mauerbau 1962, in: B. Thoß (Hrsg.), Vom Kalten Krieg zur deutschen Einheit. Analysen und Zeitzeugenberichte zur deutschen Militärgeschichte 1945 bis 1995, 1995, S. 127 (127); *Görtemaker/Wenzke*, Konfrontation (Fn. 166), S. 162.
173 *Görtemaker/Wenzke*, Konfrontation (Fn. 166), S. 162.
174 *R. Pommerin*, Vom „Kalten Krieg" zu globaler Konfliktverhütung und Krisenbewältigung – Militärgeschichte zwischen 1990 und 2006, in: Neugebauer, Grundkurs 3, S. 272 (280).

meinschaft unabhängiger Staaten, der GUS, zusammenschlossen, musste auf die politischen Veränderungen der Länder, vor allem durch die NATO, reagiert werden[175]. Diese Entwicklungen wirkten sich nicht zuletzt auf die Daseinsbegründung der deutschen Bundeswehr aus:

VI. Fokusveränderung der Bundeswehr

Da das jahrelang angestrebte Ziel der Wiedervereinigung Deutschlands erfolgreich erreicht wurde, verlagerte sich der Fokus des nationalen Aufgabenbereiches und der Ausrichtung des strategischen Umfeldes[176]. Die Landesverteidigung stellte bis zur Beendigung des Ost-West-Konfliktes immer die Hauptaufgabe der Bundeswehr dar[177]. Mit weltweit aufkommenden Krisen und Bedrohungen entwickelte sie sich jedoch in der Folgezeit und bis heute zum Instrument der Konfliktbewältigung im Staatenverbund[178]. Mit dem Fortschritt der Waffenentwicklung nahm die Konkurrenz zwischen den Ländern ein unberechenbares Ausmaß an, da die feindlichen Staaten geographisch nicht mehr eingegrenzt und überblickt werden konnten[179]. Besonders die Herstellung von Massenvernichtungswaffen steigerte den Mächtedualismus zwischen den wirtschaftlich stark entwickelten Ländern[180].

Den größten Aspekt für die Fokusveränderung der Bundeswehr bildet indes der weltweit aktive Terrorismus, der seit der Anschläge auf das World Trade Center und das Pentagon mit etwa 3000 Toten ein bisher nicht vorstellbares Ausmaß angenommen hat[181]. Der 11. September 2001 steht förmlich für die verheerenden Auswirkungen terroristischer Vernetzungen[182]. Die in den Folgejahren verübten Anschläge, namentlich im Jahre 2004 in Madrid und 2005 in London, erweiterten sodann das Angriffsfeld, indem auch europäische Länder zum Zielob-

---

175 *Pommerin*, Krieg (Fn. 174), S. 280.
176 *A. Volle/W. Weidenfeld*, Europäische Sicherheitspolitik in der Bewährung. Beiträge und Dokumente aus Europa-Archiv und Internationale Politik (1990-2000), 2000, S. 50 (50 f.).
177 *T. Pflüger*, Bundeswehr 2005 – bereit für die nächsten Kriege in aller Welt, in: U. Cremer/D. S. Lutz (Hrsg.). „Die Bundeswehr in der neuen Weltordnung, 2000, S. 72 (72).
178 *Pommerin*, Krieg (Fn. 174), S. 278.
179 *Pommerin*, Krieg (Fn. 174), S. 278.
180 *Pommerin*, Krieg (Fn. 174), S. 278.
181 *Pommerin*, Krieg (Fn. 174), S. 278, 284; *Uzulis*, Bundeswehr (Fn. 170), S. 146-148; *D. Weingärtner*, „Wehrrecht" – ein Rechtsgebiet in Bewegung, in: Ders. (Hrsg.). Die Bundeswehr als Armee im Einsatz – Entwicklungen im nationalen und internationalen Recht, 2003, S. 9 (10).
182 *E. M. Maier*, Überforderung des Rechtsstaats? Terrorbekämpfung zwischen Strafrecht und Kriegszustand, in: E. Bader (Hrsg.), Terrorismus. Eine Herausforderung unserer Zeit, 2007, S. 99 (99); *Pommerin*, Krieg (Fn. 174), S. 278, 284.

jekt des Terrorismus wurden[183]. Um diesen neuen Gefahren angemessen begegnen zu können, mussten auch die Verteidigungsformen erweitert werden. Dabei ist eine funktionierende gemeinsame europäische Politik mit juristischer und polizeilicher Zusammenarbeit unabdingbar.

1. Paradigmenwechsel in der deutschen Außenpolitik

Die Ausrichtung der Bundeswehr, ihre Strategie und Bewaffnung verlagerte sich ab 1989 dahingehend, dass sie fähig wurde, auch extraterritorial bei unterstützenden Hilfsmaßnahmen eingesetzt zu werden[184]. Die erstmalige Aufforderung an Soldaten der Bundeswehr, sich außerhalb deutschen Territoriums im Rahmen eines internationalen Friedenseinsatzes zu engagieren, erfolgte mit der sich zuspitzenden Lage zu Beginn des Golfkrieges Ende 1990[185]. Zur Beruhigung der deutschen Bevölkerung verhielt sich das Land zunächst passiv, bevor es in die Stellung seiner internationalen Rolle hineinwuchs und dementsprechend fungierte[186]. In der Folgezeit stellte die deutsche Regierung Streitkräfte der Bundeswehr für internationale Friedensmissionen bereit, die auf Grundlage der NATO, der Europäischen Union und später auch der OSZE durchgeführt wurden[187].

Die Frage, ob deutsche Soldaten auch extraterritorial eingesetzt werden können und ob Art. 87a GG dafür eine Rechtsgrundlage liefert, stellte sich zuvor gar nicht beziehungsweise konnte aufgrund der im Kalten Krieg vorhandenen internen Spannungen mangels Relevanz mit Leichtigkeit verneint werden[188].

Dies änderte sich jedoch, als es schwerpunktmäßig nicht mehr galt, für eine mögliche Landesverteidigung gewappnet zu sein, sondern erstmalig einen Platz im NATO-Offensiveinsatz einzunehmen[189]. Damit stellte sich die Bundeswehr erheblichen neuen Herausforderungen[190], insbesondere derjenigen, auch außerhalb Deutschlands einsatzfähig zu werden. So entfachten die Gegner extraterritorialer Bundeswehreinsätze in der Folgezeit zahlreiche politische Debatten und führten Klagen, die inhaltlich die verfassungsrechtliche Vereinbarkeit derartiger Einsätze monierten[191]. Die Unklarheiten und Diskussionen gründeten nicht zu-

---

183 J. Gerhards/ M. S. Schäfer/ I. Al-Jabiri/ J. Seifert, Terrorismus im Fernsehen. Formate, Inhalte und Emotionen in westlichen und arabischen Sendern, 1. Aufl., 2011, S. 58-60; *Pommerin*, Krieg (Fn. 174), S. 278, 288.
184 *Pflüger*, Bundeswehr (Fn. 177), S. 72; *Uzulis*, Bundeswehr (Fn. 170), S. 102.
185 *v. Bredow*, Demokratie (Fn. 76), S. 102.
186 *v. Bredow*, Demokratie (Fn. 76), S. 102.
187 *Pommerin*, Krieg (Fn. 174), S. 299.
188 *v. Bredow*, Demokratie (Fn. 76), S. 102.
189 *Pflüger*, Bundeswehr (Fn. 177), S. 72.
190 K. Naumann, Die Bundeswehr in einer Welt im Umbruch, 2002, S. 8.
191 *v. Bredow*, Demokratie (Fn. 76), S. 102 f.

letzt auf dem Umstand, dass eindeutige Regelungen, auf die man sich hätte stützen können, schlichtweg nicht existierten.

Im Rahmen der verfassungsrechtlichen Prüfung extraterritorialer Bundeswehreinsätze entschied das Bundesverfassungsgericht 1994 in dem sogenannten Out-of-Area-Urteil, dass die Verwendungen zulässigerweise unter Rückgriff auf verfassungsrechtliche Grundlagen erfolgten[192]:

2. Das Out-of-Area-Urteil vom 12. Juli 1994

Das Bundesverfassungsgericht hatte sich im Organstreitverfahren aufgrund diverser ausländischer Einsätze der Bundeswehr im Rahmen der NATO und der WEU, namentlich in Serbien und Montenegro, Bosnien-Herzegowina und Somalia, mit einer Grundsatzentscheidung zu befassen[193]. Im Rahmen dessen galt es im Wesentlichen, die Mitwirkungsrechte des Deutschen Bundestages zu bestimmen[194]. Zum einen bezüglich der Umsetzung von Beschlüssen des Sicherheitsrates der Vereinten Nationen und zum anderen im Grundsatz bezogen auf Entscheidungen über extraterritoriale Einsätze der Streitkräfte[195]. Weiter stand die anzuwendende Rechtsgrundlage und damit verbunden die verfassungsrechtliche Zulässigkeit deutscher Einsätze außerhalb der Bundesrepublik zur Klärung offen[196]. Mangels vorhandener expliziter Regelungen, auf Grundlage derer Auslandsmissionen hätten gestützt werden können, erfolgte im Rahmen der Urteilsfindung ein Rückgriff auf Art. 24 Abs. 2 GG. Mit Heranziehung der Norm konnte im Ergebnis die juristische Unbedenklichkeit der streitgegenständlichen Einsätze begründet werden[197]. Im Leitsatz des Urteils heißt es:

„Die Ermächtigung des Art. 24 Abs. 2 GG berechtigt den Bund nicht nur zum Eintritt in ein System gegenseitiger kollektiver Sicherheit und zur Einwilligung in damit verbundene Beschränkungen seiner Hoheitsrechte. Sie bietet vielmehr auch die verfassungsrechtliche Grundlage für die Übernahme der mit der Zuständigkeit zu einem solchen System typischerweise verbundenen Aufgaben und damit auch für eine Verwendung der Bundeswehr zu Einsätzen, die im Rahmen und nach den Regeln dieses Systems stattfinden.“[198].

Die grundsätzliche Verpflichtung Deutschlands, sich gemäß Art. 24 Abs. 2 GG in einem Bund kollektiver Sicherheit für den Frieden einzubringen und damit einhergehende Beschränkungen in Kauf zu nehmen, geht schon auf die Zeit

---

192 *Volle/Weidenfeld*, Sicherheitspolitik (Fn. 176), S. 50 f..
193 BVerfGE 90, 286 (286-290).
194 BVerfGE 90, 286 (290-291).
195 BVerfGE 90, 286 (290-291).
196 BVerfGE 90, 286 (344 ff.).
197 BVerfGE 90, 286 (344).
198 Leitsatz Nr. 1, BVerfGE 90, 286 (286).

nach Ende des zweiten Weltkrieges zurück. Bereits der Verfassungskonvent auf Herrenchiemsee aus dem Jahre 1948 sah dazu Folgendes vor:

„Das deutsche Volk ist gewillt, künftighin auf den Krieg als Mittel der Politik zu verzichten und hieraus die Folgerungen zu ziehen. Um aber nicht wehrlos fremder Gewalt preisgegeben zu sein, bedarf es der Aufnahme des Bundesgebietes in ein System kollektiver Sicherheit, das ihm den Frieden gewährleistet. Nach der einmütigen Auffassung muß der Bund bereit sein, im Interesse des Friedens und einer dauerhaften Ordnung der europäischen Verhältnisse in die sich aus einem solchen System ergebenden Beschränkungen seiner Hoheitsrechte einzuwilligen. Zwar wird dem deutschen Volk eine Vorleistung zugemutet. Nach dem, was im Namen des deutschen Volkes geschehen ist, ist aber eine solche Vorleistung, entsprechende Leistungen der anderen beteiligten Staaten im Gefolge hat, angebracht"[199].

Um den bereits damals bestandenen Anforderungen gerecht zu werden und auch neuerdings dem Wandel der internationalen politischen Lage nachzukommen, sah sich das Bundesverfassungsgericht im Jahre 1994 unter anderem vor der Aufgabe, die verfassungsrechtlichen Grundlagen für sog. Out-of-Area-Einsätze abschließend zu bestimmen. Wie aus dem oben zitierten Leitsatz hervorgeht, handelt es sich bei dem noch näher zu erörternden Artikel 24 Abs. 2 GG um die unbestrittene Rechtsgrundlage zur Entsendung deutscher Streitkräfte im Rahmen eines gegenseitigen kollektiven Sicherheitssystemes[200]. Dieser Feststellung steht auch der Inhalt des Artikel 87a GG nicht entgegen[201].

Um der Tatsache gerecht zu werden, dass es sich bei den deutschen Streitkräften um ein „Parlamentsheer" handelt[202], wurde zur Sicherstellung von Mindestanforderungen die Notwendigkeit einer Beteiligung des Parlamentes beschlossen, sodass der Bundestag vor jedem Einsatzbeschluss anzuhören ist[203]. Dass ihm dadurch ein starker rechtserheblicher Einfluss zugestanden wird, gründet auf dem Umstand, dass der Exekutiven zu keinem Zeitpunkt die alleinige Befugnis über die Bundeswehr zustehen soll[204]. Unter ständiger Einbeziehung des Bundestages soll schließlich die demokratische Verfassungsordnung garantiert werden können[205]. Durch die Beteiligung Deutschlands an dem System gegenseiti-

---

199 *P. Bucher*, Der Parlamentarische Rat 1948-1949. Akten und Protokolle, Bd. 2, Der Verfassungskonvent auf Herrenchiemsee, 1981, S. 517; BVerfGE 90, 286 (291, 345-346).
200 Leitsatz Nr. 1, BVerfGE 90, 286 (286, 345).
201 Leitsatz Nr. 1, BVerfGE 90, 286 (286).
202 *H. Sauer*, Staatsrecht III. Auswärtige Gewalt – Bezüge des Grundgesetzes zu Völker- und Europarecht, 3. Aufl., 2015, § 5, Rn.11.
203 Leitsatz Nr. 3. a), BVerfGE 90, 286 (286).
204 BVerfGE 90, 286 (381-382).
205 BVerfGE 90, 286 (381-382).

ger kollektiver Sicherheit gemäß Artikel 24 Abs. 2 GG[206], erwachsen für den Bund gleichermaßen Befugnisse und Verpflichtungen, wobei das Führen extraterritorialer Einsätze von den wahrzunehmenden Möglichkeiten umfasst ist[207]. Damit entschied sich das Bundesverfassungsgericht im Rahmen des bedeutenden Urteils für die Zulässigkeit von Out-of-Area-Einsätzen der deutschen Streitkräfte auf Grundlage von Art. 24 Abs. 2 GG[208].

Neben dieser bedeutsamen Entscheidung zeigen die Entwicklungen und Planungen in den Organisationen der NATO, WEU, EU und KSZE eine Reaktion auf den weltweiten Umbruch, der sich seit Ende des Kalten Krieges vollzog[209]. Das Streben nach einer gemeinsamen neuen Sicherheitsarchitektur gründet seit 1989 auf der Erkenntnis, dass sich für Europa neue Gefahren entwickelt haben, und diesen, unter anderem mit Partnerschaften für den Frieden, entgegengewirkt werden muss[210]. Da Deutschland mit Ende des Zweiten Weltkrieges und mit Öffnung der Grenzen zum Osten in keiner Form mehr von konventionellen Streitkräften bedroht wurde, erübrigte sich die eigene Landesverteidigung, und der Fokus konnte auf mögliche internationale Einsätze in Form von humanitärer Hilfe und auch in Form eines Kampfes gegen den weltweit agierenden Terrorismus gelegt werden[211].

---

206 *I. Pernice*, in: H. Dreier (Hrsg.), Grundgesetz-Kommentar, Band II, 3. Aufl., 2015, Art. 24 Rn. 121.
207 Leitsatz Nr. 1, BVerfGE 90, 286 (286).
208 Leitsatz Nr. 1, BVerfGE 90, 286 (286).
209 BVerfGE 90, 286 (365).
210 BVerfGE 90, 286 (365).
211 *Pommerin*, Krieg (Fn. 174), S. 340.

VII. Die Bundeswehr im internationalen Einsatz

Seit Jahren zählen auch humanitäre internationale Einsätze, bei denen Unterstützungs- und Aufbauarbeiten in Katastrophengebieten geleistet werden, zum Aufgabenspektrum der Bundeswehr[212]. Zahlreiche Organisationen wurden gegründet, um in Krisengebieten weltweit für Lebensmittel, Wasser und die notwendigen medizinischen Grundstöcke zu sorgen[213]. Die Vielfältigkeit des deutschen Engagements spiegelt dabei die Differenziertheit der übernommenen außenpolitischen Einsatzbereitschaft wider. Der derzeitige Hilfsbeitrag der Bundeswehr beläuft sich auf 17 Einsätze weltweit, und die Zahl der dort insgesamt eingesetzten Soldatinnen und Soldaten bemisst sich auf rund 3.000 Mann (Stand Januar 2016)[214]. Um die Bandbreite der bereits geleisteten und noch andauernden Einsätze deutscher Soldatinnen und Soldaten herauszustellen, erfolgt hier eine beispielhafte Darstellung deutscher Beteiligung an internationalen Hilfseinsätzen:

Die bislang längste extraterritoriale Stationierung erfolgte in den Jahren 1995 bis 2012 durch die Verwendung von über 50.000 Streitkräften in Bosnien und Herzegowina[215]. Die Unterstützung begann nach Ende des Bosnienkrieges zur Umsetzung des ausgehandelten Friedensvertrages von Dayton[216]. Mithilfe der deutschen Soldatinnen und Soldaten konnte eine erhebliche Verbesserung der Sicherheitsbedingungen zwischen den rivalisierenden Parteien des ehemaligen Jugoslawiens geschaffen werden[217].

Einen weiteren besonders umfangreichen Hilfseinsatz leisteten die Streitkräfte im Kosovo, in dem aufgrund religiöser und politischer Auseinandersetzungen zwischen den Serben und Albanern ein militärischer Einsatz von außen erforderlich wurde[218]. Der Wunsch der Kosovo-Albaner nach Unabhängigkeit des Staa-

---

212 *Pommerin*, Krieg (Fn. 174), S. 348.
213 *Pommerin*, Krieg (Fn. 174), S. 348.
214 BMVg (Hrsg.), Einsatzzahlen – Die Stärke der deutschen Einsatzkontingente, 22.01.2016,
http://www.bundeswehr.de/portal/a/bwde/!ut/p/c4/04_SB8K8xLLM9MSSzPy8xBz9CP
3I5EyrpHK9pPKUVL3UzLzixNSSqlS90tSk1KKknMzkbL2qxIyc1Dz9gmxHRQDYL
HC-/ (zuletzt abgerufen: Januar 2016).
215 *S. Harnisch*, Die Große Koalition in der Außen- und Sicherheitspolitik: die Selbstbehauptung der Vetospieler, in: C. Egle/R. Zohlnhöfer (Hrsg.), Die zweite Große Koalition. Eine Bilanz der Regierung Merkel 2005-2009, 1. Aufl., 2010, S. 503 (509).
216 *Harnisch*, Koalition (Fn. 215), S. 509.
217 BMVg (Hrsg.), Bosnien Herzegowina - EUFOR (European Union Force), 19.05.2014,
http://www.einsatz.bundeswehr.de/portal/a/einsatzbw/!ut/p/c4/LckxDoAgDEbhs3gBurt
5C3UhBf9AIynGEkk4vQ7mTV8e7fSl_EjiJlW50E
pblDl0F_oBD1HjNj5ySLCYSzWD_gNtwIVqKlCfcQ-k2kWZrnOZ
Xhp9QWc!/ (zuletzt abgerufen: Januar 2016).
218 *R. Biermann*, Der Weg in Krise und Krieg (1989-1998), in: B. Chiari/A. Keßelring, Wegweiser zur Geschichte Kosovo, 3. Aufl. 2008, S. 73 (73 ff.),

tes und der damit einhergehende Konflikt über die Herrschaftsverhältnisse bis zum Jahre 1999 führten zu einer gewaltsamen Eskalation unter der Bevölkerung, der Einhalt durch die NATO geboten werden musste[219]. Die Soldatinnen und Soldaten leisteten Hilfe beim Wiederaufbau des Landes, für den sich die Bundeswehr auch noch heute mit ihren KFOR-Truppen einbringt[220] und errichteten Flüchtlingslager für die Bevölkerung[221]. Neben dieser humanitären Unterstützung setzten sich deutsche Streitkräfte erstmalig in der Geschichte der Bundesrepublik auch militärisch bei den kriegerischen Auseinandersetzungen gegen die Föderative Republik Jugoslawiens ein[222]. Am 16. Oktober 1998 stimmte der Bundestag *„dem Einsatz bewaffneter Streitkräfte entsprechend dem von der Bundesregierung am 12.12.1998 beschlossenen deutschen Beitrag zu den von der NATO zur Abwendung einer humanitären Katastrophe im Kosovo-Konflikt geplanten, begrenzten und in Phasen durchzuführenden Luftoperationen für die von den NATO-Mitgliedstaaten gebildete Eingreifgruppe unter Führung der NATO"* zu[223]. Nach Bekräftigung des Beschlusses beteiligten sich deutsche Streitkräfte vom 24. März bis zum 8. Juni 1999 an Luftangriffen gegen Serbien und Montenegro, die Länder, die die damalige Republik Jugoslawien (BRJ) bildeten, bis sich die Truppen Letzterer aus dem Kosovo zurückzogen[224]. Insgesamt beansprucht der noch laufende KFOR- Einsatz im Kosovo etwa 700 Soldatinnen und Soldaten aus der Bundesrepublik bei einer Gesamtpersonalstärke von ca. 4.600 Mann[225].

Auch durch Naturkatastrophen bedingte kurzfristige Krisensituationen zählen zu den Tätigkeitsfeldern deutscher Streitkräfte. Beispielsweise die Notsituation im Sudan aufgrund des Nilhochwasserstandes im Jahr 1998 linderte die Bundeswehr mit ihren rettenden Transportflugzeugen[226]. Weitere Hilfe leisteten sie bei

---

http://mgfa.de/html/einsatzunterstuetzung/downloads/meukosovoiiiansicht01.pdf (zuletzt abgerufen: Januar 2016); *Weingärtner*, Wehrrecht (Fn. 181), S. 12.

219 *K. Lehmann*, Der Luftkrieg der NATO und die deutsche Beteiligung am Einmarsch in das Kosovo 1999, in: B. Chiari/A. Keßelring, Wegweiser zur Geschichte Kosovo, 3. Aufl. 2008, S. 85 (85), http://mgfa.de/html/einsatzunterstuetzung/ downloads/meukosovoiiiansicht01.pdf (zuletzt abgerufen: Januar 2016).

220 *M. Brenner/D. Hahn,* Bundeswehr und Auslandseinsätze, in: JuS 2001, 729 (729).

221 *A. Dietz*, Das Primat der Politik in kaiserlicher Armee, Reichswehr, Wehrmacht und Bundeswehr, 2011, S. 587; *Pommerin*, Krieg (Fn. 174), S. 350.

222 BVerfGE 100, 266 (266); *M. Kutscha*, Das Grundrecht auf Leben unter Gesetzesvorbehalt – ein verdrängtes Problem, in: NVwZ 2004, 801 (803).

223 BT-Drs. 13-11469, S. 1-4; BVerfGE 100, 266 (266-267).

224 BVerfGE 100, 266 (266).

225 BMVg (Hrsg.), Der Einsatz im Kosovo, 20.01.2015, http://www.einsatz.bundeswehr.de /portal/a/einsatzbw/!ut/p/c4/04_SB8K8xLLM9MSSzPy8xBz9CP3I5EyrpHK9pPKU1Pj UzLzixJIqIDcxu6Q0NScHKpRaUpWql51fnF-Wr5eZl5Yfn52WX6RfkO2oCABjV f7G (zuletzt abgerufen: Januar 2016).

226 *Pommerin*, Krieg (Fn. 174), S. 350; *Uzulis*, Bundeswehr (Fn. 170), S. 121.

der Überschwemmungskatastrophe in Mosambik[227] oder der verheerenden Tsunami-Welle, die 2004 aufgrund eines Seebebens in Somalia ausgelöst wurde. Die daraufhin ergangenen Hilfsmaßnahmen bildeten den bislang größten Rettungseinsatz der Bundeswehr[228]. Deutschland lieferte mit Hilfe von insgesamt knapp 380 Soldatinnen und Soldaten Hilfsgüter im Wert von 2,7 Millionen Euro[229].

Im Jahre 2002 begann die Bundeswehr mit ihrem „Kommando Spezialkräfte"-Einsatz in Afghanistan erneut einen militärischen Beitrag[230]. Die Grundlage dieses Kampfeinsatzes war zurückzuführen auf die Monate November und Dezember des Jahres 2001, in denen auf der „Petersberger Konferenz" nach dem Sturz des Taliban-Regimes zwischen afghanischen ethnischen Gruppen die „Bonner Vereinbarung" geschlossen wurde, mit der der Sicherheitsrat der Vereinten Nationen um Unterstützung zur Herstellung einer gesicherten Lage, vor allem in Kabul, gebeten wurde[231]. Im Zuge dessen stellte letztlich die Bundesregierung einen Antrag an den Bundestag zur Beteiligung deutscher Streitkräfte an der Internationalen Sicherheitsunterstützungstruppe, dem am 22. Dezember 2001 zugestimmt wurde[232]. Für den Einsatz war zunächst eine Zeitspanne von einem halben Jahr vorgesehen, die sich jedoch immer wieder aufgrund von Anträgen der Bundesregierung verlängerte und letztlich erst am 31. Dezember 2014 nach insgesamt 13 Jahren endete[233]. Um die Erfolge der jahrelang geleisteten Sicherheitsbeiträge aufrechtzuerhalten, sind unter anderen deutsche Soldatinnen und Soldaten seit dem 1. Januar 2015 an der ISAF-Folgemission Resolute Support beteiligt. Ihr Ziel ist es, die afghanischen Sicherheitskräfte dabei zu unterstützen, ihre übernommene Verantwortung für die Sicherheit des eigenen Landes weiterhin ausüben zu können[234].

Auf die Entsendung deutscher Streitkräfte nach Afghanistan folgte ein Jahr später der Beschluss des Zweiten Senates des Bundesverfassungsgerichtes über den

---

227. *Pommerin*, Krieg (Fn. 174), S. 350.
228 FAZ.NET, Nach der Flutkatastrophe. Bundeswehr beginnt bisher größten humanitären Einsatz, 14.01.2005, http://www.faz.net/aktuell/gesellschaft/ungluecke/nach-der-flutkatastrophe-bundeswehr-beginnt-bisher-groessten-humanitaeren-einsatz-1210230.html (zuletzt abgerufen: Januar 2016); *Pommerin*, Krieg (Fn. 174), S. 350.
229 *Pommerin*, Krieg (Fn. 174), S. 352.
230 *Dietz*, Primat (Fn. 221), S. 587; *Kutscha,* Grundrecht (Fn. 222), S. 803.
231 BVerfGE 117, 359 (360-361).
232 BVerfGE 117, 359 (361).
233 BMVg (Hrsg.), Der Einsatz in Afghanistan, 12.01.2016, http://www.einsatz.bundeswehr.de/portal/a/einsatzbw/!ut/p/c4/LcgxDoAgDEbhs3gBurt5C3UhP1q0gRQTqiScXgfzpu_RSl-KRw6YFEWmmZZNxtBcaDt7Fq2w_hHJbs75X2ydHeJxQqUa1InG4qUi0pWm4QWiPd-F/ (im Folgenden zuletzt abgerufen: Januar 2016).
234 BMVg, Afghanistan (Fn. 233).

Bundeswehr-Einsatz in der Türkei[235]. Deutsche Soldatinnen und Soldaten wurden damals erstmalig mit sogenannten NATO-AWACS (Airborne Warning and Control System)-Flugzeugen zur Luftraumüberwachung zum Einsatz gebracht, um die türkische Bevölkerung vor gefürchteten Angriffen des Iraks zu schützen[236]. Die in diesem Rahmen erfolgte Prüfung des Bundesverfassungsgerichtes zur Erforderlichkeit einer parlamentarischen Zustimmung stieß verfassungspolitische Diskussionen an[237]. Zur Reichweite des wehrverfassungsrechtlichen Parlamentsvorbehaltes und der bislang ergangenen AWACS-Entscheidungen wird an späterer Stelle noch Bezug zu nehmen sein.

Sowohl übergangsweise als auch längerfristige Stationierungen deutscher Streitkräfte mit dem Ziel politischer Stabilisierung der jeweiligen Länder gehören zu den Aufgabenbereichen der Bundeswehr. So sicherten beispielsweise deutsche Soldatinnen und Soldaten in der Demokratischen Republik Kongo 2006 über wenige Monate die vor Ort stattfindenden Wahlen[238]. Ab dem Jahre 2000 lief die Mission Äthiopien und Eritrea zur Überwachung des Friedensabkommens von Algier, die jedoch im Juli 2008 abgebrochen werden musste, als Eritrea den Einsatz boykottierte und dadurch die Sicherheit des UN-Personals nicht mehr gewährleistet werden konnte[239]. Auch die Mission in Uganda musste frühzeitig abgebrochen werden. Deutsche Soldatinnen und Soldaten bildeten in der Zeit von April 2010 bis Dezember 2013 Sicherheitskräfte in Uganda zur Stabilisierung der Übergangsregierung aus[240]. Der Abzug deutscher Truppen basierte auf vorhandenen Sicherheitsbedenken, die auf mangelnder Infrastruktur und fehlender medizinischer Grundversorgung gründeten[241].

Nachdem deutsche Soldatinnen und Soldaten zunächst über Jahre das Friedensabkommen im Sudan unterstützten, gewährleisteten sie nach der Unabhängigkeitserklärung den Aufbau des im Jahre 2011 gegründeten jungen Staates des

---

235 BVerfGE 108, 34 (34 ff.).
236 BVerfGE 108, 34 (34 ff.); *M. Nolte*, Der AWACS-Einsatz in der Türke zwischen Parlamentsvorbehalt und Regierungsverantwortung, in: NJW 2003, 2359 (2359); *Wiefelspütz*, Parlamentsheer (Fn. 8), S. 208.
237 BVerfGE 108, 34 (34 ff.); *Nolte*, AWACS-Einsatz (Fn. 236), S. 2359.
238 BMVg (Hrsg.), Demokratische Republik Kongo – EUFOR RD Congo, 30.09.2014, http://www.einsatz.bundeswehr.de/portal/a/einsatzbw/!ut/p/c4/LclBDoQgEAXRs3gBej-7uYXOhjTwRQLTbQQ18fRiYmr1UvSjnvCRIrekwoVGmnz6uNO4M8AiSeV2dbKLq H4pWivkHWgXTMBf82Y3rDarRDXYZ-0O1j-kNX-HG-DsBJ4!/ (zuletzt abgerufen: Januar 2016).
239 BMVg (Hrsg.), Äthiopien / Eritrea - UNMEE (United Nations Mission in Ethiopia and Eritrea), 19.05.2014, http://www.einsatz.bundeswehr.de/portal/a/einsatzbw /!ut/p/c4/04_SB8K8xLLM9MSSzPy8xBz9CP3I5EyrpHK9pPKU1PjUzLzixJIqIDcxKT 21ODkjJ7-4ODUPKpFaUpWqZyQzMvMLMlPz9AuyHRUBxU MDeA!!/ (zuletzt abgerufen: Januar 2016).
240 BT-Drs. 18/962, S. 1-8.
241 BT-Drs. 18/962, S. 1-8.

Süd-Sudans[242]. Die zunächst unterstützende Funktion der derzeit 16 deutschen Streitkräfte wandelte sich nach den im Dezember 2013 ausgebrochenen verheerenden Konflikten in den vorrangigen Schutz der Zivilbevölkerung[243]. Mit einer Obergrenze von 50 deutschen Soldatinnen und Soldaten wird die Mission derzeit bei Umsetzung des vereinbarten Waffenstillstandes unter den Konfliktparteien im Süd-Sudan unterstützt[244].

Auch die Seeraumüberwachung zählt zu den extraterritorialen Einsatzfeldern deutscher Streitkräfte: Auf die Anschläge vom 11. September 2001 reagierte die NATO ab dem Jahre 2002 bis 2010 mit ihrer Operation am Horn von Afrika, bei der deutsche Soldatinnen und Soldaten den Seeweg überwachten, nachdem der Bündnisfall erklärt und die Befugnis einer kollektiven Selbstverteidigung durch die NATO erlassen wurde[245]. Die Überwachung diente zur Bekämpfung des internationalen Terrors, indem das Schmuggeln von Waffen und Munition unterbunden werden sollte[246].

Die Stationierung von Seestreitkräften im Libanon begann im September 2006, als die VN-Truppen unterstützende Maßnahmen im Rahmen der Seeraumüberwachung anforderten, sodass letztlich die Maritim Task Force (MTF) 448 gegründet wurde, die mit ihren Schnellbooten und Fregatten hilfeleistend tätig sind[247]. Neben Lieferung benötigter Materialien operiert die deutsche Marine auch selber mit kontrollierenden Kriegsschiffen[248]. Langfristiges Ziel der Streit-

---

242 BMVg (Hrsg.), Die Unterstützungsmission in der Republik Südsudan, 13.11.2015, http://www.einsatz.bundeswehr.de/portal/a/einsatzbw/!ut/p/c4/04_SB8K8xLLM9MSSz Py8xBz9CP3I5EyrpHK9pPKU1PjUzLzixJIqIDcxu6Q0NScHKpRaUpWqV5qXm1lcrJ eZl5avX5DtqAgAet3TxQ!!/ (im Folgenden zuletzt abgerufen: Januar 2016).
243 *Redaktion PIZ EinsFüKdoBw*, Einsatz in Südsudan: „Die tägliche Arbeit hat sich mehr als verändert.", 29.01.2014, in: BMVg (Hrsg.), http://www.einsatz.bundeswehr.de /portal/a/einsatzbw/!ut/p/c4/LYvBCo-wEET_KGuopbS3igjtsT2ovZTVLLI0JhLXCtKP bwLowMDMY-AF0Q6_PKCwd2ihgbbnS7eqbjX0JnYzyhYrfmQha_eJZCOo09mQ6 r0jSSnkhGMOAcUHNfkgNpElhEgUG2gzXRb6lGe79O9cPe9NdciP5a14wDSO1z_Jn Vsd/ (zuletzt abgerufen: Januar 2016).
244 BMVg, Unterstützungsmission (Fn. 242).
245 BMVg (Hrsg.), Kampf gegen den internationalen Terrorismus - OEF (Operation ENDURING FREEDOM), 19.05.2014, http://www.einsatz.bundeswehr.de /portal/a/einsatzbw/!ut/p/c4/LclBDkBADEbhs7iA7u3cAptJh99o0JFpkTg9C3mrL48G-lK-JLFLVt6oo36UJt51vCcEiBr785Fjgo3Lls2g_4A_qFfejzkkJGgQ9eAoJRex_TQ 61rZ6AYtgvh8!/ (im Folgenden zuletzt abgerufen: Januar 2016).
246 BMVg, Kampf (Fn. 245).
247 BMVg (Hrsg.), Der Einsatz im Libanon, 19.11.2015, http://www.einsatz.bundeswehr.de /portal/a/einsatzbw/!ut/p/c4/LcgxDoAgDEbhs3gBurt5C3UhRYv5Q1NMBEk4vQzmTd -jnUbGLy4uyMZKK20H5tBcaKd4gT1c-iCNUkX1X1K6OEVgy-ZgMftqiFC60zJ9Pkw HNA!!/ (im Folgenden zuletzt abgerufen: Januar 2016); *Dietz*, Primat (Fn. 221), S. 587.
248 Tagesschau.de (Hrsg.), Wo die Bundeswehr im Einsatz ist, 07.01.2016, http://www.tagesschau.de/ausland/bundeswehr-auslandseinsaetze-101.html (im Folgenden zuletzt abgerufen: Januar 2016).

kräfte ist die ausbildende Unterstützung der libanesischen Marine, um die eigenen Seegrenzen zu sichern[249].

Seit 2008 bekämpfen deutsche Soldatinnen und Soldaten im Rahmen der Somalia-Operation Atalanta jegliche Form von Piraterie und sorgen für den sicheren Transport von Hilfslieferungen[250]. Innerhalb des Marineverbandes setzen sie sich gegen die weltweit am stärksten verbreitete Piraterie am Horn von Afrika ein[251].

Die jüngste Seeraumüberwachung findet seit 2015 vor der libyschen Küste im Mittelmeer zur Überwachung der Schleuserrouten statt[252]. Nachdem zunächst nur die Rettung in Seenot geratener Flüchtlinge gestattet war, werden nunmehr Soldatinnen und Soldaten auch zur aktiven Bekämpfung der Schleuser eingesetzt[253]. Dabei sind durchschnittlich 400 deutsche Streitkräfte im Einsatz[254].

Die weltweiten Bedrohungen durch die Terrormiliz Islamischer Staat (IS) führen in den letzten Jahren sowohl zur Veränderung bereits bestehender als auch zur Begründung neuer extraterritorialer Einsätze der Bundeswehr. Um zunächst die französischen Streitkräfte nach den Terroranschlägen in Paris im November 2015[255] im Kampf gegen den IS zu entlasten, soll die Einsatzstärke der bereits seit 2013 stationierten deutschen Soldatinnen und Soldaten in Mali[256] entscheidend erhöht werden. Derzeit beteiligen sich etwa 200 Streitkräfte am EU-geführten malischen Ausbildungseinsatz und 10 an der UN-

---

249 BMVg, Einsatz (Fn. 247).
250 BMVg (Hrsg.), Der Einsatz am Horn von Afrika, 12.01.2016, http://www.einsatz.bundeswehr.de/portal/a/einsatzbw/!ut/p/c4/04_SB8K8xLLM9MSSz Py8xBz9CP3I5EyrpHK9pPKU1PjUzLzixJIqIDcxu6Q0NScHKpRaUpWqV5yfm5iTma iXmZeWHw_l6BdkOyoCAKLz-AE!/ (im Folgenden zuletzt abgerufen: Januar 2016); *Dietz*, Primat (Fn. 221), S. 587.
251 BMVg, Horn (Fn. 250).
252 Tagesschau.de, Bundeswehr (Fn. 248).
253 Deutscher Bundestag (Hrsg.), Anti-Schleuser-Einsatz im Mittelmeer, 21.09.2015, www.bundestag.de/presse/hib/2015_09/-/388442 (zuletzt abgerufen: Januar 2016); Tagesschau.de, Bundeswehr (Fn. 248).
254 Tagesschau.de, Bundeswehr (Fn. 248).
255 *N. Schmidt/K. Finkenzeller/T. Steffen*: Paris. Was wir über die Anschläge wissen, 14.11.2015, http://www.zeit.de/gesellschaft/zeitgeschehen/2015-11/paris-ueberblick-anschlaege (zuletzt abgerufen: Januar 2016).
256 BMVg (Hrsg.), Die Bundeswehr in Mali (MINUSMA), 22.06.2015, http://www.einsatz.bundeswehr.de/portal/a/einsatzbw/!ut/p/c4/04_SB8K8xLLM9MSSz Py8xBz9CP3I5EyrpHK9pPKU1PjUzLzixJIqIDcxu6Q0NScHKpRaUpWql5uYk6mXm ZeWr1-Q7agIANrtCHc!/ (zuletzt abgerufen: Januar 2016).

Stabilisierungsmission des Landes[257]. Zukünftig sollen bis zu 650 deutsche Soldatinnen und Soldaten in Mali Unterstützung leisten[258]. Auch der bereits laufende Einsatz im Irak soll zahlenmäßig erhöht werden. Seit Beginn des Jahres 2015 bilden 100 deutsche Streitkräfte die kurdischen Peschmerga aus, um diese im Kampf gegen die Dschihadisten auch mit militärischer Ausrüstung zu stärken. Demnächst sollen 150 Soldatinnen und Soldaten eingesetzt werden[259]. Auch ist eine Aufstockung in Afghanistan von 850 auf 950 deutsche Streitkräfte geplant[260].

Insgesamt soll in dem am 04. Dezember 2015 durch den Bundestag beschlossenen Syrien-Einsatz der Bundeswehr eine Unterstützung mit einer Einsatzstärke von etwa 1.200 deutschen Soldatinnen und Soldaten geleistet werden[261]. Mit dem Ziel, weitere Angriffe des IS zu verhindern, sagte die Bundesrepublik der Internationalen Allianz, Frankreich und dem Irak militärische Unterstützung zu, die in unterschiedlichster Form stattfinden soll[262]:

Im Persischen Golf schützt die deutsche Fregatte den französischen Flugzeugträger Charles de Gaulle, der als Luftwaffenbasis für Kampfeinsätze gegen die Terrormiliz dient[263]. Die von dort aus verwendeten Jets sollen durch Tankflug-

---

[257] *S. Braun*, Bundeswehr, Mehr Soldaten nach Mali, 22.11.2015, http://www.sueddeutsche.de/politik/bundeswehr-mehr-soldaten-nach-mali-1.2754072 (im Folgenden zuletzt abgerufen: Januar 2016).

[258] *Braun*, Bundeswehr (Fn. 257); Süddeutsche Zeitung (Hrsg.), Bundestag. Breite Unterstützung für gefährlichen Mali-Einsatz der Bundeswehr, 14.01.2016, http://www.sueddeutsche.de/news/politik /bundestag-breite-unterstuetzung-fuer-gefaehrlichen-mali-einsatz-der-bundeswehr-dpa.urn-newsml-dpa-com-20090101-160114-99-936289 (zuletzt abgerufen: Januar 2016).

[259] *Braun*, Bundeswehr (Fn. 257); Tagesschau.de, Bundeswehr (Fn. 248).

[260] *Braun*, Bundeswehr (Fn. 257).

[261] *F. Bötel*, Hintergründe zum Syrien-Einsatz der Bundeswehr, 07.12.2015, in: BMVg (Hrsg.), http://www.bundeswehr.de/portal/a/bwde/!ut/p/c4/NYvBCsIwEET_KNugIHhrKYJ4kV 5qvZRts5TFNCnJxoL48SYHZ-Bd3gw8IdfhmxcU9g4tPGCY-TztatoNKXxJImspKkxx NLSOxC6ifKAvz7yYvSMpFHLCmUtA8UFtPogtJoWQjWIDQ6XbRp-qf_S3PnaX-00 fdHttOtjWtf4B3Qkveg!!/ (im Folgenden zuletzt abgerufen: Januar 2016).

[262] *Bötel*, Hintergründe (Fn. 261).

[263] *S Rentzsch/ R. Bonk/F. Bötel*, Deutsche Fregatte schützt französischen Flugzeugträger, 21.01.2016, in BMVg (Hrsg.), http://www.bundeswehr.de/portal/a/bwde/!ut /p/c4/NYtNC8IwEET_UbbpQdFbSxQET160Xsq2WUowHyXZWBB_vMnBGXiXNw NPKX4NguyCR4tPGCYzXHaxLRpEvjiTNZSEpjTqMmNZHxC_sC9PstiDp64ksmzK VwicohiDZFtNTnGYoTRMDRS9XLf_CO_3U6dT9dD26pLf4PVue4HBIhyqA!!/ (zuletzt abgerufen: Januar 2016).

zeuge der Bundeswehr mit Treibstoff versorgt werden, sodass sie länger über dem Einsatzgebiet verfügbar sind[264].

Zudem sollen insgesamt bis zu sechs deutsche sogenannte Aufklärungstornados für Spähflüge eingesetzt werden, die auf einem türkischen Stützpunkt nahe der syrischen Grenze stationiert sind[265]. Letztlich findet zur weiteren Sicherung der Grenzen und zum Schutz der Türkei eine erneute Überwachung des türkischen Luftraums unter Verwendung der noch näher zu behandelnden deutschen AWACS-Flugzeuge statt[266].

VIII. Zusammenfassende Würdigung und Ausblick

Es lässt sich konstatieren, dass die ursprünglichen Pläne, wie mit dem einst besetzten und als Feind eingestuften Deutschland zu verfahren ist und die Absichten zur Verwendung der Streitkräfte, einen enormen Wandel vollzogen haben. Ein Rückblick auf die Historie zeigt ein Auseinanderdriften anfänglicher Absichten und des letztlich erfolgten Vorgehens: Die vollzogene Entmilitarisierung und beabsichtigte Dezentralisierung Deutschlands hielt lediglich bis zu dem Zeitpunkt, an dem die Offensivpolitik der UdSSR die Unterstützung der Deutschen nötig machte. Die dann erfolgte Aufrüstung der Streitkräfte führte zu einer unerwartet frühen Stärkung des Landes und ließ die Deutschen zu westlichen Verbündeten im Mächtedualismus werden.

Insgesamt lässt sich ein Entwicklungsprozess eines Einsatzspektrums beobachten, der zunächst mit Landesverteidigung und ausschließlich humanitärer Hilfe begann und sich schrittweise von Stabilisierungsoperationen bis hin zu extraterritorialen Kampfeinsätzen entwickelte[267]. Mit Fall des Eisernen Vorhanges und der Öffnung der Grenzen vollzog sich eine epochale Veränderung der Ausrichtung deutscher Sicherheitspolitik. Die internationale Verpflichtung der Bundesrepublik wuchs aus einer immer weiter voranschreitenden Globalisierung, bei gleichzeitigem Ausbleiben einer wesentlichen Verbesserung der Konfliktlage in der Welt.

Aber nicht nur die Aufgaben der Streitkräfte über die eigenen Landesgrenzen hinaus lassen zahlreiche Fragen vor allem nach der verfassungsrechtlichen

---

264 *Bötel*, Hintergründe (Fn. 261).
265 SPIEGEL ONLINE (Hrsg.), Kampf gegen den IS: Erste "Tornados" starten Richtung Türkei, 10.12.2015, http://www.spiegel.de/politik/deutschland/bundeswehr-erste-tornados-starten-richtung-syrien-a-1067029.html (zuletzt abgerufen: Januar 2016).
266 SPIEGEL ONLINE (Hrsg.), Nächster Einsatz für die Bundeswehr: Nato schickt "Awacs"-Aufklärer in die Türkei, 27.12.2015, http://www.spiegel.de/politik/ausland/tuerkei-bundeswehr-mit-nato-vor-weiterem-auslandseinsatz-a-1069576.html (zuletzt abgerufen: Januar 2016).
267 *Brenner/Hahn*, Bundeswehr (Fn. 220), 729; *Müller*, Auslandseinsätze (Fn. 13).

Grundlage zur Verwendung aufkommen[268]. Auch und insbesondere der Einsatz der Bundeswehr im Innern wird seit den zunehmenden terroristischen Bedrohungen gefordert und ist gleichzeitig mangels ausreichender verfassungsrechtlicher Regelungen höchst umstritten[269]. Innerstaatliche Einsatzideen, die im Äußersten eine Wahrnehmung polizeilicher Befugnisse durch die Streitkräfte zur Konsequenz haben, entfachen neben den umstrittenen Auslandseinsätzen seit Jahren zahlreiche Diskussionen[270]. Ein politischer Fortschritt und damit verbunden eine etwaige Klärung der Verhältnisse konnte bislang jedoch nicht erzielt werden[271]. Die Diskrepanz zwischen der Erforderlichkeit der Streitkräfteverwendung aufgrund veränderter Zustände auf der einen Seite und den feststehenden verfassungsrechtlichen Möglichkeiten auf der anderen Seite scheint bis zum heutigen Zeitpunkt unüberwindbar[272]. Dem jahrelangen Ruf nach einer Verfassungsänderung wurde bislang nicht nachgegangen, sodass voraussichtlich auch weiterhin keine Einigkeit erzielt werden kann.

Um systematisch die Zulässigkeit der Streitkräfteeinsätze sowohl extraterritorial als auch im Besonderen innerstaatlich zu eruieren, erfolgt eine Darstellung der grundsätzlich vorhandenen verfassungsrechtlichen Möglichkeiten zur Verwendung deutscher Streitkräfte.

C. Rechtliche Grundlagen für das Handeln deutscher Soldatinnen und Soldaten

Die mannigfache Frage nach der Rechtmäßigkeit eines Streitkräfteeinsatzes erfordert eine detaillierte Auseinandersetzung mit der in diesem Zusammenhang existierenden Schlüsselnorm, Art. 87a Abs. 2 GG[273]. Im Rahmen dieser inhaltlichen Vertiefung wird in einem ersten Schritt die Funktion der Streitkräfte aufgeführt, bevor der grundlegenden Frage nachgegangen wird, ob die Norm neben der Verwendung im Innern auch den Einsatz außerhalb deutscher Landesgrenzen erfasst[274]. Im Anschluss daran erfolgt die Darstellung des äußerst kontrovers

---

268 *D. Müllmann*, Der Inneneinsatz der Bundeswehr vom politischen Wollen und dem verfassungsrechtlichen Können, auf http://fzk.rewi.huberlin.de/doc/sammelband/Der_Inneneinsatz_der_Bundeswehr.pdf, S. 1 (im Folgenden zuletzt abgerufen: Januar 2016).
269 *Horn*, Verfassungsgemäßheit (Fn. 11), S. 17-19; *Müllmann*, Inneneinsatz (Fn. 268), S. 1.
270 *Horn*, Verfassungsgemäßheit (Fn. 11), S. 17-19; *M. Limpert*, Auslandseinsatz der Bundeswehr, in: Tübinger Schriften zum Staats- und Verwaltungsrecht, Wolfgang Graf Vitzthum (Hrsg.), Bd. 67, 2002, S. 5-6; *Müllmann*, Inneneinsatz (Fn. 268), S. 1; *Werner*, Grundrechtsbindung (Fn. 13), S. 27-28.
271 *Müllmann*, Inneneinsatz (Fn. 268), S. 1.
272 *Müllmann*, Inneneinsatz (Fn. 268), S. 1.
273 *Müllmann*, Inneneinsatz (Fn. 268), S. 2.
274 BVerfGE 90, 286 (286 ff.).

diskutierten *Einsatz-* und *Verteidigungs*begriffes des Art. 87a Abs. 2 GG[275]. Unter verschiedenen Blickwinkeln ist zu erörtern, wann es sich tatsächlich um einen Einsatz zur Verteidigung im Sinne der Norm handelt, und wann die Einsatzschwelle eben noch nicht erreicht ist[276].

I. Verwendung der Streitkräfte auf Grundlage des Art. 87a Abs. 2 GG als Auftrag des Bundes

Bei Art. 87a GG, der grundlegend die Aufstellung und den Einsatz deutscher Streitkräfte regelt, handelt es sich um die „Zentralnorm des Verfassungsrechtes"[277]. Die Erstaufnahme ins Grundgesetz erfuhr die Norm im Jahre 1956[278]. Zum damaligen Zeitpunkt beschränkte sich ihr Regelungszweck jedoch ausschließlich auf die Festlegung der Wehretatkontrolle[279]. Erst im Jahre 1968 erhielt sie im Zuge der Notstandsverfassung ihren jetzt gültigen Inhalt, der die verschiedenen Materien im Hinblick auf die deutsche Militärgewalt regelt[280]. Die Vielschichtigkeit der Norm gliedert sich dabei in die nachfolgenden Abschnitte:

Art. 87a Abs. 1 S. 1 GG statuiert die Exekutivkompetenz des Bundes, dem die Regelung der Aufstellung der Streitkräfte und ihrer zulässigen Verwendungszwecke obliegt[281]. Damit wird die in Art. 73 Abs. 1 Nr. 1 GG geregelte Bundesgesetzgebungskompetenz ergänzt[282]. Während Satz 2 des ersten Absatzes die Budgetkontrolle entsprechend des Haushaltsplanes enthält, regelt Absatz 2 der Norm einen ausdrücklichen Verfassungsvorbehalt[283]. Dieser statuiert die Dichotomie, dass deutsche Streitkräfte entweder im Rahmen eines Einsatzes zur Verteidigung oder aber mit ausdrücklicher grundgesetzlicher Zulassung verwendet werden dürfen[284]. Die Absätze 3 und 4 der Norm enthalten schließlich explizite Regelungen zum Inneneinsatz[285]. Dieser kann sich nach Absatz 3 im Falle eines Verteidigungs- oder Spannungsfalles in einem äußeren, oder nach Absatz 4 in

---

275 *J.-P. Fiebig,* Der Einsatz der Bundeswehr im Innern, 2004, S. 106.
276 *Fiebig,* Einsatz (Fn. 275), S. 106.
277 *Depenheuer* (Fn. 13), Art. 87a Rn. 59; *Heun* (Fn. 26), Art. 87a Rn. 7.
278 *Grzeszick* (Fn. 27), Art. 87 a Rn. 1; *Pieroth* (Fn. 26), Art. 87a Rn. 1.
279 *Grzeszick* (Fn. 27), Art. 87a Rn. 1.
280 *M. Baldus,* in: H. v. Mangoldt/F. Klein/C. Starck (Hrsg.), GG-Kommentar, Bd. 3, 6. Aufl., 2010, Art. 87a Rn. 3; *Grzeszick* (Fn. 27), Art. 87a Rn. 1.
281 *Depenheuer* (Fn. 13), Art. 87a Rn. 59; *Grzeszick* (Fn. 27), Art. 87a Rn. 1; *Heun* (Fn. 26), Art. 87a Rn. 8.
282 *Heun* (Fn. 26), Art. 87a Rn. 8.
283 *Grzeszick* (Fn. 27), Art. 87a Rn. 1.
284 *Depenheuer* (Fn. 13), Art. 87a Rn. 59; *Grzeszick* (Fn. 27), Art. 87a Rn. 1, 17.
285 *Grzeszick* (Fn. 27), Art. 87a Rn. 1.

Form eines inneren Notstandes zeigen[286]. Auf die einzelnen Tatbestände des Art. 87a GG wird später noch Bezug zu nehmen sein.

Vordergründiger Regelungsgegenstand der Grundgesetznorm sind die deutschen Streitkräfte, das heißt, *„alle als deutsche Kombattanten uniformierten Verbände, welche militärisch organisiert, durch das Funktionsprinzip ‚Befehl und Gehorsam' geführt und bewaffnet der Befehls- und Kommandogewalt des Bundesministers der Verteidigung (Art 65a GG) bzw. im Verteidigungsfall des Bundeskanzlers (Art 115b GG) unterstehen"*[287]. Mit der Bezeichnung als *Streitkräfte* wollte sich der Verfassungsgeber bewusst von der ehemaligen militärischen Besatzung während des zweiten Weltkrieges distanzieren[288]. Bezeichnungen wie Militär und Wehrmacht sollten durch den als neutral empfundenen Begriff ersetzt werden, obgleich dieselbe Institution gemeint war[289].

Die Streitkräfte stehen nach wie vor für einen Verband, der militärisch geführt und gegliedert ist[290]. Gemeinsam mit der Bundeswehrverwaltung, die in Art. 87b GG geregelt wird, bilden sie die deutsche Bundeswehr[291]. Ihren allgemeinen Verfassungsauftrag erhielten sie mit der im Jahre 1955 erfolgten Aufnahme in die NATO und ihrem Beitritt zur Westeuropäischen Union, der WEU, die entstehungsgeschichtlich hinter der Aufstellung der Streitkräfte steht[292]. Im Rahmen dessen verpflichtete sich die Bundesrepublik gemäß Art. 3 des Nordatlantikvertrages neben sämtlichen Vertragsstaaten, *„durch ständige und wirksame Selbsthilfe und gegenseitige Unterstützung die eigene und die gemeinsame Widerstandskraft gegen bewaffnete Angriffe (zu) erhalten und fort(zu)entwickeln"*[293].

1. Grundfunktion der Streitkräfte in Abgrenzung zu deutschen Polizeiorganen

Um das richtige Verständnis für den Einsatz der Streitkräfte sowohl im Inland als auch bezogen auf ihre extraterritorialen Entsendungen zu erlangen, sind sie zunächst in ihrer Grundfunktion von denen der Polizei abzugrenzen. Im Rahmen dessen lässt sich konstatieren, dass deutsche Truppen grundsätzlich zur Abwehr eines von außen kommenden militärischen Angriffes immer dann zuständig sind, wenn diesem mit polizeilichen Mitteln nicht ausreichend entgegnet werden

---

286 *Pieroth* (Fn. 26), Art. 87a Rn. 12, 13.
287 *V. Epping,* in: ders./C. Hillgruber (Hrsg.), Grundgesetz-Kommentar, 2. Aufl. 2013, Art. 87a Rn. 1.
288 *Depenheuer* (Fn. 13), Art. 87a Rn. 69.
289 *Fiebig,* Einsatz (Fn. 275), S. 68-70.
290 *Depenheuer* (Fn. 13), Art. 87a Rn. 70.
291 *Depenheuer* (Fn. 13), Art. 87a Rn. 70.
292 *Depenheuer* (Fn. 13), Art. 87a Rn. 67.
293 *Depenheuer* (Fn. 13), Art. 87a Rn. 67.

kann[294]. Andernfalls würde sich der zu betreibende Aufwand in personeller und finanzieller Hinsicht für den Einsatz der Streitkräfte nicht rentieren, wenn gleichermaßen die Organe der Polizei in organisationsrechtlicher Hinsicht ausreichen würden[295].

Zum grundsätzlichen Aufgabenspektrum der Polizei hingegen zählen neben der elementaren Bekämpfung von Straftaten besonders der Schutz gegenüber Gefahren und Störern im innerstaatlichen Bereich[296]. Da die Polizei zur Straftatenverfolgung befugt ist, fällt auch die Bekämpfung des mittlerweile weitverbreiteten internationalen Terrorismus als Schwerkriminalität in ihren Kompetenzbereich[297]. Als „Straftäter des nationalen Rechts"[298] wurde der in der polizeilichen Zuständigkeit liegende Terrorist bezeichnet, bis man zu der Erkenntnis kam, dass grenzüberschreitender Terrorismus außerhalb jeglicher Dimension herkömmlicher Verbrechen liegt[299]. Es muss konstatiert werden, dass die Polizeikräfte für den Kampf gegen den internationalen Terror mit ihren Einsatzmitteln nicht ausreichend gerüstet sind[300]. Die Streitkräfte der Bundeswehr verfügen hingegen auch über Luftfahrzeuge, mit denen sie grundsätzlich fähig sind, der brisanten Lage durch terroristische Bedrohungen besser entgegenzuwirken. Mit weltweiter Truppenunterstützung stehen sie daher hilfeleistend zur Seite und sind auch immer häufiger im Einsatz zu finden[301]. Dass sie durch diesen Umstand, für innerstaatliche Verwendungen, zunehmend zur Wahrnehmung polizeilicher Befugnisse herangezogen werden, löst indes große politische und verfassungsrechtliche Debatten aus. Der von der SPD, CDU und CSU geschlossene Koalitionsvertrag vom 11. November 2005 enthält zu der Thematik folgenden Inhalt:

„Angesichts der Bedrohung durch den internationalen Terrorismus greifen äußere und innere Sicherheit immer stärker ineinander. Gleichwohl gilt die grundsätzliche Trennung zwischen polizeilichen und militärischen Aufgaben. Wir werden nach der Entscheidung des Bundesverfassungsgerichts zum Luftsicherheitsgesetz prüfen, ob und inwieweit verfassungsrechtlicher Regelungsbedarf

---

294 D. *Wiefelspütz*, Der Auslandseinsatz der Bundeswehr gegen den grenzüberschreitenden internationalen Terrorismus, in: ZaöRV 65 (2005), S. 819 (819,820).
295 *Baldus* (Fn. 280), Art. 87a Rn. 49.
296 *Wiefelspütz*, Auslandseinsatz (Fn. 294), S. 820.
297 *Wiefelspütz*, Auslandseinsatz (Fn. 294), S. 820.
298 T. *Oppermann*, Der Beitrag des Internationalen Rechts zur Bekämpfung des internationalen Terrorismus, in: I. von Münch (Hrsg.), Festschrift für Hans-Jürgen Schlochauer zum 75. Geburtstag am 28. März 1981, 1981, S. 495 (504).
299 *Wiefelspütz*, Auslandseinsatz (Fn. 294), S. 820.
300 *Wiefelspütz*, Auslandseinsatz (Fn. 294), S. 820.
301 *Wiefelspütz*, Auslandseinsatz (Fn. 294), S. 820.

besteht. In diesem Zusammenhang werden wir auch die Initiative für ein Seesicherheitsgesetz prüfen."[302].

Auf die Tragweite dieser innerstaatlichen verfassungsrechtlichen Lage der Bundesrepublik unter dem Wirken terroristischer Bedrohungen wird noch eingehend Bezug genommen.

2. Strittiges Verständnis über Reichweite des Art. 87a Abs. 2 GG

Da sich die Frage der verfassungsrechtlichen Zulässigkeit sowohl für In- als auch für Auslandsverwendungen der Streitkräfte stellt, wird zunächst der Überlegung nachgegangen, ob sich der Anwendungsbereich des Art. 87a Abs. 2 GG auf das Innere der Bundesrepublik beschränkt oder auch extraterritoriale Entsendungen umfasst[303].

Artikel 87a Abs. 2 GG bildet dabei den Ausgangspunkt vielschichtiger Diskussionen, da nicht nur Uneinigkeit über die Reichweite der Norm existiert, sondern auch strittig ist, wann eine Verwendung im Einzelfall unter die Begriffe des *„Einsatzes"* zur *„Verteidigung"* gemäß dem Wortlaut zu fassen ist[304]. Letztere strittige Aspekte werden im Anschluss an die Prüfung des territorialen Ausmaßes der Zentralnorm dargestellt.

Das Bundesverfassungsgericht hat zu der Überlegung, ob Auslandseinsätze unter Art. 87a Abs. 2 GG zu fassen sind, bislang kein aussagekräftiges Urteil gefällt, sondern bewusst die Frage offen gelassen[305]. Bei seiner Entscheidung über die Zulässigkeit der militärischen Unterstützung der NATO und WEU durch die Bundeswehr ließ es keinen Raum für Interpretationsmöglichkeiten und dahingehende Hinweise, dass sich Art. 87a Abs. 2 GG nur auf Inneneinsätze beschränken könnte[306]. Das Gericht betonte sogar ausdrücklich, dass aufgrund des zu entscheidenden Sachverhaltes ein Urteil auch ohne Klärung der mannigfachen Streitfragen über die Norm gefällt werden könne[307]. Da Art. 87a GG bei keiner denkbaren Auslegung der Anwendung des Art. 24 Abs. 2 GG im Rahmen eines Systems kollektiver Sicherheit entgegensteht, war es unerheblich, ob Art. 24 Abs. 2 GG beispielsweise dem Verfassungsvorbehalt des Art. 87a Abs. 2 GG

---

302 Koalitionsvertrag zwischen SPD, CDU und CSU vom 11. November 2005, S. 135; *Wiefelspütz*, Reform (Fn. 6), S. 1.
303 *Sigloch*, Auslandseinsätze (Fn. 7), S. 27.
304 *C. Burkiczak*, Ein Entsendegesetz für die Bundeswehr?, in: ZRP 2003, 82 (82).
305 *K.-A. Hernekamp*, in: I. von Münch/P. Kunig, Grundgesetz Kommentar, 6. Aufl. 2012, Bd. 3, Art. 87a Rn. 12; *Heun* (Fn. 26), Art. 87a Rn. 17; *H. Krieger*, in: B. Schmidt-Bleibtreu/H. Hoffman/H.-G. Henneke, GG Kommentar, 13. Aufl. 2014, Art. 87a GG, Rn. 23.
306 *Baldus* (Fn. 280), Art. 87a Rn. 33.
307 *Baldus* (Fn. 280), Art. 87a Rn. 33.

gerecht wird[308]. Da das Gericht Art. 24 Abs. 2 GG als Ermächtigungsgrundlage für den extraterritorialen Einsatz versteht, kann auf Grundlage des Urteils im Endeffekt keine Schlussfolgerung bezüglich des Verständnisses des Art. 87a Abs. 2 GG gezogen werden[309].

Grundsätzlich überlagert Art. 24 Abs. 2 GG die erst nachträglich in das Grundgesetz aufgenommene Zentralnorm im Hinblick auf Auslandseinsätze der Bundeswehr[310]. Die Einsatzmöglichkeiten deutscher Streitkräfte im Rahmen der Vereinten Nationen sollten zu keinem Zeitpunkt durch die Einfügung des Art. 87a Abs. 2 GG tangiert werden[311].

(1) Restriktives Verständnis des Art. 87a Abs. 2 GG

Einige Vertreter einer restriktiven Auslegung schlussfolgern daher, dass durch das Vorhandensein des Art. 24 Abs. 2 GG als Einsatzermächtigung und zudem der Art. 32 Abs. 1 und 59 GG als Regelungen auswärtiger Beziehungen aus dem streitgegenständlichen Art. 87a Abs. 2 GG eine Ermächtigung für Auslandseinsätze nicht abgeleitet werden kann[312]. Besonders der Umstand, dass sich die Absätze III und IV der Norm explizit auf Inneneinsätze beziehen, stelle ein Argument gegen die Ausweitung auf extraterritoriale Verwendungen dar[313]. Andere begründen mit der Entstehungsgeschichte und systematischen Verortung der Norm die Auffassung, dass der Gesetzgeber Auslandseinsätze von Art. 87a Abs. 2 GG nicht erfasst wissen wollte[314]:

Mit der Positionierung im VIII. Kapitel des Grundgesetzes befindet sich Art. 87a Abs. 2 GG bei der Vornahme der Kompetenzverteilung zwischen Bund und Land im verwaltungsrechtlichen Bereich[315]. Dieser Umstand führt teilweise zu der Annahme, eine Verortung nahe dem Art. 26 GG als zutreffender zu bezeichnen, sofern der Artikel inhaltlich Bezug auf extraterritoriale Einsätze deutscher Streitkräfte hätte nehmen sollen[316]. Diese Norm will das friedliche Zusammenleben der Völker garantieren, verbietet explizit die Vorbereitung eines Angriffskrieges und bietet daher systematischen Zusammenhang zur streitgegenständlichen Thematik[317].

---

308 *Grzeszick* (Fn. 27), Art. 87a Rn. 18.
309 *Heun* (Fn. 26), Art. 87a Rn. 16.
310 *Kokott* (Fn. 19), Art. 87a Rn. 16.
311 *Kokott* (Fn. 19), Art. 87a Rn. 16.
312 *Grzeszick* (Fn. 27), Art. 87a Rn. 18.
313 *Grzeszick* (Fn. 27), Art. 87a Rn. 18.
314 *Baldus* (Fn. 280), Art. 87a Rn. 31-32; *Kokott* (Fn. 19), Art. 87a Rn. 11.
315 *Kokott* (Fn. 19), Art. 87a Rn. 12.
316 *Kokott* (Fn. 19), Art. 87a Rn. 12.
317 *Kokott* (Fn. 19), Art. 87a Rn. 12.

Gestützt auf die Entstehungsgeschichte des Art. 87a Abs. 2 GG argumentieren wiederum andere Stimmen, dass es bei Aufnahme in das Grundgesetz darum gegangen sei, den nur im äußersten Notstand zu gestattenden Einsatz innerhalb deutschen Territoriums zu regeln[318]. Unter dem Eindruck der verheerenden Kriegsjahre hatte man die alte Fassung des Art. 143 GG dahingehend ersetzt, dass bei fehlendem Kontingent der Polizei die Streitkräfte unterstützend im inneren Notstand tätig werden können[319]. Zwar trifft es zu, dass zur Zeit der Notstandsnovelle unter dem Eindruck zuvor erlebter Kriegsjahre der Einsatz im Innern im Blickfeld des Gesetzgebers stand[320]. Dieser Umstand rechtfertigt jedoch nicht die Annahme, Auslandseinsätze aus dem Anwendungsbereich der Norm vollständig ausklammern zu müssen[321]. Er ist lediglich Ausdruck von Erlebtem, dessen Wiederholung man fürchtete, und das daher mit allen Mitteln verhindert werden sollte. Wie nachfolgender Abschnitt zeigen wird, sprechen insgesamt die stärkeren Argumente für die Auffassung, dass sowohl Inlands- als auch Auslandseinsätze der Streitkräfte von Abs. 2 des Art. 87a GG gleichermaßen erfasst werden[322]:

(2) Auslandseinsätze vom Anwendungsbereich des Art. 87a Abs. 2 GG erfasst

Sinn und Zweck war es nämlich, eine einzige Vorschrift in das Grundgesetz aufzunehmen, die sämtliche Regelungen von Streitkräfteverwendungen vereint[323]. Mit der Intention, „die Bestimmung über den Einsatz der Streitkräfte in einem Artikel zusammenzufassen"[324], fügte der Rechtsausschuss des Deutschen Bundestages im Jahre 1968 den Art. 87a GG in seiner heute gültigen Fassung ein und erfasste damit auch Auslandsverwendungen der Streitkräfte[325]. Diesem Verständnis widerspricht auch nicht der Wortlaut des Art. 87a Abs. 2 GG, der von den Verfechtern einer engen Normauslegung als Argument gegen die Ausdehnung auf Auslandseinsätze verwendet wird[326]. Dieser beschränkt nämlich seinen Anwendungsbereich im Gegensatz zu den Absätzen III und IV der Norm gerade nicht explizit auf Inneneinsätze[327], sodass die Wortlautargumentation

---

318 *Grzeszick* (Fn. 27), Art. 87a Rn. 18; *Kokott* (Fn. 19), Art. 87a Rn. 14.
319 *Kokott* (Fn. 19), Art. 87a Rn. 13, 14.
320 *Heun* (Fn. 26), Art. 87a Rn. 16.
321 *Heun* (Fn. 26), Art. 87a Rn. 16.
322 *Baldus* (Fn. 280), Art. 87a Rn. 31 ff.; *Krieger* (Fn. 305), Art. 87a Rn. 11; *Pieroth* (Fn. 26), Art. 87a Rn. 7.
323 *Grzeszick* (Fn. 27), Art. 87a Rn. 19; *Heun* (Fn. 26), Art. 87a Rn. 16; *Krieger* (Fn. 305), Art. 87a Rn. 26.
324 *Baldus* (Fn. 280), Art. 87a Rn. 32; BT-Drs. V/2873, S. 12.
325 *Baldus* (Fn. 280), Art. 87a Rn. 32.
326 *Grzeszick* (Fn. 27), Art. 87a Rn. 19.
327 *Grzeszick* (Fn. 27), Art. 87a Rn. 19.

fehlgeht. Auch der Wortsinn der Norm begründet keine restriktive Auslegung, da sich Verteidigung nicht lediglich auf das Gebiet der Bundesrepublik beschränken kann[328]. Unterstellt, Auslandseinsätze seien von Abs. 2 des Art. 87a GG nicht erfasst, müsste zur Herstellung rechtmäßiger Zustände von einer nicht beabsichtigten Grundgesetzänderung ausgegangen werden, der wiederum eindeutig die Anforderungen des Art. 79 Abs. 1 GG entgegenstehen würden[329]. Zudem ergibt sich aus dem Wortlaut des Art. 96 Abs. 2 Satz 2 GG, dass deutsche Bundeswehrsoldatinnen und -soldaten ins Ausland entsandt werden können, sodass die Annahme einer grundsätzlichen Unzulässigkeit derartiger Einsätze nicht begründet werden kann[330].

Folgt man richtigerweise der weiten Auffassung und subsummiert extraterritoriale Verwendungen unter den Anwendungsbereich des Art. 87a Abs. 2 GG, ist durch die Norm die Zulässigkeit der Einsätze an einen bestimmten Zweck gebunden[331]. Demnach bewegen sie sich unabhängig von ihrem Einsatzort nur dann im rechtlichen Rahmen, wenn durch sie Bedrohungsherde gegenüber der Bundesrepublik oder einer ihrer Bündnispartner bekämpft werden, und sie zur angemessenen Verteidigung dienlich sind[332].

Durch Art. 26 Abs. 1 GG erfährt der Auslandseinsatz dann zusätzlich eine tatsächliche Begrenzung, indem die Norm sämtliche Handlungen zur Vorbereitung eines Angriffskrieges verbietet[333]. Würde man der engen Auffassung des Verteidigungsbegriffes folgen, wäre Art. 26 Abs. 1 GG die einzige Norm, die überhaupt eine Schranke für Auslandseinsätze statuieren würde[334]. Dieser Mangel an verfassungsrechtlicher Regelung würde einen nicht tragbaren Zustand hervorrufen, sodass die restriktive Auslegung der streitgegenständlichen Norm abzulehnen ist[335].

Art. 87a Abs. 2 GG umfasst demnach auch die Entsendung der Streitkräfte ins Ausland[336]. In der Konsequenz entfalten seine Schranken auch für extraterritoriale Einsätze ihre Geltung, sodass entweder der Fall einer *Verteidigung* vorliegen oder der Verfassungsvorbehalt der Norm eingehalten werden muss[337]. Welche

---

328 *Baldus* (Fn. 280), Art. 87a Rn. 32.
329 *Kokott* (Fn. 19), Art. 87a Rn. 16.
330 *Kokott* (Fn. 19), Art. 87a Rn. 16; *Krieger* (Fn. 305), Art. 87a Rn. 27.
331 *Burkiczak*, Entsendegesetz (Fn. 304), S. 83.
332 *Burkiczak*, Entsendegesetz (Fn. 304), S. 83.
333 *Burkiczak*, Entsendegesetz (Fn. 304), S. 83; *H.D. Jarass*, in: ders./B. Pieroth, GG, 13. Aufl. 2014, Art. 26, Rn. 1; *Sigloch,* Auslandseinsätze (Fn. 7), S. 27.
334 *Heun* (Fn. 26), Art. 87a Rn. 16.
335 *Heun* (Fn. 26), Art. 87a Rn. 16.
336 *Baldus* (Fn. 280), Art. 87a Rn. 31; *Burkiczak*, Entsendegesetz (Fn. 304), S. 84; *Grzeszick* (Fn. 27), Art. 87a Rn. 19; *Pieroth* (Fn. 26), Art. 87a Rn. 7.
337 *Heun* (Fn. 26), Art. 87a Rn. 17; *Sigloch,* Auslandseinsätze (Fn. 7), S. 27.

Form der Verwendung deutscher Streitkräfte insgesamt unter einen *Einsatz zur Verteidigung* im Sinne des Artikels fällt, und wann anderenfalls für sie eine ausdrückliche Zulassung im Grundgesetz verlangt wird, wird Gegenstand nachfolgender Untersuchung sein[338]:

(3) Einsatz und Verteidigung im Sinne des Art. 87a Abs. 2 GG

Unter dem Aspekt des in Art. 87a Abs. 2 GG geforderten Gesetzesvorbehaltes ist fraglich, was unter „Einsatz" zu verstehen ist, und wann „Verteidigung" im Sinne der Norm tatsächlich vorliegt[339]. Dass grundsätzlich im Rahmen einer Streitkräfteaufstellung für die Bundesrepublik ein Einsatz mit dem Zweck der Verteidigung verlangt wird, entschied der parlamentarische Rat bereits zu Art. 26 Abs. 1 GG[340]. Die Eröffnung des Anwendungsbereiches des Art. 87a Abs. 2 GG hängt folglich zunächst von dem Bedeutungsgehalt des Einsatzbegriffes und seinen Grenzen ab[341]. Beides ist bislang noch nicht abschließend geklärt[342].

a) „Einsatz" im Sinne des Art. 87a Abs. 2 GG

Der in Art. 87a Abs. 2 GG ausdrücklich normierte Verfassungsvorbehalt für den Streitkräfteeinsatz erfasst unstrittig nicht jede Form der Verwendung[343]. In den seltenen Konstellationen, bei denen die Soldatinnen und Soldaten nicht ihrer Ursprungsfunktion gemäß handeln, sondern sich beispielsweise karitativ, musikalisch oder als Part einer Ehrenformation einsetzen, handelt es sich zweifelsfrei nicht um einen *Einsatz* im Sinne des Grundgesetzes[344]. Aber auch bei Verwendungen der Streitkräfte als Mittel der vollziehenden Gewalt, auf die sich der Gesetzesvorbehalt ohnehin nur bezieht[345], besteht Unstimmigkeit über die genaue Definition des Einsatzbegriffes[346].

Grundsätzlich muss davon ausgegangen werden, dass nicht jede Verwendung den Tatbestand eines Einsatzes ausfüllt. Anderenfalls müssten für eine bedeutend große Zahl an etwaigen Verwendungsmöglichkeiten ausdrückliche verfassungsrechtliche Grundlagen vorhanden sein, wodurch der Verfassungsstil auf das Niveau einfacher Rechtsverordnungen herabgemindert wird[347]. Indes handelt es sich neben diversen Interpretationsmöglichkeiten unstrittig um einen Ein-

---

338 *Kokott* (Fn. 19), Art. 87a Rn. 23.
339 *Burkiczak*, Entsendegesetz (Fn. 304), S. 82; *Pieroth* (Fn. 26), Art. 87a Rn. 7.
340 *Heun* (Fn. 26), Art. 87a Rn. 11.
341 *Baldus* (Fn. 280), Art. 87a Rn. 28, 32.
342 *Baldus* (Fn. 280), Art. 87a Rn. 28, 32; BVerfGE 121, 135 (152).
343 *Hernekamp* (Fn. 305), Art. 87a Rn. 13; *Heun* (Fn. 26), Art. 87a Rn. 15.
344 *Burkiczak*, Entsendegesetz (Fn. 304), S. 82-83; *Pieroth* (Fn. 26), Art. 87a Rn. 8.
345 BT-Drs. V/2873, S.13; *Heun* (Fn. 26), Art. 87a Rn. 15.
346 *Burkiczak*, Entsendegesetz (Fn. 304), S. 82.
347 *Fiebig*, Einsatz (Fn. 275), S. 119.

satz im Sinne der Norm, wenn es um die Verwendung bewaffneter Streitkräfte geht[348]. Der Annahme, dass das Merkmal der Bewaffnung als zwingendes Erfordernis erachtet wird[349], kann dabei nicht gefolgt werden. Eine derartige Restriktion des Begriffes ist vor allem unter Zugrundelegung der Entstehungsgeschichte abzulehnen[350]:

Der Rechtsausschuss des deutschen Bundestages äußerte sich dahingehend, dass bereits dann ein Einsatz im Sinne der streitgegenständlichen Norm vorliegt, wenn die Streitkräfte als vollziehende Gewalt auftreten[351]. Demgegenüber wurden Verwendungen von der Norm explizit ausgenommen, die beispielsweise zu repräsentativen Zwecken erfolgen[352]. Das Merkmal der Bewaffnung stellte dabei kein Abgrenzungskriterium dar, obgleich es im Rahmen des noch zu behandelnden konstitutiven Parlamentsvorbehaltes eine wesentliche Rolle spielt. Teilweise werden zusätzliche Anforderungen insgesamt für überflüssig gehalten, sodass lediglich gefordert wird, dass der Einsatz gemäß militärischer Rangordnung erfolgt[353]. Jedenfalls nehmen die verschiedenen Ansätze keinen Bezug auf den jeweiligen Aufenthaltsort der Streitkräfte. Folglich kann es sich, ohne einen Entscheid bezüglich einer Begriffsinterpretation zu treffen, sowohl bei einer Inlands-, als auch bei einer Auslandsstationierung zweifelsfrei um einen Einsatz im Sinne des Art. 87a Abs. 2 GG handeln[354]. Die grundsätzliche Annahme, auch extraterritoriale Einsätze unter den Anwendungsbereich der Norm zu subsumieren, wird somit an dieser Stelle nochmals bekräftigt. Dennoch erscheint es relevant, bezüglich internationaler Einsätze der Bundeswehr eine genauere begriffliche Abgrenzung vorzunehmen[355].

Wie bereits ausgeführt, eröffnen karitative oder technische Maßnahmen deutscher Soldatinnen und Soldaten, beispielsweise in Form von Wiederaufbauhilfen, grundsätzlich noch nicht den Anwendungsbereich der streitgegenständlichen Norm im Sinne eines Einsatzes[356]. Problematisch wird es jedoch dann, wenn diese Handlungsarten im Rahmen von Auslandseinsätzen stattfinden, in denen sich die Streitkräfte aufgrund territorialer Umstände in Konfliktsituatio-

---

348 *Baldus* (Fn. 280), Art. 87a Rn. 39; *Grzeszick* (Fn. 27), Art. 87a Rn. 20; *Pieroth* (Fn. 26), Art. 87a Rn. 7.
349 *Burkiczak*, Entsendegesetz (Fn. 304), S. 82.
350 *Grzeszick* (Fn. 27), Art. 87a Rn. 20.
351 *Baldus* (Fn. 280), Art. 87a Rn. 38; *Burkiczak*, Entsendegesetz (Fn. 304), S. 82; *Fiebig*, Einsatz (Fn. 275), S. 115.
352 *Baldus* (Fn. 280), Art. 87a Rn. 38, 40.
353 *Burkiczak*, Entsendegesetz (Fn. 304), S. 82.
354 *Burkiczak*, Entsendegesetz (Fn. 304), S. 83; *Pieroth* (Fn. 26), Art. 87a Rn.7.
355 *Grzeszick* (Fn. 27), Art. 87a Rn. 21.
356 *Baldus* (Fn. 280), Art. 87a Rn. 40, 41; *Grzeszick* (Fn. 27), Art. 87a Rn. 20.

nen begeben[357]. In diesem Zusammenhang ist es vorstellbar, dass sie sich in der Gefahr ziviler Gewalt wiederfinden, sodass sie zur Selbstverteidigung oder Sicherung der jeweiligen Situation möglicherweise zur Anwendung von Waffengewalt genötigt sind[358]. Auch wenn es sich unmittelbar nur um humanitäre Unterstützungsmaßnahmen handelt, stehen diese oftmals im Zusammenhang mit militärischen Einsätzen anderer Staaten, sodass es durchaus denkbar ist, dass sich deutsche Streitkräfte mittelbar militärischen Auseinandersetzungen aussetzen[359]. Sollte eine solche Gefahr gegeben sein, handelt es sich zweifelfrei um einen Einsatz im Sinne des Art. 87a Abs. 2 GG[360]. Folglich ist eine dezidierte Auseinandersetzung mit der jeweiligen Situation zur Feststellung des Vorliegens der Voraussetzungen zwingend erforderlich.

Ein umfassendes Resümee liefert *Baldus* mit seiner Interpretation des Einsatzbegriffes, dem es gelingt, eine Vielzahl denkbarer problematischer Konstellationen zu erfassen und zu vereinen. Mit seinen treffenden Worten stellt er fest,

„*... dass ein Einsatz dann zu bejahen ist, wenn die Streitkräfte unter Nutzung ihrer spezifischen – anderen Teilen der Staatsgewalt eben nicht zur Verfügung stehenden – militärischen Mittel und Organisationsstrukturen tätig werden, hoheitlich, also berechtigend oder verpflichtend, auftreten oder aber zur Verfolgung ihrer Ziele zwingende Gewalt, gleich welcher Art, zur Geltung bringen; dagegen kann schlicht-hoheitliches Handeln noch nicht als Einsatz qualifiziert werden*"[361]. Die Qualifizierung tritt jedoch ein, wenn das vermeintliche schlicht-hoheitliche Handeln eine Eingriffs- und Regelungsqualität aufzeigt, was insbesondere bei unterstützenden behördlichen oder polizeilichen Maßnahmen der Fall ist[362].

Bei welcher konkreten Art eines Einsatzes im Sinne des Art. 87a Abs. 2 GG dann auch der beschlossene Parlamentsvorbehalt einschlägig ist, sodass dem deutschen Bundestag ein wehrverfassungsrechtliches Mitentscheidungsrecht zusteht, wird an späterer Stelle im Rahmen der Darstellung sogenannter AWACS-Entscheidungen behandelt[363]. In deren Rahmen wurden konkrete Einsatzvoraussetzungen aufgestellt, die bei ihrem Vorliegen einen Parlamentsvorbehalt statuieren, sodass ein Korrektiv im Hinblick auf die noch zu erläuternden verfassungsrechtlichen Kompetenzzuweisungen gebildet wird[364].

---

357 *Grzeszick* (Fn. 27), Art. 87a Rn. 21.
358 *Grzeszick* (Fn. 27), Art. 87a Rn. 21.
359 *Baldus* (Fn. 280), Art. 87a Rn. 41; *Grzeszick* (Fn. 27), Art. 87a Rn. 21.
360 *Grzeszick* (Fn. 27), Art. 87a Rn. 21.
361 *Baldus* (Fn. 280), Art. 87a Rn. 38.
362 *Grzeszick* (Fn. 27), Art. 87a Rn. 20.
363 BVerfGE 90, 286, II, Nr. 16, 286-394; BVerfGE 121, 135, Nr. 5, 135-175.
364 BVerfGE 121, 135 (161).

b) „Verteidigung" im Sinne des Art. 87a Abs. 2 GG

Der verfassungsrechtliche Auftrag in Form der „Verteidigung" gemäß Art. 87a GG ist ein weit gefächerter und im Ergebnis entwicklungs- und interpretationsfähiger Begriff[365]. Gemäß Art. 87a Abs. 1 S. 1 GG stellt er die Primäraufgabe der Bundeswehr dar und erhebt sich somit über die sonstigen verfassungsrechtlichen Aufträge[366]. Dass entsprechend dem Verfassungsvorbehalt eine Verwendung der Streitkräfte außer zur Verteidigung nur dann erfolgen darf, wenn eine ausdrückliche Gestattung aus dem Grundgesetz hervorgeht, regelt Absatz 2 des Artikels[367]. Was tatsächlich unter der Zulässigkeitsvoraussetzung eines Einsatzes „zur Verteidigung" im Einzelnen zu verstehen ist, ergibt sich hingegen aus keiner verfassungsrechtlichen Norm[368]. Diese dem Verteidigungsbegriff anhaftende Offenheit ruft eine Vielzahl kontroverser Ansichten hervor, die es im Hinblick auf die Einsatzermächtigung gemäß Art. 87a Abs. 2 GG näher zu untersuchen gilt[369]:

Dem engsten Verständnis des Verteidigungsbegriffes folgend, wird dieser mit dem „Verteidigungsfall" gleichgesetzt, der ausdrücklich in Art. 115a Abs. 1 S. 1 GG seine Grundlage findet[370]. Trotz begrifflicher Ähnlichkeit sprechen jedoch vor allem Wortlaut und Systematik gegen die Identität beider Begriffe[371]: Um einen Einsatz zur Bündnisverteidigung nach Art. 87a GG annehmen zu können, bedarf es nicht der Voraussetzung des *Verteidigungsfalles*[372]. Vielmehr ist ein solcher Einsatz auch ohne einen Angriff mit Waffengewalt auf die Bundesrepublik, wie es für die Feststellung des Verteidigungsfalles in Art. 115a Abs. 1 Satz 1 GG unter Bedingung gestellt wird, möglich[373]. Der Umstand, dass explizit zwischen „Verteidigung" und „Verteidigungsfall" im Rahmen der Absätze 2 und 3 des Art. 87a GG differenziert wird, belegt die Widersprüchlichkeit einer inhaltlichen Gleichsetzung der Begriffe[374].

---

365 *Epping* (Fn. 287), Art. 87a Rn. 4.

366 *M. Ladiges,* Reichweite des Verteidigungsbegriffs bei terroristischen Angriffen, in: HFR 2/2009, http://www.humboldt-forum-recht.de/deutsch/2-2009/index.html (im Folgenden zuletzt abgerufen: Januar 2016), S. 19 (21, Rn. 9).

367 *Ladiges,* Reichweite (Fn. 366), S. 21, Rn. 9.

368 *Ladiges,* Reichweite (Fn. 366), S. 21, Rn. 9.

369 *Epping* (Fn. 287), Art. 87a Rn. 4.

370 *Ladiges,* Reichweite (Fn. 366), S. 21, Rn. 10.

371 *Burkiczak,* Entsendegesetz (Fn. 304), S. 83; *Heun* (Fn. 26), Art. 87a Rn. 17; *Ladiges,* Reichweite (Fn. 366), S. 21, Rn. 10.

372 *Depenheuer* (Fn. 13), Art. 87a Rn. 100; *Grzeszick* (Fn. 27), Art. 87a Rn. 22; *Ladiges,* Reichweite (Fn. 366), S. 21, Rn. 10.

373 *Grzeszick* (Fn. 27), Art. 87a Rn. 22; *Ladiges,* Reichweite (Fn. 366), S. 21, Rn. 10.

374 *Epping* (Fn. 287), Art. 87a Rn. 7; *Grzeszick* (Fn. 27), Art. 87a Rn. 22; *Kokott* (Fn. 19), Art. 87a Rn. 23.

Die Verteidigung im Sinne des Art. 87a Abs. 2 GG ist vielmehr gleichbedeutend mit jener, auf die sich auch in Form des völkerrechtlichen Beistandes die Art. 80a Abs. 3 GG und Art. 24 Abs. 2 GG beziehen[375]. Es handelt sich bei Art. 115a GG im Vergleich zu Art. 87a GG um die im äußersten Notstand erforderliche Sicherung der innerstaatlichen Rechtsordnung und nicht um den Verfassungsauftrag der Verteidigung[376]. Für Letzteres ist ein äußerer Notstand zur Rechtfertigung eines Einsatzes der Streitkräfte nicht erforderlich[377].

Jedoch auch unter Ablehnung des engsten Verständnisses des Verteidigungsbegriffes sorgen nach wie vor die weiteren Ansichten für Streitpotential[378]: Teilweise wird angenommen, es handle sich bei dem Begriff lediglich um die Verteidigung Deutschlands, sodass entgegen der bereits dargestellten und hier vertretenen Auffassung unterstützende Auslandseinsätze der Bundeswehr schon grundsätzlich nicht in den Anwendungsbereich der Norm fallen[379]. Dieses Verständnis gründet zum einen auf dem Umstand, dass bei Einführung der Norm in die Notstandsnovelle die Inlandsverteidigung im Vordergrund stand[380] und zum anderen auf der Fehlinterpretation in Form der oben beschriebenen Gleichsetzung des Art. 87a Abs. 2 GG mit Art. 115a Abs. 1 Satz 1 GG[381]. Folgt man diesem engen Verständnis, mangelt es an einer verfassungsrechtlichen Grundlage für extraterritoriale Verwendungen, sodass die Ausführung militärischer Befehle lediglich auf Basis des Art. 26 Abs. 1 GG erfolgen würde[382].

Aufgrund der Tatsache, dass Art. 87a GG unter der Prämisse eingeführt wurde, den umfassenden Streitkräfteeinsatz der Bundesrepublik zu erfassen, stellt die restriktive Auffassung ein schwer haltbares Ergebnis dar[383]. Es ist vielmehr davon auszugehen, dass der verfassungändernde Gesetzgeber im Jahre 1968 bei Einführung des Artikels mit seinem heutigen Inhalt die bereits seit 1955 existierenden Beistandsverpflichtungen der Bundesrepublik gegenüber den alliierten Staaten mit berücksichtigt hat und diesen nicht konträr gegenüber treten wollte[384]. Die Möglichkeit und zugleich Verpflichtung zur Bündnisverteidigung bei einem bewaffneten Angriff auf eine der Parteien des Nordatlantikvertrages ist in

---

375 *Heun* (Fn. 26), Art. 87a Rn. 17.
376 *Epping* (Fn. 287), Art. 87a Rn. 7; *Ladiges,* Reichweite (Fn. 366), S. 19 (21, Rn. 10).
377 BVerfGE 90, 286 (286-394); *Epping* (Fn. 287), Art. 87a Rn. 7.
378 *Burkiczak*, Entsendegesetz (Fn. 304), S. 83.
379 *Burkiczak*, Entsendegesetz (Fn. 304), S. 83.
380 *Heun* (Fn. 26), Art. 87a Rn. 16.
381 *Burkiczak*, Entsendegesetz (Fn. 304), S. 83.
382 *Heun* (Fn. 26), Art. 87a Rn. 16.
383 *Heun* (Fn. 26), Art. 87a Rn. 16.
384 *Baldus* (Fn. 280), Art. 87a Rn. 46.

Art. 5 desselbigen Vertrages statuiert[385]. Im verfassungsrechtlichen Kontext zu Art. 80a Abs. 3 und 24 Abs. 2 GG gestattet die Norm defensiven völkerrechtlichen Beistand[386]. Der Grundsatz völkerrechtsfreundlicher Auslegung lässt dabei die Annahme zu, dass auch diese Bündnisverteidigung unter *Verteidigung* im Sinne des Art. 87a Abs. 2 GG zu subsumieren ist[387]. Dieses Verständnis wird durch den Wortlaut der Norm bestätigt, der eindeutig den Schutz der Bundesrepublik im Fokus hat[388]. Für den Fall, dass Deutschland einer mittelbaren Bedrohung unterliegt, bei Angriffen auf einen Mitgliedstaat der NATO, fällt die Bündnisverteidigung zweifelsfrei unter den Anwendungsbereich von Art. 87a Abs. 2 GG[389]. Aufgrund dieser Völkerrechtskonformität verstehen die Verfechter noch weitergehender Auffassungen auch die sogenannte Staatennothilfe als mögliche Verteidigungshandlung im Sinne der Norm, sodass auch nicht verbündeten Staaten gemäß Art. 51 UN-Charta Unterstützung geleistet werden kann[390]. Diese Auffassung teilte auch der 2. Wehrdienstsenat in seiner Entscheidung vom 21. Juni 2005, in der es wörtlich heißt: *„Da der Normtext des Art. 87a Abs. 1 und 2 GG von ‚Verteidigung', jedoch – anders als die zunächst vorgeschlagene Fassung – nicht von ‚Landesverteidigung' spricht und zudem der verfassungsändernde Gesetzgeber bei der Verabschiedung der Regelung im Jahre 1968 auch einen Einsatz im Rahmen des NATO-Bündnisfalles als verfassungsrechtlich zulässig ansah, ist davon auszugehen, dass ‚Verteidigung' alles das umfassen soll, was nach dem geltenden Völkerrecht zum Selbstverteidigungsrecht nach Art. 51 der Charta der Vereinten Nationen (UN-Charta), der die Bundesrepublik wirksam beigetreten ist, zu rechnen ist."*[391].

Die Befürworter einer zurückhaltenden Auslegung führen gegen ein derartiges Verständnis an, dass es nicht Intention des Gesetzgebers gewesen sei, mit Art. 87a Abs. 2 GG einen konturenlosen Verteidigungsbegriff zu statuieren, der auf jeden denkbaren Fall völkerrechtlich zulässigen Gewalteinsatzes Anwendung findet[392]. Sie verlangen daher als Mindestvoraussetzung für das Eingreifen der Norm eine mittelbare Bedrohungslage für die Bundesrepublik oder eine ihrer Verbündeten[393]. Gegen die Befürchtung der Ausuferung bei Rückgriff auf die

---

385 Vgl. den Wortlaut von Art. 5 des Nordatlantikvertrages; *Grzeszick* (Fn. 27), Art. 87a Rn. 22; *Pieroth* (Fn. 26), Art. 87 a Rn. 9.
386 *Grzeszick* (Fn. 27), Art. 87a Rn. 22.
387 *Baldus* (Fn. 280), Art. 87a Rn. 46.
388 *Wiefelspütz*, Parlamentsheer (Fn. 8), S. 118.
389 *Wiefelspütz*, Parlamentsheer (Fn. 8), S. 118.
390 *Baldus* (Fn. 280), Art. 87a Rn. 47; *Grzeszick* (Fn. 27), Art. 87a Rn. 23; *Ladiges,* Reichweite (Fn. 366), S. 21, Rn. 11; *Wiefelspütz*, Parlamentsheer (Fn. 8), S. 118-119.
391 BVerwG, Urteil vom 21.6.2005 – 2 WD 12/04, in: NJW 2006, 77 (80); *Ladiges,* Reichweite (Fn. 366), S. 21, Rn. 11.
392 *Baldus* (Fn. 280), Art. 87a Rn. 48; *Grzeszick* (Fn. 27), Art. 87a Rn. 24.
393 *Grzeszick* (Fn. 27), Art. 87a Rn. 24.

Norm lässt sich jedoch anführen, dass zum einen vor jedem Einsatz ein Parlamentsbeschluss einzuholen ist, und zum anderen völkerrechtliche Begrenzungen bestehen[394]. Bei gegenteiliger Annahme wäre der Exekutive ein Entscheidungsspielraum eingeräumt, der aufgrund unsicherer Faktoren nicht klar überschaubar wäre[395]. Der Umstand, dass sich die Bundesrepublik bereits vor Aufnahme der streitgegenständlichen Norm im Grundgesetz zur Unterstützung anderer Staaten gemäß Art. 51 UN-Charta verpflichtete, lässt eine Beschränkung der Verteidigung auf Fälle der indirekten Bedrohung der Bundesrepublik und ihrer Staatsangehörigen als wenig überzeugend erscheinen[396]. Vielmehr liefert die Norm auch die Grundlage zur individuellen oder kollektiven Selbstverteidigung, wenn entweder im Rahmen des Art. 51 der Charta der Vereinten Nationen ein Mitglied angegriffen wird oder aber gemäß der Beistandsklausel aus dem Vertrag der WEU oder der NATO ein Bündnispartner verteidigt werden muss[397].

In jüngster Zeit fand zudem eine Erweiterung des Interpretationsbegriffes dahingehend statt, dass unter den Tatbestand der Norm auch die Personalverteidigung zu fassen ist[398]. Demnach liefert Art. 87a Abs. 2 GG auch die Befugnis für Evakuierungen Staatsangehöriger im Ausland[399]. Bei derartigen Schutzmaßnahmen zugunsten sich im Ausland befindender Deutscher handelt es sich um die Abwehr indirekter Bedrohungen der Bundesrepublik; sie fällt daher im Sinne einer Personenverteidigung auch unter die Norm des Streitkräfteeinsatzes[400]. Die zur Entsendung erforderliche Legitimation steht der Bundesrepublik aus dem allgemeinen Schutzauftrag zugunsten Staatsangehöriger zu, obgleich ihr verfassungsrechtlich keine Pflicht zu derartigem Vorgehen oktroyiert wird[401].

3. Zusammenfassende Würdigung

Im Rahmen der erfolgten Auseinandersetzung mit der Zentralnorm des Wehrverfassungsrechtes lässt sich konstatieren, dass sowohl Inlands- als auch Auslandsverwendungen von dem Anwendungsbereich des Art. 87a Abs. 2 GG erfasst sind. Diesem Verständnis steht auch nicht entgegen, dass die ursprünglich vorgesehene Verwendung der Streitkräfte zum Gründungszeitpunkt der Bundeswehr elementar von den dann erfolgten Einsatzplänen abwich. Bedeutend bei Bewertung der verfassungsrechtlichen Zulässigkeit ist indes, dass die Grundfunktion der Streitkräfte in Abgrenzung zur Polizei beachtet wird. Die sich

---

394 *Grzeszick* (Fn. 27), Art. 87a Rn. 25.
395 *Grzeszick* (Fn. 27), Art. 87a Rn. 25.
396 *Baldus* (Fn. 280), Art. 87a Rn. 46; *Grzeszick* (Fn. 27), Art. 87a Rn. 25.
397 *Baldus* (Fn. 280), Art. 87a Rn. 50; *Pieroth* (Fn. 26), Art. 87a Rn. 9.
398 *Heun* (Fn. 26), Art. 87a Rn. 17.
399 *Heun* (Fn. 26), Art. 87a Rn. 17.
400 *Grzeszick* (Fn. 27), Art. 87a Rn. 24; *Wiefelspütz, Parlamentsheer,* (Fn. 8), S. 115.
401 *Grzeszick* (Fn. 27), Art. 87a Rn. 24.

daraus möglicherweise ergebende Voraussetzung, dass eine Zuständigkeit der Streitkräfte nur dann gegeben sein kann, wenn die Einsatzfähigkeiten der Polizei überschritten sind, wird noch an späterer Stelle von Bedeutung sein.

Die Auslegung der umstrittenen Begriffe des „Einsatzes" und der „Verteidigung" erfolgten zum Normverständnis und zur Klärung der divergierenden Auffassungen über die Reichweite von Art. 87a Abs. 2 GG. Eine fundierte gerichtliche Klärung hat es bislang nicht gegeben. Gerade im Rahmen des Urteils zur Verfassungsmäßigkeit des Luftsicherheitsgesetzes im Jahre 2006 verzichtete der Gesetzgeber auf Herstellung eindeutiger Verhältnisse. Trotz Möglichkeit ließ er die Frage nach der Zulässigkeit extraterritorialer Einsätze bewusst offen, sodass der Interpretation der Begriffe keine Grenzen gesetzt wurden, und die Klärung der Streitfrage uneingeschränkt der Öffentlichkeit überlassen blieb. Nach Abwägung sämtlicher restriktiver Interpretationen, insbesondere einer historischen und systematischen Auslegung der Norm, kann eine Begrenzung auf Inlandseinsätze nicht angenommen werden.

Die dem Verteidigungsbegriff mangels grundgesetzlicher Definition anhaftende Offenheit kann vor allem mit der Tatsache kompensiert werden, dass Art. 87a GG sämtliche Einsätze der Streitkräfte vereinen sollte. Dadurch entgeht man einem verfassungsrechtlichen Mangel, indem die seit einigen Jahren zur Normalität gehörenden Auslandseinsätze unter Art. 87a Abs. 2 GG zu fassen sind. Im Ergebnis unterliegen daher auch extraterritoriale Verwendungen der Streitkräfte dem Verfassungsvorbehalt, sodass jeder Einsatz einer ausdrücklichen Ermächtigung im Grundgesetz bedarf, sofern es sich nicht um einen Verteidigungsfall im Sinne der Norm handelt. Folglich kann entsprechend dem Grundsatz völkerrechtsfreundlicher Auslegung die deutsche Beistandsverpflichtung gegenüber den Bündnispartnern im Ausland auf Grundlage der Zentralnorm erfolgen.

Losgelöst von der strittigen Thematik um die Reichweite des Art. 87a GG steht die Norm jedenfalls der Anwendung des Art. 24 Abs. 2 GG als zulässige Rechtsgrundlage zur Entsendung deutscher Soldatinnen und Soldaten in einem *System kollektiver Sicherheit* nicht entgegen[402]. Dieses Fazit folgt aus dem besagten out-of-area-Urteil des Bundesverfassungsgerichtes, in dem es, ohne die Auslegung des Art. 87a GG abschließend zu klären, die Zulässigkeit der Streitkräfteentsendung auf Grundlage des Art. 24 Abs. 2 GG feststellte[403].

II. Art. 24 Abs. 2 GG als Rechtsgrundlage zur Entsendung in einem System gegenseitiger kollektiver Sicherheit

Die Norm gilt zunächst als eigenständige Ermächtigung zum Einsatz der Streitkräfte, ohne dabei dem Verfassungsvorbehalt des Art. 87a Abs. 2 GG zu unter-

---

402 Leitsatz Nr. 2, BVerfGE 90, 286 (286).
403 BVerfGE 90, 286 (355).

liegen[404]. Sie schreibt der Bundesrepublik den Eintritt in ein System gegenseitiger kollektiver Sicherheit vor und verleiht die Befugnis, die in einem solchen System regelmäßig anfallenden Aufgaben, unter anderem extraterritoriale Einsätze der Bundeswehr zur Friedenswahrung, durchführen zu können[405].

Die Anforderungen, die an ein System gegenseitiger kollektiver Sicherheit zu stellen sind, um den Normanwendungsbereich zu eröffnen[406], definierte das Bundesverfassungsgericht in seiner oben genannten Entscheidung. Danach ist das System dadurch gekennzeichnet, *„daß es durch ein friedensicherndes Regelwerk und den Aufbau einer eigenen Organisation für jedes Mitglied einen Status völkerrechtlicher Gebundenheit begründet, der wechselseitig zur Wahrung des Friedens verpflichtet und Sicherheit gewährt"*[407].

Liegt ein solches vor, stützt es sich regelmäßig auf den Einsatz der Streitkräfte, die zur Aufgabenverwirklichung des Systems beitragen[408]. Mit der Erwartung eines eigenen Sicherheitsbeitrages an die Bundesrepublik bei festgestellter Bedrohungslage[409] unterliegt sie der Beschränkung eigener militärischer Kommandobefugnisse[410], indem sie insgesamt an Entscheidungen einer internationalen Organisation gebunden ist[411]. Damit enthält Art. 24 Abs. 2 GG die Verbindlichkeit Deutschlands, durch den Beitritt in ein Sicherheitssystem auf Hoheitsrechte zu verzichten[412] und Einschränkungen der staatlichen Souveränität hinzunehmen[413]. Gleichermaßen erwächst jedoch aus der Norm auch das Recht auf kollektiven Beistand, den die Bundesrepublik von den weiteren Mitgliedstaaten einfordern kann und somit militärische Sicherheit erlangt[414].

Die Wertigkeit des Art. 24 Abs. 2 GG als „materielle Legitimationsgrundlage" hat ihren Ursprung in der Tatsache, dass die Norm von Beginn an Bestandteil des Grundgesetzes gewesen ist und auch nicht mit Einführung wehrverfassungsrechtlicher Regelungen eine Änderung erfahren sollte[415]. Intention des Gesetz-

---

404 *Baldus* (Fn. 280), Art. 87a Rn. 34.
405 *Baldus* (Fn. 280), Art. 87a Rn. 34; *H.D. Jarass*, in: *ders./B. Pieroth*, GG, 13. Aufl. 2014, Art. 24 Rn. 23.
406 *Burkiczak*, Entsendegesetz (Fn. 304), S. 83.
407 Leitsatz Nr. 2, BVerfGE 90, 286 (286); *Sigloch*, Auslandseinsätze (Fn. 7), S. 205.
408 BVerfGE 90, 286 (345).
409 *D. Beck*, Auslandseinsätze deutscher Streitkräfte. Materiell-rechtliche Bindungen aus Völkerrecht und Grundgesetz, insbesondere zum Schutz des Lebens, 2008, S. 302.
410 BVerfGE 90, 286 (346).
411 BVerfGE 90, 286 (346).
412 *Jarass* (Fn. 405), Art. 24 Rn. 24.
413 *C. D. Classen*, in: H. v. Mangoldt/F. Klein/C. Starck (Hrsg.), GG-Kommentar, Bd. 2, 6. Aufl., 2010, Art. 24 Rn. 76.
414 BVerfGE 90, 286 (348).
415 *Baldus* (Fn. 280), Art. 87a Rn. 35; *Sigloch*, Auslandseinsätze (Fn. 7), S. 206.

gebers war es, unter keinen Umständen den durch die Norm garantierten Platz der Bundesrepublik im Rahmen der UN in einem kollektiven Sicherheitssystem zur Friedenswahrung zu gefährden[416].

Nach mittlerweile wohl herrschender Auffassung sind auch Einsätze im Rahmen der NATO und der UNO von Art. 24 Abs. 2 GG erfasst, sofern sie in den zulässigen Grenzen des Völkerrechts ablaufen[417]. Sie unterliegen sodann einer juristischen Bewertung. Zu dem vorausgesetzten System gegenseitiger kollektiver Sicherheit zählen neben der NATO und der UNO auch die WEU[418]. Inwieweit dann einzelne Maßnahmen in den jeweiligen Ländern zu beurteilen sind, richtet sich wiederum nach der völkerrechtlichen Zulässigkeit des Einsatzes an sich[419]. So wird beispielsweise die Stationierung deutscher Truppen im Kosovo rechtlich gedeckt, die im Rahmen der WEU erfolgt, nicht hingegen die in Mazedonien, da der dortige Einsatz auf Grundlage der EU abgewickelt und nicht zum System kollektiver Sicherheit gerechnet wird[420].

III. Der konstitutive Parlamentsvorbehalt – im Rahmen der Darstellung der AWACS-Entscheidungen des Bundesverfassungsgerichtes

Der grundsätzlich befürchteten Missbrauchsgefahr militärischer Befugnisse als Folge eines weiten Verständnisses des Verteidigungsbegriffes in Art. 87a Abs. 2 GG kann dadurch Einhalt geboten werden, dass militärische Einsätze durch völkerrechtliche Vorschriften Begrenzungen erfahren und einem konstitutiven Parlamentsbeschluss unterliegen[421]. Die bereits in Bezug genommene Out-of-Area-, auch als *„AWACS-Urteil"* bezeichnete Entscheidung des Bundesverfassungsgerichtes aus dem Jahre 1994, enthält als bedeutenden Beschluss neben der grundsätzlichen Zulässigkeit extraterritorialer Einsätze die Erforderlichkeit der Zustimmung des Bundestages jeder bewaffneten Verwendung deutscher Streitkräfte[422]. Die parlamentarische Beteiligung wurde folglich als Zulässigkeitsvoraussetzung friedenssichernder Einsätze erhoben, die im Rahmen der NATO, WEU oder den Vereinten Nationen stattfinden[423].

Die Erforderlichkeit der Einbeziehung des Parlamentes spiegelt sich laut Bundesverfassungsgericht bereits in den grundgesetzlichen Bestimmungen der

---

416 *Baldus* (Fn. 280), Art. 87a Rn. 35.
417 *Heun* (Fn. 26), Art. 87a Rn. 18.
418 *Heun* (Fn. 26), Art. 87a Rn. 18.
419 *Heun* (Fn. 26), Art. 87a Rn. 18.
420 *Heun* (Fn. 26), Art. 87a Rn. 18.
421 *Grzeszick* (Fn. 27), Art. 87a Rn. 25.
422 *T. M. Wagner*, Parlamentsvorbehalt und Parlamentsbeteiligungsgesetz, Die Beteiligung des Bundestages bei Auslandseinsätzen der Bundeswehr, 2010, S. 17; *Wiefelspütz*, Parlamentsheer (Fn. 8), S. 330.
423 *Wagner*, Parlamentsvorbehalt (Fn. 422), S. 17.

Wehrverfassung wider[424]. Diese sind darauf ausgerichtet, die Bundeswehr in die Struktur des Rechtsstaates einzubetten und nicht ausschließlich der Exekutiven zu unterstehen[425]. Damit soll eine Absicherung dahingehend stattfinden, dass den Streitkräften ihr Status als „Parlamentsheer" ungeschmälert zugestanden und dem Bundestag somit ein rechtserheblicher Einfluss garantiert wird[426].

Dieses Verständnis begründet das Gericht in seiner Out-of-Area-Entscheidung unter anderem aus verfassungsrechtlicher Tradition heraus: Die Idee der Zuschreibung eines rechtserheblichen Einflusses an das Parlament findet bereits seit 1918 gesetzliche Verankerung[427]. Beispielhaft wird in dem Urteil der Inhalt des nicht mehr existenten Art. 59a GG in der Fassung des Ergänzungsgesetzes aus dem Jahre 1956 zitiert[428]. Dieser sah vor, die Erklärung eines Verteidigungsfalles von der Zustimmung des Parlamentes abhängig zu machen[429]. Die Norm wurde zwar im Rahmen der Einführung der sogenannten Notstandsverfassung 1968 aufgehoben; ihre inhaltliche Bedeutung blieb dem Grundgesetz indes immanent[430].

Die Tragweite gegenständlicher Problematik zeigt sich in den weiteren AWACS- Urteilen des Bundesverfassungsgerichtes. Die bereits in Bezug genommenen „AWACS"-Flugzeuge dienen der Luftraumüberwachung, indem sie sämtliche fliegende Objekte frühzeitig erfassen[431] und somit als fliegendes Radarsystem militärische Aufklärung betreiben. In dem Beschluss vom 25. März 2003 hatte das oberste Gericht darüber zu urteilen, ob der Einsatz deutscher Bundeswehrsoldatinnen und -soldaten in AWACS-Flugzeugen in der Türkei gemäß Art. 4 des NATO-Vertrages der Zustimmung des deutschen Bundestages bedurft hätte[432]. Ziel dieses Einsatzes war die frühzeitige Erkennung kriegerischer Angriffe seitens des Iraks gegenüber der Türkei, die zu ihrem Schutz um Unterstützung durch NATO-Mitglieder gebeten hatte[433]. Der Einsatz führte insofern zu politischen Auseinandersetzungen, als die Fraktionen der FDP und der CDU/CSU an der Auffassung festhielten, dass die Verwendung deutscher Solda-

---

424 BVerfGE 90, 286 (381).
425 BVerfGE 90, 286 (381-382).
426 BVerfGE 90, 286 (381-382).
427 BVerfGE 90, 286 (383 f.).
428 *M. Sachs*, Staatsorganisationsrecht: Bundestagsabstimmung zu Bundeswehreinsatz, BVerfG, Beschluss vom 13.10.2009 – 2 BvE 4/08, in: JuS 2010, S. 89 (90); BVerfGE 90, 286 (382).
429 BVerfGE 90, 286 (382).
430 BVerfGE 90, 286 (382).
431 *Wiefelspütz*, Einsatz (Fn. 8), S. 12, Fn. 36.
432 BVerfGE 108, 34 (34-45); *Nolte*, AWACS-Einsatz (Fn. 236), S. 2359; *Wiefelspütz*, Parlamentsheer (Fn. 8), S. 208.
433 BVerfGE 108, 34 (35); *Wiefelspütz*, Parlamentsheer (Fn. 8), S. 208.

tinnen und Soldaten der unbedingten Zustimmung des Parlamentes bedurft hätte[434]. Die mit der Bundesregierung geführte Kontroverse mündete letztlich in einem Antrag an das Bundesverfassungsgericht auf einstweilige Anordnung, mit dem die Opposition die Regierung verpflichten wollte, das konstitutive Einverständnis des Parlamentes nachzuholen oder anderenfalls den Einsatz unverzüglich abzubrechen[435]. Die Regierung hielt jedoch die Zustimmung für überflüssig und lehnte den Antrag ab, da es sich aus ihrer Sicht lediglich um defensive Überwachungsmaßnahmen und Routineflüge gehandelt habe[436].

Dem hielt die Opposition entgegen, dass die angeforderte Unterstützung seitens der Türkei vielmehr einen bewaffneten Einsatz zur Fernhaltung kriegerischer Bedrohungen darstellte[437]. Das Gericht lehnte zwar daraufhin die einstweilige Anordnung ab, erteilte jedoch nicht zugleich der notwendigen Zustimmung eine Absage[438]. Das richterliche Fazit begründete sich dabei wie folgt: Die Ablehnung der geforderten Anordnung ergab sich nach vorgenommener Folgenabwägung, im Rahmen derer die Interessen des Bundestages gegenüber etwaig eintretender Nachteile für die Bundesregierung bei den jeweils denkbaren Sachverhaltsvarianten durchzuspielen waren[439]. Dabei wurde zwar dem konstitutiven Parlamentsvorbehalt aufgrund des Parlamentsheerstatus' der Bundeswehr eine starke Gewichtung zugeschrieben[440]. Dennoch überwog im Ergebnis die außen- und sicherheitspolitische Handlungsfreiheit der Bundesrepublik[441]. Diese wäre zu stark in ihrem Kernbereich beschränkt, verlangte man im Rahmen einer akuten Krisensituation Bemühungen um Zustimmung des Parlamentes, ohne dass diese *ex tunc*, beziehungsweise der Abzug der Truppen deutscher Soldatinnen und Soldaten erforderlich gewesen wäre[442]. Insoweit die Rechte des Bundestages nicht wesentlich dominierten, war der Bundesregierung, gerade unter gesamtstaatlichen Gesichtspunkten und der Erforderlichkeit einer uneingeschränkten Handlungsfreiheit, der Vorrang einzuräumen[443].

Grundsätzlich lässt sich aus dem Beschluss ableiten, dass eine Ausgestaltung der Reichweite des konstitutiven Parlamentsvorbehaltes zum damaligen Zeitpunkt dringend erforderlich war[444], obschon die Entscheidung bereits wegweisende

---

434 *Wiefelspütz*, Parlamentsheer (Fn. 8), S. 208.
435 *Wagner*, Parlamentsvorbehalt (Fn. 422), S. 74.
436 BVerfGE 108, 34 (36); *Wagner*, Parlamentsvorbehalt (Fn. 422), S. 74.
437 *Wagner*, Parlamentsvorbehalt (Fn. 422), S. 75.
438 *Wagner*, Parlamentsvorbehalt (Fn. 422), S. 75.
439 BVerfGE 108, 34 (43-44); *Wiefelspütz*, Parlamentsheer (Fn. 8), S. 210.
440 BVerfGE 108, 34 (44).
441 BVerfGE 108, 34 (45).
442 BVerfGE 108, 34 (44).
443 BVerfGE 33, 195 (197); BVerfGE 83, 162 (173 f.); BVerfGE 108, 34 (45).
444 *Wiefelspütz*, Parlamentsheer (Fn. 8), S. 211.

Inhalte enthält: Auffallend ist der erfolgte Verweis auf die Herkunft des Parlamentsvorbehaltes, der auf das im Jahre 1994 erfolgte out-of-area-Urteil zurückgeht[445]. Im Rahmen des Rückgriffes heißt es: *„Der konstitutive Parlamentsvorbehalt ist in der Begründung auf das historische Bild eines Kriegseintritts zugeschnitten"*[446]. Innerhalb dessen muss laut Bundesverfassungsgericht definiert werden, wann tatsächlich ein bewaffneter Streitkräfteeinsatz beziehungsweise eine bewaffnete Unternehmung vorliegt, in die deutsche Soldatinnen und Soldaten verwickelt sein können[447]. Auch die Frage nach möglichen Anforderungen an eine mittelbare Einbeziehung der Bundesrepublik zur Begründung eines Parlamentsvorbehaltes wurde zur Klärung thematisch angestoßen[448]. Mit diesen und weiteren streitgegenständlichen Fragen hatte sich das höchste Gericht sodann im Jahre 2008 in der Hauptsache auseinanderzusetzen. Die Richter gelangten in diesem Verfahren zu einem abschließenden Urteil über die grundsätzliche Erforderlichkeit des konstitutiven Parlamentsvorbehaltes[449]: Der Leitsatz der ergangenen weiteren AWACS-Entscheidung lautet: *„Der wehrverfassungsrechtliche Parlamentsvorbehalt greift ein, wenn nach dem jeweiligen Einsatzzusammenhang und den einzelnen rechtlichen und tatsächlichen Umständen die Einbeziehung deutscher Soldaten in bewaffnete Auseinandersetzungen konkret zu erwarten ist. Diese Voraussetzung ist gerichtlich voll überprüfbar."*[450].

Der Senat konstatierte im Rahmen dieser Prüfung erstmalig, dass bei der erfolgten NATO-Luftraumüberwachung der Türkei im Jahre 2003 sowohl Einsatzzusammenhang als auch sämtliche weitere Umstände dafür sprachen, den konstitutiven Parlamentsvorbehalt auszulösen[451]. Mangels eingeholter Zustimmung seitens der Bundesregierung wurde folglich der Bundestag zum damaligen Zeitpunkt in seinem wehrverfassungsrechtlichen Beteiligungsrecht verletzt[452]. Das Bundesverfassungsgericht konkretisierte in der Entscheidung die Reichweite der oben bereits angesprochenen Begriffe und vervollständigte dahingehend die bisherige Senatsrechtsprechung: Handelt es sich um einen *„Einsatz bewaffneter Streitkräfte"*, steht dem Bundestag die grundlegende Entscheidungsbefugnis und die volle Verantwortung für den extraterritorialen Bundeswehreinsatz zu[453]. Der generell weit zu berücksichtigende eigene Gestaltungsspielraum der Bundesregierung erfährt nach richterlicher Auffassung genau dann seine Grenzen, wenn

---

445 BVerfGE 90, 286 (286-394); *Wiefelspütz*, Parlamentsheer (Fn. 8), S. 211.
446 BVerfGE 108, 34 (42-43); BVerfGE 90, 286 (383).
447 *Wiefelspütz*, Parlamentsheer (Fn. 8), S. 213.
448 *Wiefelspütz*, Parlamentsheer (Fn. 8), S. 212-213.
449 BVerfGE 121, 135 (135-175).
450 Leitsatz, BVerfGE 121, 135 (135).
451 BVerfGE 121, 135 (135).
452 BVerfGE 121, 135 (135).
453 Im Folgenden wird die Entscheidung nach Seitenangaben zitiert (161-162).

militärische Gewalt angewendet wird[454]. Der bedeutende Einfluss, der dem Parlament über den Einsatz der Streitkräfte als „Parlamentsheer" zusteht, kann nur dahingehend gewahrt werden, als ihm das Mitentscheidungsrecht rechtzeitig, und zwar vor Beginn der militärischen Unternehmung eröffnet und dieses letztlich auch entscheidend zur Zweckmäßigkeitsprüfung des Einsatzes herangezogen wird[455]. Dem vorhandenen politischen Eskalationsrisiko, das jedem Einsatz bewaffneter Streitkräfte immanent ist, kann mit der ständigen Absicherung durch das Parlament Einhalt geboten werden[456]. Dennoch wird die grundsätzliche Entscheidungshoheit der Bundesregierung über die jeweilige Ausgestaltung der Einsätze durch den Entscheidungsverbund nicht berührt[457].

Problematisch werden indes die Grenzfälle, bei denen nicht eindeutig ist, ob die jeweiligen Verwendungen die Zustimmung des Parlamentes erfordern[458]. Entscheidend ist in diesem Zusammenhang die Feststellung, ab wann davon auszugehen ist, dass es sich gemäß tatbestandlicher Voraussetzungen um einen „*Einsatz deutscher Streitkräfte*" handelt, und ab welchem Zeitpunkt deutsche Soldatinnen und Soldaten „*in bewaffnete Unternehmungen*" einbezogen sind[459]. Diesbezüglich konstatierte der Senat, dass die Grenze zur parlamentarischen Zustimmungsbedürftigkeit nicht erst dann überschritten ist, wenn es tatsächlich zur Anwendung bewaffneter Gewalt unter den Streitkräften gekommen ist[460]. Zöge man eine derart enge Grenze, könne dem vorhandenen rechtserheblichen Einfluss des Bundestages nicht hinreichend gerecht werden[461], zumal eine rechtzeitige Einbeziehung zeitlich schon nicht denkbar wäre. Es handelt sich vielmehr dann um einen den Parlamentsvorbehalt auslösenden „*Einsatz bewaffneter Streitkräfte*", wenn nach den konkreten Umständen die Verwendung deutscher Soldatinnen und Soldaten in eine bewaffnete Unternehmung tatsächlich zu erwarten ist[462]. Die bloße *Möglichkeit* einer derartigen Verwendung begründet indes noch nicht die Zustimmungsbedürftigkeit des Parlamentes[463]. Anderenfalls gelänge es nicht, den Gewichtungen der Organkompetenzverteilungen gerecht zu werden: Da sich die Möglichkeit eines Waffeneinsatzes bei Streitkräfteopera-

---

454 (161).
455 (161).
456 (161).
457 (161-162).
458 (162).
459 (163 ff.); so auch *P. Dreist*, AWACS-Einsatz ohne Parlamentsbeschluss? Aktuelle Fragestellungen zur Zulässigkeit von Einsätzen bewaffneter Streitkräfte unter besonderer Berücksichtigung der NATO-AWACS-Einsätze in den USA 2001 und in der Türkei 2003, ZaöRV 64 (2004), S. 1001 (1002).
460 (163-164).
461 (164).
462 BVerfGE 121, 135, Nr. 5 (161).
463 (161).

tionen nie ganz wird ausschließen lassen, beziehungsweise die Übergänge oftmals fließend sind, wird eine *qualifizierte Erwartung* verlangt, die sich aus einer militärischen Gefahrenlage heraus begründet[464]. Davon ist beispielsweise auszugehen, wenn deutsche Soldatinnen und Soldaten mit militärischen Waffen im Ausland eingesetzt werden und befugt sind, diese auch zu verwenden[465].

Der Zweite Senat nimmt letztlich Bezug auf die Ausführungen im Rahmen der Entscheidung aus dem Jahre 1994, in der sich der Senat auf den Wortsinn einer Einbeziehung in *„bewaffnete Unternehmungen"* beruft[466]. Aus diesem kann eben nicht geschlussfolgert werden, dass es tatsächlich zu einem Waffeneinsatz kommen muss[467], sondern zunächst nur, dass die Verwendung der Streitkräfte unter Bewaffnung erfolgt. Letzteres ist Merkmal zur Abgrenzung einfacher Hilfsmaßnahmen, für die keine parlamentarische Zustimmung verlangt wird. Die schlichte Möglichkeit eines Einsatzes von Waffengewalt erfüllt jedoch noch nicht die Voraussetzungen für das Eingreifen des wehrverfassungsrechtlichen Parlamentsvorbehaltes[468]. Dieser verlangt vielmehr, dass eine konkrete Gefahr den Umständen nach einen militärischen Einsatz deutscher Bundeswehrsoldatinnen und -soldaten unter Verwendung von Waffen mit größter Wahrscheinlichkeit erwarten lässt[469]. Im Gegensatz zu dem weiten Spielraum der verlangten Voraussetzungen zur Annahme eines Streitkräfteeinsatzes im Sinne des Art. 87a Abs. 2 GG liegt folglich die Grenze im Hinblick auf das Bestehen eines Parlamentsvorbehaltes sehr viel enger[470].

Dass es sich im Übrigen in der streitgegenständlichen Situation des AWACS-Einsatzes lediglich um eine mittelbare Einbeziehung deutscher Soldatinnen und Soldaten handelte, indem es darum ging, die Türkei als Verteidigungsobjekt gegen den Irak zu stärken, steht der Erforderlichkeit des Parlamentsvorbehaltes nicht entgegen[471]. Wer die Befehlsgewalt innerhalb der Verteidigungsgemeinschaft innehat, ist für die Verfassungsgemäßheit der Verwendungen ohne Relevanz[472]. Vorausgesetzt wird lediglich, dass der jeweilige Einsatz deutscher Soldatinnen und Soldaten im Rahmen der AWACS-Aufklärungsflüge einen wesent-

---

464 (161).
465 (167-168).
466 (164).
467 (164).
468 (164).
469 (165).
470 *Burkiczak*, Entsendegesetz (Fn. 304), S. 83.
471 BVerfGE 121, 135, Nr. 5 (173).
472 BVerfGE 121, 135, Nr. 5 (173).

lichen Beitrag zur allgemeinen Abwehrreaktion darstellt, um eine unmittelbare Beteiligung Deutschlands begründen zu können[473].

Im Rahmen der Bündnisautomatik wird kein zwingender offensiver Einsatz der Streitkräfte für die Erforderlichkeit parlamentarischer Mitwirkung vorausgesetzt[474]. Mit dieser Feststellung gelangt das Gericht letztlich zu der Erkenntnis, dass der Deutsche Bundestag dem Einsatz bewaffneter Streitkräfte im Jahre 2003 sein Einverständnis beziehungsweise seine Ablehnung hätte erteilen müssen[475]. Auch eine nachträgliche Zustimmung wäre vorliegend nicht in Betracht gekommen, da die dafür erforderlichen Voraussetzungen einer noch darzustellenden „Gefahr im Verzug" nicht vorgelegen haben[476].

IV. Das Parlamentsbeteiligungsgesetz

Den Grundstein zur Loslösung außen- und sicherheitspolitischer Lähmungen der Bundesrepublik legte das Bundesverfassungsgericht mit seinem bereits mehrfach in Bezug genommenen Streitkräfteurteil aus dem Jahre 1994[477]. Neben der ausdrücklichen Legitimierung extraterritorialer Entsendungen auf Grundlage von Art. 24 Abs. 2 GG wurde ferner die Beteiligung des Bundestages angenommen[478].

Obschon die parlamentarische Mitwirkung als unabdingbare Zulässigkeitsvoraussetzung deklariert wurde[479], verzichtete das Gericht auf die nähere Ausformung und inhaltliche Bestimmung des konstitutiven Parlamentsvorbehaltes[480]. Diese Zurückhaltung basierte nach richterlichem Verständnis auf fehlender Zuständigkeit[481]. Daher galt das Urteil vielmehr als Appell an die Legislative, zu der Thematik ein förmliches Gesetz zu erlassen, das sämtliche Anforderungen näher und abschließend ausgestaltet[482]. Nach mehreren erfolgten Gesetzesentwürfen wurde schließlich am 18. März 2005 das „Parlamentsbeteiligungsgesetz"

---

473 *A. Fischer-Lescano*, Konstitutiver Parlamentsvorbehalt: Wann ist ein AWACS-Einsatz ein „Einsatz bewaffneter Streitkräfte"?, in: NVwZ, 2003, S. 1474 (1475); BVerfGE 121, 135, Nr. 5 (173).
474 BVerfGE 121, 135, Nr. 5 (173).
475 BVerfGE 121, 135, Nr. 5 (173-174).
476 BVerfGE 121, 135, Nr. 5 (174).
477 *Wiefelspütz*, Einsatz (Fn. 8), S. 7.
478 *Sachs*, Staatsorganisationsrecht (Fn. 428), S. 90; *Wiefelspütz*, Einsatz (Fn. 8), S. 7.
479 *Sachs*, Staatsorganisationsrecht (Fn. 428), S. 90; *Wiefelspütz*, Parlamentsheer (Fn. 8), S. 330.
480 *Wagner*, Parlamentsvorbehalt (Fn. 422), S. 16; *Wiefelspütz*, Parlamentsheer (Fn. 8), S. 330.
481 *Wagner*, Parlamentsvorbehalt (Fn. 422), S. 18.
482 *Sachs*, Staatsorganisationsrecht (Fn. 428), S. 90; *Wagner*, Parlamentsvorbehalt (Fn. 422), S. 44.

(ParlBG) ausgefertigt[483]. Dadurch wurde mit zehnjähriger Verspätung der Forderung nach einem „*Gesetz über die parlamentarische Beteiligung bei der Entscheidung über den Einsatz bewaffneter Streitkräfte im Ausland*"[484] nachgekommen[485]. Dieses regelt zunächst die inhaltliche Ausgestaltung des Antrages an den Bundestag, den die Bundesregierung bei Planung einer extraterritorialen Streitkräfteentsendung zu stellen hat. Neben der Darstellung rechtlicher Grundlagen müssen das zu unterstützende Einsatzgebiet und der spezielle Auftrag der Bundeswehr vorgetragen werden[486].

Grundsätzlich enthält das Gesetz neben seiner verfahrensrechtlichen vor allem eine materiell-rechtliche Bedeutung, indem es festlegt, unter welchen Voraussetzungen und mit welcher Regelungsweite die parlamentarische Kontrolle bei Einsätzen bewaffneter deutscher Streitkräfte verlangt wird[487]. Dieser Vorbehalt beruht neben politischen Beweggründen besonders auf dem verfolgten Grundrechtsschutz deutscher Soldatinnen und Soldaten[488]. Mit den neu erlassenen Vorschriften wurde durch den Gesetzgeber unter anderem der Versuch unternommen, die bis dato vom Bundesverfassungsgericht ähnlich verwendete Formulierung des *militärischen Einsatzes bewaffneter deutscher Streitkräfte* zu konkretisieren, was jedoch nicht hinreichend gelang[489].

Im Rahmen der Beurteilung der tatbestandlichen Ausgestaltung muss grundsätzlich bedacht werden, dass es sich bei dem den Parlamentsvorbehalt auslösenden Einsatz nicht um den bereits dargestellten *Einsatz zur Verteidigung* im Sinne des Art. 87a Abs. 2 GG handelt[490], somit ein tatbestandlicher Rückgriff nicht zielführend wirkt[491].

Nach dem Verständnis des Parlamentsbeteiligungsgesetzes unterliegt *jede* bewaffnete Verwendung der Bundeswehr dem Parlamentsvorbehalt[492]. Vorausge-

---

483 *Sachs*, Staatsorganisationsrecht (Fn. 428), S. 90; *Wiefelspütz*, Parlamentsheer (Fn. 8), S. 406.
484 BVerfGE 121, 135, Nr. 5 (141).
485 *Heun*, Art. 87a (Fn. 26), Rn. 19.
486 H. *Pauli*, Die Bundeswehr- eine Parlamentsarmee, 03.12.2013, in: BMVg (Hrsg.), http://www.bmvg.de/portal/a/bmvg/!ut/p/c4/NYu7DsIwEAT_yGcroggdIRKiJQWEznEs58AvXS6h4eOxC3alKXa08ITSqHd0mjFF7eEBo8Hj9BFT2J14pY3KKlY0i6XFIq85eWR8w71eZytMipYr2UbGQkeaE4mciH01G1ExAmcYpeo7qeQ_6ts2w7m5HFTbX7sb5BBOP5Iqr7w!/ (zuletzt abgerufen: Januar 2016).
487 *Wiefelspütz*, Parlamentsheer (Fn. 8), S. 407.
488 Heun (Fn. 26), Art. 87a Rn. 19.
489 *Heun* (Fn. 26), Art. 87a Rn. 19; T. *Schaefer*, Verfassungsrechtliche Grenzen des Parlamentsbeteiligungsgesetzes, 2005, S. 189.
490 *Heun* (Fn. 26), Art. 87a Rn. 19; *Schaefer*, Grenzen (Fn. 489), S. 191; *Wiefelspütz*, Parlamentsheer (Fn. 8), S. 415.
491 *Schaefer*, Grenzen (Fn. 489), S. 191.
492 *Wiefelspütz*, Parlamentsheer (Fn. 8), S. 424.

setzt wird lediglich, dass deutsche Soldatinnen und Soldaten in die Unternehmung bereits involviert sind oder ihre Einbeziehung unmittelbar zu befürchten ist[493]. Dieser Vorbehalt ergibt sich aus § 2 Abs. 1 ParlBG[494]. Sofern sie im Rahmen humanitärer, unbewaffneter Einsätze benötigt und hilfeleistend einbezogen werden, bedarf es im Gegenschluss keiner parlamentarischen Zustimmung[495].

Der Parlamentsvorbehalt kann zudem entfallen, wenn die oben bereits erwähnten Voraussetzungen einer sogenannten *Gefahr im Verzug* gegeben sind[496]. Die Zustimmung des Bundestages ist für diese Situationen entbehrlich, sodass die Bundesregierung befugt ist, über einen Einsatz mit der Verpflichtung zu entscheiden, das Parlament zum nächst möglichen Zeitpunkt über die Ereignisse zu informieren[497]. Sollte das Parlament seine nachträgliche Zustimmung verweigern und somit den Einsatz missbilligen, sind die Streitkräfte zurückzuordern[498]. Dieses Rückholrecht ergibt sich für den Bundestag aus § 8 ParlBG[499]. Die Zulässigkeit eines solchen parlamentarischen Widerrufes ist zweifelsfrei gegeben, wobei die Anwendung in der Praxis nicht zu erwarten ist, da ein derartiger Ausspruch einem Misstrauensvotum gegenüber der Bundesregierung und gleichzeitig ihrem Ende gleich käme[500].

Grundsätzlich hielt der Gesetzgeber den Inhalt des Parlamentsbeteiligungsgesetzes weit gefasst, wodurch er zwar den oben angesprochenen Erwartungen bezüglich Klärung einzelner Begriffe nicht gerecht wurde[501]. Dennoch wird diese weite Fassung als sinnvoll erachtet, da der konstitutive Zustimmungsvorbehalt der Verfassung selbst entnommen wird[502]. Durch eine zurückhaltende Ausgestaltung des Gesetzes wird der Gefahr verfassungswidriger Regelungen Einhalt geboten. Es ist nämlich nicht Aufgabe des einfachen Gesetzgebers, verfassungsrechtliche Begriffe einseitig zu bestimmen[503]. Zudem können auf diese Weise in größtmöglichem Umfang die unterschiedlichen Einsatzvarianten erfasst wer-

---

493 *Wiefelspütz*, Parlamentsheer (Fn. 8), S. 424.
494 Vgl. den Wortlaut von § 2 Abs. 1 Parlamentsbeteiligungsgesetz; *Wiefelspütz*, Parlamentsheer (Fn. 8), S. 424.
495 *Dreist*, Parlamentsbeschluss (Fn. 459), S. 1004; *R. Pofalla*, Die Bundeswehr im Ausland. Eine Zwischenbilanz des Gesetzgebungsverfahrens, ZRP 2004, S. 221 (222-223); BVerfGE 121, 135, Nr. 5, 161.
496 *Heun*, Art. 87a (Fn. 26), Rn. 19; *Pofalla*, Bundeswehr (Fn. 495), S. 223.
497 *Heun*, Art. 87a (Fn. 26), Rn. 19; *Pofalla*, Bundeswehr (Fn. 495), S. 223.
498 *Pofalla*, Bundeswehr (Fn. 495), S. 224.
499 § 8 PBG; *Sachs*, Staatsorganisationsrecht (Fn. 428), S. 90.
500 *Pofalla*, Bundeswehr (Fn. 495), S. 224.
501 *Schaefer*, Grenzen (Fn. 489), S. 189.
502 *Schaefer*, Grenzen (Fn. 489), S. 189.
503 *Burkiczak*, Entsendegesetz (Fn. 304), S. 85; *Schaefer*, Grenzen (Fn. 489), S. 189.

den[504]. Indem auf eine eingrenzende gesetzliche Fixierung verzichtet wird, ist es möglich, flexibel auf den Wandel des Krisenmanagements zu reagieren[505]. Anderenfalls würde die kleinste tatbestandliche Abweichung erhebliche Rechtsunsicherheiten hervorrufen bis hin zur Verhinderung rechtzeitiger Entscheidungsfähigkeit des Parlamentes und der Regierung[506].

Es lässt sich daher insgesamt konstatieren, dass ein offen gehaltenes Parlamentsbeteiligungsgesetz für die grundsätzliche Handhabung wesentlich effektiver ist[507]. Im Hinblick auf die Entwicklungen neuer sicherheitspolitischer Gefahren wären bei einem engmaschigen Tatbestand regelmäßige Gesetzesänderungen erforderlich[508]. Dem kann mit zukunftsorientierten, offenen Formulierungen flexibel entgegen gesteuert werden[509].

D. Der Inneneinsatz der Streitkräfte und seine verfassungsrechtlichen Grenzen

Neben der Erweiterung des Einsatzspektrums der Streitkräfte auf internationale Operationen besteht die grundsätzliche Verpflichtung der Bundeswehr zur Verteidigung des eigenen Landes unverändert fort[510]. Es hat jedoch auch hier eine Ausdehnung dahingehend stattgefunden, dass zunehmend terroristische Bedrohungen im Fokus etwaig erforderlicher Abwehrmaßnahmen stehen[511]. Den Fragen nach vorhandenen Ermächtigungsgrundlagen und der möglichen Erforderlichkeit einer Grundgesetzänderung wurde bislang nicht ergebnisträchtig und abschließend nachgegangen, sodass die Beantwortung Gegenstand des nachfolgenden Abschnittes sein wird.

Im ersten Teil wird das Problem der in Deutschland stringent verfolgten und verfassungsmäßig einzuhaltenden Trennung zwischen den Aufgaben der Polizei und denen der Streitkräfte dargestellt. Da zur Gründungsphase der Bundeswehr die heute zu bewältigenden Herausforderungen nicht vorstellbar waren, mangelt es an gesetzlichen Regelungen, die sämtliche Einsatzmöglichkeiten erfassen und zwischen den beiden Institutionen Differenzierungen vornehmen. Um die neuartigen Herausforderungen der Streitkräfte zu vergegenwärtigen, erfolgt die Darstellung der sicherheitspolitischen Lage mit der Zunahme terroristischer Bedrohungen der vergangenen Jahre. Die im Anschluss vorgenommene Abgrenzung der äußeren von der inneren Sicherheit Deutschlands leitet den Schwerpunkt der

---

504 *Schaefer*, Grenzen (Fn. 489), S. 190.
505 *Limpert*, Auslandseinsatz (Fn. 270), S. 91; *Schaefer*, Grenzen (Fn. 489), S. 190.
506 *Limpert*, Auslandseinsatz (Fn. 270), S. 91; *Schaefer*, Grenzen (Fn. 489), S. 190.
507 *Schaefer*, Grenzen (Fn. 489), S. 190.
508 *Limpert*, Auslandseinsatz (Fn. 270), S. 91; *Schaefer*, Grenzen (Fn. 489), S. 190.
509 *Schaefer*, Grenzen (Fn. 489), S. 190; *Wiefelspütz*, Einsatz (Fn. 8), S. 88.
510 *Ladiges,* Reichweite (Fn. 366), S. 19, Rn. 1.
511 *Ladiges,* Reichweite (Fn. 366), S. 19, Rn. 1.

Arbeit ein. Dabei geht es um die aus verfassungsrechtlicher Sicht problematische Einordnung terroristischer Angriffe im Hinblick auf ihre zulässige Abwehr durch den Einsatz deutscher Streitkräfte. Im Rahmen dessen wird geprüft, ob der erforderliche Widerstand gegen Terrorakte unter einen Einsatz zur Verteidigung gemäß Art. 87a Abs. 2 GG zu subsumieren ist. Es erfolgt die erneute Auseinandersetzung mit dem *Verteidigungsbegriff* der Norm, dieses Mal jedoch ausschließlich im Hinblick auf terroristische Angriffe. Dabei wird überlegt, welche Anforderungen aufzustellen sind, um möglicherweise auf Grundlage von Art. 87a Abs. 2 GG Verteidigungsmaßnahmen der Streitkräfte verfassungsmäßig rechtfertigen zu können.

In einem nächsten Schritt wird anhand der ausdrücklich normierten Verfassungsvorbehalte geprüft, ob sie als Grundlage zur Rechtfertigung von Abwehrmaßnahmen gegen terroristische Angriffe in Betracht kommen. Es geht um die Klärung, ob das Grundgesetz bereits ausreichende verfassungsrechtliche Grundlagen für die heutigen sicherheitspolitischen Belange bereithält, oder aber im Ergebnis eine Gesetzesänderung verlangt werden muss, um die Zulässigkeit von Einsätzen deutscher Streitkräfte bei terroristischen Angriffen begründen zu können[512].

Im Fokus der Überlegung steht die Abwehr eines Angriffes, der bei einer Entführung eines Zivilflugzeuges denkbar ist[513]. Angelehnt an aktuelle terroristische Bedrohungen geht es konkret um die Frage, auf Grundlage welcher Normen ein Einsatz der Streitkräfte rechtlich zulässig ist, in dessen Rahmen eine als Waffe missbrauchte Maschine innerhalb Deutschlands zur Schadensbegrenzung zu Boden gezwungen werden kann[514].

I. Die aktuelle Sicherheitslage im Hinblick auf terroristische Bedrohungen

Die inhaltlichen Ausführungen des Weißbuches zur Sicherheitspolitik Deutschlands und zur Zukunft der Bundeswehr aus dem Jahre 2006 geben zutreffend die Sicherheitslage der Bundesrepublik wieder, die durch die terroristischen Bedrohungen einen Paradigmenwechsel durchlebt hat. Wörtlich heißt es:

„Die terroristischen Anschläge vom 11. September 2001 in New York und Washington sowie die Reihe weiterer Terroranschläge von Bali über Madrid bis London haben weltweit die Verwundbarkeit moderner Staaten und Gesellschaften veranschaulicht. Sie unterstreichen, dass derzeit die unmittelbarste Gefahr

---

512 *Dreist*, Terroristenbekämpfung (Fn. 27), S. 89; *Wiefelspütz*, Verteidigung (Fn. 8), S. 14.
513 *M. Hochhuth*, Militärische Bundesintervention bei inländischem Terrorakt. Verfassungsänderungspläne aus Anlass der Flugzeugentführungen vom 11. September 2001, in: NZWehrR 44 (2002), S. 154 (154 f.); *Middel*, Sicherheit (Fn. 16), S. 74 f..
514 *Dreist,* Terroristenbekämpfung (Fn. 27), S. 89; *Hochhuth*, Bundesintervention (Fn. 513), S. 155.

für unsere Sicherheit vom internationalen, planvoll handelnden, in länderübergreifenden Netzwerken verbundenen Terrorismus ausgeht. Mit ihren Anschlägen zielen Terroristen auf größtmögliche mediale Wirkung und Einschüchterung der Menschen sowie auf eine Erschütterung von staatlichen Gemeinwesen, nicht zuletzt durch Angriffe auf zivile Ziele mit Symbolcharakter, die eine hohe Zahl von Toten und Verletzten in Kauf nehmen. Sie bedienen sich dabei zunehmend neuer Technologien und moderner Kommunikationswege. Deutschland kann sich dieser Gefahr nicht entziehen. Immer wieder haben auch Deutsche bei Anschlägen ihr Leben verloren"[515].

Der Ursprung sämtlicher reger Diskussionen über beängstigende Ausmaße terroristischer Bedrohungen liegt in den verheerenden Ereignissen des 11. September[516]. An diesem Tage stürzten in den Vereinigten Staaten insgesamt vier entführte Passagierflugzeuge ab[517]. Eine internationale Terrororganisation ließ zwei der amerikanischen Flugzeuge unmittelbar in das World Trade Center und eins in das Pentagon lenken[518]. Das letzte Flugzeug kam bei Shanksville (Pennsylvania) zum Absturz, wobei davon ausgegangen wird, dass Passagiere dafür gesorgt hatten, das ursprüngliche Ziel zu verfehlen[519]. Diese Angriffe zeigten erstmalig die möglichen Dimensionen eines Terroranschlages, bei dem ca. 3000 Personen ihr Leben verloren[520].

Sie führten in Deutschland zu den bereits in der Vergangenheit, wenn auch mit anderem Hintergrund vorgebrachten Überlegungen[521], für die eigene deutsche Sicherheit den Streitkräfteeinsatz auch im Innern der Bundesrepublik zu beschließen[522]. Vordergründig wurde die Vornahme von Objektschutz durch die Bundeswehr anvisiert, um so den Bundesgrenzschutz und die Polizei zu entlasten[523]. Durch diesen Gedanken ausgelöst entstand die Debatte um mögliche Grundgesetzänderungen, die zur verfassungsrechtlichen Rechtfertigung derarti-

---

515 BMVg (Hrsg.), Weißbuch zur Sicherheitspolitik Deutschlands und zur Zukunft der Bundeswehr 2006, Kapitel 1.2, S. 21. http://www.bmvg.de/resource/resource /MzEzNTM4MmUzMzMyMmUzMTM1MzMyZTM2MzEzMDMwMzAzMDMwMzA zMDY3NmE2ODY1NmQ2NzY4MzEyMDIwMjAyMDIw/WB_2006_dt_mB.pdf (zuletzt abgerufen: Januar 2016).
516 *Dreist,* Terroristenbekämpfung (Fn. 27), S. 89.
517 BVerfGE 115, 118-166 (119).
518 BVerfGE 115, 118 (119).
519 BVerfGE 115, 118 (119).
520 BVerfGE 115, 118 (119).
521 *Krings/ Burkiczak,* Aspekte (Fn. 16), S. 501.
522 *Dreist,* Rechtsfragen (Fn. 16), S. 137; *Krings/Burkiczak,* Aspekte (Fn. 16), S. 501; *Middel,* Sicherheit (Fn. 16), S. 74.
523 *Krings/Burkiczak,* Aspekte (Fn. 16), S. 501; *Middel,* Sicherheit (Fn. 16), S. 74.

ger Einsätze führen sollten[524]. Zur Frage der Erforderlichkeit einer Grundgesetzänderung wird noch ausführlich Bezug zu nehmen sein.

Als weitere Reaktion auf die Anschläge des 11. September begann die Diskussion um unterstützende Tätigkeiten der Streitkräfte zur Bekämpfung des Terrors im Ausland[525]. Dies gründete auf dem Umstand, dass der Sicherheitsrat der Vereinten Nationen mit der Resolution 1368 (2001) bereits einen Tag nach den Angriffen diese Form der terroristischen Aktivität als Bedrohung des Weltfriedens kategorisierte[526]. Er appellierte damit an die Staatengemeinschaft, sich gemeinsam gegen den Terrorismus stark zu machen, und die Täter unter Berufung auf das individuelle und kollektive Selbstverteidigungsrecht aus Art. 51 der Satzung der Vereinten Nationen zur Verantwortung zu ziehen[527].

Die Geschehnisse lösten erstmalig den sogenannten Bündnisfall gemäß Art. 5 des Nordatlantikvertrages für die NATO-Mitgliedstaaten aus[528]. Diese zuvor nicht zum Einsatz gebrachte Norm schreibt fest, dass ein von außen kommender Angriff auf einen NATO-Mitgliedstaat für alle übrigen Mitglieder gleichermaßen als Angriff gewertet wird[529]. Im Zuge dieser Feststellung billigte der Deutsche Bundestag noch im selben Jahr den internationalen Einsatz bewaffneter deutscher Streitkräfte zur Unterstützung der Vereinigten Staaten[530].

Der Auftrag innerhalb des Bündnisses und der sogenannten enduring-freedom-Operation beinhaltet und ermöglicht die internationale Bekämpfung und juristische Verfolgung sämtlicher terroristischer Vereinigungen[531]. Die Bundesregierung nahm jedoch klarstellend in einer Protokollerklärung dahingehend Bezug, dass sich unterstützende Maßnahmen der Deutschen auf Terroristen beschränken, die sich dem al Quaida-Netzwerk angehörig fühlen beziehungsweise mit dessen Anhängern zusammen agieren[532]. Handelt es sich um die eigene Verteidigung oder die eines Bündnispartners, stehen dieser unterstützenden Teilnahme

---

524 *Dreist*, Terroristenbekämpfung (Fn. 27), S. 89; *Krings/ Burkiczak*, Aspekte (Fn. 16), S. 501.
525 *Krings/ Burkiczak*, Aspekte (Fn. 16), S. 501.
526 *Dreist*, Terroristenbekämpfung (Fn. 27), S. 97; *S. Schmidt*, Westliches Verteidigungsbündnis mit vier Buchstaben, in: UBWV 9/2005, S. 331 (336).
527 *Dreist*, Terroristenbekämpfung (Fn. 27), S. 97.
528 *Dreist*, Terroristenbekämpfung (Fn. 27), S. 97; *Krings/Burkiczak*, Aspekte (Fn. 16), S. 501; *Schmidt*, Verteidigungsbündnis (Fn. 526), S. 336.
529 *Krings/Burkiczak*, Aspekte (Fn. 16), S. 501; *Zippelius/Würtenberger*, Staatsrecht (Fn. 32), §51 Rn. 8.
530 *Dreist*, Terroristenbekämpfung (Fn. 27), S. 91, Fn. 8; *Krings/Burkiczak*, Aspekte (Fn. 16), S. 501.
531 BT-Drs. 14/7296, S. 4-5; *Dreist*, Terroristenbekämpfung (Fn. 27), S. 91, Fn. 8.
532 BT-Drs. 14/7447, zu Ziffer 3, S. 4; *Dreist*, Terroristenbekämpfung (Fn. 27), S. 91, Fn. 8.

des deutschen Heeres im Ausland grundsätzlich keine völker- oder verfassungsrechtlichen Regelungen entgegen[533]. Anders liegt es jedoch, wenn bei einem Angriff jedweder Auslandsbezug fehlt, das heißt, wenn sich der Terrorakt nicht nur gegen die Bundesrepublik als Angriffsziel richtet, sondern zugleich auch innerhalb ihrer Landesgrenzen vorbereitet wird[534]. Beispielsweise eine Passagiermaschine, die auf deutschem Territorium mit der Intention entführt wird, sie im Anschluss als Waffe zu missbrauchen, indem sie innerhalb Deutschlands zum Absturz in ein von Menschen besetztes Gebäude gezwungen wird[535]. Es macht dann nach verfassungsrechtlichen Vorgaben einen Unterschied, ob die vorbereitenden Maßnahmen, gerade die Kaperung des Flugzeuges selbst, bereits auf deutschem oder eben doch auf ausländischem Boden stattgefunden haben[536].

Das Bewusstsein hinsichtlich möglicher terroristischer Angriffe innerhalb der Bundesrepublik Deutschland erlebte aufgrund der jüngsten Ereignisse in Frankreich eine gravierende Wendung. Nachdem bereits im Januar 2015 die Nachrichtenagentur der Satirezeitschrift *Charlie Hebdo* und ein koscherer Supermarkt in Paris Ziel terroristischer Angriffe wurde[537], ereigneten sich am 13. November desselben Jahres an nur einem Abend mehrere Anschläge an unterschiedlichen Orten in Paris[538], die nicht nur die ganze Nation in Angst und Schrecken versetzten. Bei den Anschlägen wurden insgesamt 130 Menschen getötet und über 350 verletzt[539].

Die Geschehnisse erschütterten die deutsche Bevölkerung, da der unmittelbare Nachbar angegriffen wurde, zu dem man sich nicht nur räumlich, sondern auch mental verbunden fühlt. Hinzu kam, dass während der Anschläge ein Fußballspiel zwischen der deutschen und der französischen Nationalmannschaft in Paris ausgetragen wurde, sodass die Öffentlichkeit aufgrund medialer Übertragung unmittelbar beteiligt war[540]. Vor allem die Art und Weise der Anschläge beunruhigen die Menschen in besonderem Maße. Es handelt sich erstmalig um sogenannte weiche Ziele, die unter keinem Gesichtspunkt einer Kontrolle oder staat-

---

533 *Krings/Burkiczak*, Aspekte (Fn. 16), S. 512.
534 *Hochhuth*, Bundesintervention (Fn. 513), S. 155.
535 *Hochhuth*, Bundesintervention (Fn. 513), S. 155.
536 *Dreist*, Terroristenbekämpfung (Fn. 27), S. 96.
537 *K. Polke-Majewski/P. Faigle/K. Biermann/M. Meiburg/ A. Joerres*, Drei Tage Terror in Paris. Was geschah genau zwischen dem 7. und 9. Januar 2015? Der Versuch einer ersten Rekonstruktion, 11.05.2015, http://www.zeit.de/feature/attentat-charlie-hebdo-rekonstruktion (zuletzt abgerufen: Januar 2016).
538 *Schmidt/Finkenzeller/Steffen*, Paris (Fn. 255).
539 *Schmidt/Finkenzeller/Steffen*, Paris (Fn. 255).
540 *P. Ahrens*, Anschlag während des Länderspiels: Nur weg, 14.11.2015, http://www.spiegel.de/politik/ausland/terrorserie-in-paris-anschlag-waehrend-des-laenderspiels-a-1062809.html (zuletzt abgerufen: Januar 2016).

lichen Überwachung unterlegen wären. So wurden Bars und Restaurants in der unmittelbaren Innenstadt und ein kleiner Club Ziel der Anschläge.

Die Angriffe auf die französische Hauptstadt führten zu einer veränderten deutschen Sicherheitslage mit dem einhergehenden Verlangen nach einer Neubewertung rechtlicher Verhältnisse zur Bekämpfung des internationalen Terrorismus.

II. Das Verschwimmen der Grenzen der Befugnisse – Trennung von äußerer und innerer Sicherheit

Eine große Schwierigkeit, die mit der Abwehr möglicher terroristischer Angriffe in Deutschland einhergeht, ist der Umstand, dass die Grenzen der Zuständigkeiten zwischen Polizei und Streitkräften innerhalb der Bundesrepublik verwischen[541]. Diese Tatsache widerspricht den verfassungsrechtlichen Vorgaben insofern, als eine explizite Trennung zwischen den beiden Institutionen in Art. 87a Abs. 2 GG verankert ist[542].

Die Norm begrenzt den zulässigen Einsatz der Streitkräfte im Innern auf den Fall der Verteidigung[543]. Für alle übrigen Inneneinsätze der Bundeswehr besteht ein ausdrücklicher Verfassungsvorbehalt[544]. Inwieweit deutsche Soldatinnen und Soldaten tatsächlich immer mehr polizeiliche Befugnisse wahrnehmen[545], da teilweise nur das Heer der Bundeswehr beispielsweise über erforderliches Einsatzmaterial verfügt, gilt zu untersuchen.

Die grundsätzliche Zuständigkeit zur Erfüllung von Staatsaufgaben liegt gemäß Art. 30 GG bei den Ländern, sofern nichts anderes ausdrücklich geregelt ist[546]. In Kombination mit den Art. 70 ff. GG liegt die Befugnis zur Aufrechterhaltung der öffentlichen Sicherheit und Ordnung und somit die klassische Gefahrenabwehr bei der Landespolizei[547]. Damit ist die funktionale Abgrenzung gegenüber den Streitkräften, die der ausschließlichen Zuständigkeit des Bundes unterstehen, im Grundgesetz klar definiert[548]. Während die Polizeikräfte zur Wahrung der inneren Sicherheit eingesetzt werden, agieren die Truppen befugtermaßen

---

541 *Dreist,* Terroristenbekämpfung (Fn. 27), S. 96 f..
542 Vgl. den Wortlaut von Art. 87a Abs. 2 GG; *Dreist,* Rechtsfragen (Fn. 16), S. 137; *Krings/Burkiczak,* Aspekte (Fn. 16), S. 510; *T. Linke,* «Die militärische Waffe». Ein Begriffsgespenst im Wehrverfassungs- und im Recht der inneren Sicherheit?, in: NZWehrR 48 (2006), S. 178; *Middel,* Sicherheit (Fn. 16), S. 75-76.
543 *Krings/Burkiczak,* Aspekte (Fn. 16), S. 510.
544 *Middel,* Sicherheit (Fn. 16), S. 75 f..
545 *Depenheuer* (Fn. 13), Art. 87a Rn. 26, 89-91, 108-110; *Heun* (Fn. 26), Art. 87a Rn. 25-27; *Kokott* (Fn. 19), Art. 87a Rn. 58-65; *Pieroth* (Fn. 26), Art. 87a Rn. 13.
546 *Dreist,* Bundeswehreinsatz (Fn. 117), S. 96; *Dreist,* Terroristenbekämpfung (Fn. 27), S. 93.
547 *Dreist,* Terroristenbekämpfung (Fn. 27), S. 93-94.
548 *Dreist,* Terroristenbekämpfung (Fn. 27), S. 94.

zum äußeren Schutz der Bundesrepublik[549]. Für Einsätze innerhalb Deutschlands gilt ihre Verwendung im Hinblick auf polizeiliche Maßnahmen als ultima ratio[550] und ist in Friedenszeiten vom Grundgesetz nicht vorgesehen[551]. Lediglich unter engen Voraussetzungen ist ihr Inneneinsatz denkbar[552]. Diese Eingrenzung basiert auf den historischen Ereignissen zu Zeiten der Weimarer Republik, in der das Militär seine Machtstellung im Innern des Landes missbrauchte[553]. Durch verfassungsrechtliche Beschränkungen der Befugnisse sollen die drohenden, politischen Kräfte des Militärs im weitestgehenden Maße gering gehalten werden[554]. Entsprechend der damaligen Verhältnisse ist auch die Verwendung außerhalb Deutschlands verfassungsrechtlich begrenzt und lässt nur den Einsatz innerhalb des NATO-Vertragsgebietes zu[555].

Trotz der weltweit veränderten Sicherheitslage und der Erweiterung des Gefahrenpotentials durch terroristische Bedrohungen erfolgte seit 1968 keine Änderung des Grundgesetzes, die entsprechend auch den zulässigen Streitkräfteeinsatz erweitert hätte[556]. Dennoch gehört die Aufrechterhaltung der öffentlichen Sicherheit und Ordnung zur verbindlichen Staatsaufgabe, sodass Gegenstand nachfolgender Untersuchung die Klärung sämtlicher verfassungsrechtlicher Fragen bezüglich der Einsätze der Streitkräfte innerhalb Deutschlands sein wird.

Dabei ist herauszuarbeiten, welche Art von Streitkräfteverwendungen unproblematisch ist, ab wann eine Wahrnehmung polizeilicher Befugnisse erfolgt, und wann es sich bei einem Streitkräfteeinsatz um *Verteidigung* im Sinne des Art. 87a Abs. 2 GG handelt. Dabei stehen die Streitkräfteeinsätze im Hinblick auf die Abwehr terroristischer Bedrohungen im Fokus. Grundsätzlich ist festzustellen, dass der Terrorismus mittlerweile ein Ausmaß angenommen hat, für dessen Bewältigung die herkömmlichen justiziellen und polizeilichen Mittel nicht ausreichend sein können[557]. Die akute Bedrohungslage bei einem möglichen Terrorangriff sorgt in der jeweiligen Situation dafür, dass eine klare Zuordnung der Befugnisse an Polizei oder Streitkräfte kaum denkbar ist[558]. So ist es schwer vorstellbar während eines terroristischen Angriffes *ex post* festzustellen, ob die-

---

549 *Dreist*, Bundeswehreinsatz (Fn. 117), S. 96.
550 *Epping* (Fn. 133), Art. 35 Rn. 25; *Krings/Burkiczak*, Aspekte (Fn. 16), S. 511.
551 *Dreist*, Rechtsfragen (Fn. 16), S. 137; *Dreist*, Terroristenbekämpfung (Fn. 27), S. 94.
552 *Dreist*, Rechtsfragen (Fn. 16), S. 137; *Dreist*, Terroristenbekämpfung (Fn. 27), S. 94.
553 *M. Baldus*, Braucht Deutschland eine neue Wehrverfassung?, in: NZWehrR 49 (2007), S. 133 (136); *Dreist*, Bundeswehreinsatz (Fn. 117), S. 94; *Dreist*, Terroristenbekämpfung (Fn. 27), S. 94.
554 *Baldus*, Deutschland (Fn. 553), S. 137; *Dreist*, Bundeswehreinsatz (Fn. 117), S. 94.
555 *Dreist*, Terroristenbekämpfung (Fn. 27), S. 94.
556 *Dreist*, Terroristenbekämpfung (Fn. 27), S. 94.
557 *Horn*, Verfassungsgemäßheit (Fn. 11), S. 57; *Wiefelspütz*, Verteidigung (Fn. 27), S. 12.
558 *Dreist*, Terroristenbekämpfung (Fn. 27), S. 97.

ser innerhalb Deutschlands gestartet und oder vorbereitet wurde oder noch während des Angriffes gelenkt wird[559]. Diese Merkmale sind jedoch insofern entscheidend, als es sich beispielsweise nach dem klassischen Verständnis nur dann um einen Fall der Verteidigung durch die Streitkräfte im Sinne des Art. 87a Abs. 2 GG handeln kann, wenn ein *von außen* kommender Angriff abgewehrt werden soll[560].

Die Feststellung über den geographischen Ausgangspunkt des Angriffes beeinflusst als einer der wichtigsten Faktoren weiteres Vorgehen und die juristische Einordnung der Gesamtsituation[561]. Das bereits oben erwähnte entführte Verkehrsflugzeug gelte als von außen gesteuert, wenn internationale Terrorgruppen als Drahtzieher das Geschehen lenken[562]. Damit wäre der völkerrechtliche Verteidigungsfall nach Art. 51 der Charta der Vereinten Nationen samt seiner rechtlichen Konsequenzen eröffnet[563]. Anders läge der Fall beispielsweise, wenn ein Einzeltäter einen terroristischen Angriff vorzunehmen droht, indem er unmittelbar auf deutschem Boden ein Flugzeug kapert[564]. Dann wäre mangels Angriff „von außen"[565] für eine zulässige Streitkräfteverwendung eine ausdrückliche Ermächtigungsgrundlage im Grundgesetz erforderlich, um dem Verfassungsvorbehalt in Art. 87a Abs. 2 GG gerecht zu werden. Andererseits kann auch nicht zwangsläufig die Zuständigkeit der Streitkräfte damit begründet werden, dass ein Außenangriff und somit möglicherweise ein Fall der Verteidigung gemäß Art. 87a Abs. 2 GG vorliegt[566]. Auch nicht der Umstand, dass objektiv ausschließlich die Streitkräfte mit ihren Einsatzmöglichkeiten fähig sind, dem etwaigen Angriff zu entgegnen, kann automatisch ihre Zuständigkeit begründen[567]. Diese Tatsache taucht vor allem bei der streitgegenständlichen Luftraumüberwachung auf, da lediglich die Bundeswehr über Kampfjets verfügt[568]. Im Rahmen dieser Einsätze besteht die Gefahr, dass die Entscheidungsträger in der jeweiligen Situation unfähig sind, anhand der Fakten die Zuständigkeiten der Polizei oder eben der Streitkräfte zu bestimmen[569]. Diese Unsicherheiten führen zu der Erforderlichkeit der Feststellung, aufgrund welcher Rechtsgrundlage der

---

559 *Dreist,* Terroristenbekämpfung (Fn. 27), S. 96.
560 *Horn,* Verfassungsgemäßheit (Fn. 11), S. 58.
561 *Dreist,* Terroristenbekämpfung (Fn. 27), S. 96.
562 *Dreist,* Terroristenbekämpfung (Fn. 27), S. 96.
563 *Dreist,* Terroristenbekämpfung (Fn. 27), S. 96.
564 *Dreist,* Terroristenbekämpfung (Fn. 27), S. 96.
565 *Horn,* Verfassungsgemäßheit (Fn. 11), S. 58.
566 *Dreist,* Terroristenbekämpfung (Fn. 27), S. 97.
567 *Dreist,* Terroristenbekämpfung (Fn. 27), S. 97; *Horn,* Verfassungsgemäßheit (Fn. 11), S. 58.
568 *Depenheuer* (Fn. 13), Art. 87a Rn. 91; *Dreist,* Terroristenbekämpfung (Fn. 27), S. 97; *Horn,* Verfassungsgemäßheit (Fn. 11), S. 57.
569 *Dreist,* Terroristenbekämpfung (Fn. 27), S. 97.

als Ausnahmefall angesehene Einsatz der Streitkräfte im Innern der Bundesrepublik Deutschland zur Abwehr terroristischer Angriffe behandelt werden kann[570]. Dabei ist denkbar, ihn zunächst als Einsatz zur Verteidigung der Bundesrepublik zu subsumieren. Sofern die Voraussetzungen vorliegen, liefert Art. 87a Abs. 2 GG die notwendige Grundlage zur verfassungsmäßigen Verwendung. Erfüllt der Tatbestand der Terrorabwehr hingegen nicht die erforderlichen Voraussetzungen eines Verteidigungsfalles, gilt es zu überprüfen, ob er unter einen der wenigen vorhandenen verfassungsrechtlich normierten (und abschließenden) Ausnahmefälle zu fassen ist[571].

Art. 87a Abs. 2 GG verlangt für Einsätze, die nicht der Verteidigung dienen, eine ausdrückliche Regelung im Grundgesetz, die die jeweilige Verwendung verfassungsrechtlich gestattet[572]. Bevor auf diese ausdrücklich vorhandenen Verfassungsvorbehalte eingegangen werden kann, erfolgt eine Darstellung des Meinungsstandes zum verfassungsrechtlichen Verteidigungsbegriff, explizit im Hinblick auf terroristische Angriffe, der sich aufgrund der sicherheitspolitischen Geschehnisse der letzten Jahre herauskristallisiert hat[573]:

III. Der Verteidigungsbegriff im Hinblick auf terroristische Angriffe

Neben der bereits dargestellten Personal-, Bündnisverteidigung und Staatennothilfe als Ausformungen des Verteidigungsbegriffes ist als neuartiges Konfliktfeld besonderes Augenmerk auf den terroristischen Angriff zu legen[574]. Was Terrorismus tatsächlich ausmacht, analysiert *Kirsten Schmalenbach* in ihrem Definitionsversuch zum internationalen Terrorismus und kommt zu nachfolgendem Ergebnis:

„Terrorismus ist jedes nach innerstaatlichem Recht und Völkerrecht rechtswidrige kriminelle Verhalten von Individuen bzw. einer Gruppe von Individuen, das subjektiv darauf gerichtet ist, mit den Mitteln der Angstverbreitung (gesellschafts-) politische Ziele bzw. Veränderungen zu erreichen"[575].

---

570 *Dreist,* Terroristenbekämpfung (Fn. 27), S. 97.
571 *T. Ehmann,* Polizeiliches Handeln der Bundeswehr im Innern unter besonderer Berücksichtigung des § 13 Abs. 1 LuftSiG sowie der Entscheidung des Bundesverfassungsgerichts vom 15. Februar 2006, http://www.deutsches-wehrrecht.de/Aufsaetze/Ehmann-%20Einsatz%20Bw%20im%20Innern.pdf (im Folgenden zuletzt abgerufen: Januar 2016), S. 1 (1); *Krings/Burkiczak,* Aspekte (Fn. 16), S. 510.
572 *Ehmann,* Handeln (Fn. 571), S. 1; *Krings/ Burkiczak,* Aspekte (Fn. 16), S. 510.
573 *Ladiges,* Reichweite (Fn. 366), S. 23, Rn. 22.
574 *Grzeszick* (Fn. 27), Art. 87a Rn. 28;.*R. Schmidt-Radefeldt,* Inlandseinsätze der Bundeswehr auf dem Prüfstein der Wehrverfassung, Die Wehrverfassung in schlechter Verfassung?, in: UBWV 7/2008, S. 269 (272).
575 *Dreist,* Terroristenbekämpfung (Fn. 27), S. 92; *K. Schmalenbach,* Der Internationale Terrorismus. Ein Definitionsversuch, in: NZWehrR 42 (2000), S. 15 (20).

Angelehnt an diese Interpretation gilt es zu überprüfen, ob ein terroristischer Angriff im Rahmen eines Einsatzes zur Verteidigung in verfassungsrechtlich zulässiger Weise abgewehrt werden kann.

Die vorherrschende Auffassung sieht Verteidigung im Sinne des Art. 87a Abs. 1 und 2 GG als eine Maßnahme an, die sich gegen von außen kommende militärische Angriffe souveräner Staaten auf die Bundesrepublik richtet[576], sodass jede davon abweichende Form nicht unter die Norm zu subsumieren wäre[577]. Zudem wird von dem Angreifer ein Kombattantenstatus verlangt, der wiederum eine Zugehörigkeit zu einer Streitkraft voraussetzt[578]. Es erscheint fragwürdig, diese Merkmale bei Angriffen ausgehend von terroristischen Organisationen annehmen zu können. Daher gilt es insgesamt zu überlegen, ob das herkömmliche Verständnis bezogen auf die Abwehr von Terrorangriffen überhaupt aufrechterhalten werden sollte, oder vielmehr eine Neuausrichtung der Norm anzustreben ist.

1. Angriff *von außen* auf die Bundesrepublik

Während in sämtlichen Interpretationen von „Verteidigung" bislang die Abwehr eines *von außen* kommenden Angriffes gemeint ist, kann dieses Merkmal für terroristische Angriffe jedoch nicht zwangsläufig angenommen werden[579]. Um nicht die Grenzen zwischen polizeilichen und militärischen Einsätzen zu verwischen und nicht den aus Art. 87a Abs. 2 GG hervorgehenden Verfassungsvorbehalt zu missachten, müsste in der akuten Bedrohung durch einen terroristischen Angriff ausgeschlossen werden können, dass der Angriff vom Inland aus erfolgt[580]. Andernfalls wäre ein Einsatz der Streitkräfte allein aus der Notwendigkeit der Unterstützung nicht gerechtfertigt, obgleich eine derartige Feststellung im Rahmen eines punktuell dringenden Einsatzes kaum möglich erscheint[581].

Man könnte in Betracht ziehen, mit einem weiten Verständnis die Steuerung des Angriffes aus dem Ausland für das Merkmal „von außen" als ausreichend zu erachten[582]. Nichtsdestotrotz bleiben dann weiterhin Terrorangriffe denkbar, bei denen jeder Auslandsbezug fehlt[583]. Hält man also an der Auffassung fest, dass

---

576 *Lutze*, Abwehr (Fn. 27), S. 109; *H. Sattler*, Terrorabwehr durch die Streitkräfte nicht ohne Grundgesetzänderung – Zur Vereinbarkeit des Einsatzes der Streitkräfte nach dem Luftsicherheitsgesetz mit dem Grundgesetz, in: NVwZ 2004, S. 1286 (1286); *U. Sittard/M. Ulbrich*, Fortgeschrittenenklausur – Öffentliches Recht: Das Luftsicherheitsgesetz, in: JuS 2005, S. 431 (433).
577 *Wiefelspütz*, Verteidigung (Fn. 27), S. 14.
578 *Lutze*, Abwehr (Fn. 27), S. 109.
579 *Middel*, Sicherheit (Fn. 16), S. 76; *Müllmann*, Inneneinsatz (Fn. 268), S. 4.
580 *Müllmann*, Inneneinsatz (Fn. 268), S. 4.
581 *Müllmann*, Inneneinsatz (Fn. 268), S. 4; *Sattler*, Terrorabwehr (Fn. 576), S. 1286.
582 *Middel*, Sicherheit (Fn. 16), S. 76.
583 *Middel*, Sicherheit (Fn. 16), S. 76.

für die Zulässigkeit eines Verteidigungseinsatzes eindeutig ein Angriff von außen auf die Bundesrepublik vorliegen muss, ist zu konstatieren, dass Einsätze zur Abwehr terroristischer Angriffe nicht darunter subsumiert werden können[584].

Neben dieser Erkenntnis stellt sich des Weiteren die Frage, ob der bislang für erforderlich gehaltene „Kombattantenstatus" des Angreifers im Verteidigungsfall bei Terroristen überhaupt vorausgesetzt werden kann, oder vielmehr eine weitere Grundtendenz für einen zulässigen Einsatz der Streitkräfte im Rahmen der Terrorabwehr fehlen könnte[585]:

2. Erforderlichkeit des Kombattantenstatus

Die Voraussetzungen für einen sogenannten Kombattantenstatus ergeben sich zunächst aus den Zusatzprotokollen der Genfer Abkommen[586], die den Grundstein völkerrechtlicher Verträge nach den Ereignissen des zweiten Weltkrieges lieferten[587]. Zum Schutz der Opfer internationaler bzw. nicht internationaler bewaffneter Konflikte wurden die vier Genfer Abkommen aus dem Jahr 1949 am 8. Juni 1977 vorerst durch zwei Zusatzprotokolle ergänzt[588]. Art. 43 des Zusatzprotokolls (ZP I, 43) regelt den sogenannten Kombattantenstatus einer Streitkraft[589]. Aus einem Zusammenspiel des Art. 43 Abs. 2 mit Art. 1 Abs. 3 ZP I geht hervor, dass für einen Kombattantenstatus die Zugehörigkeit zu einer Streitkraft verlangt wird[590]. Folglich wird eine Mitgliedschaft in militärischen Verbänden vorausgesetzt, die wiederum einer staatlichen Streitkraft zuzuordnen sind[591]. Sofern unter den zwingenden Voraussetzungen des humanitären Völkerrechts eine Zuordnung der Streitkraft zu einer Konfliktpartei fehlt, kommt ein

---

584 *Middel*, Sicherheit (Fn. 16), S. 76.
585 *Krings/Burkiczak*, Aspekte (Fn. 16), S. 511; *Middel*, Sicherheit (Fn. 16), S. 76 f..
586 *M. Bothe/K. Ipsen/K. J. Partsch*, Die Genfer Konferenz über humanitäres Völkerrecht. Verlauf und Ergebnisse, ZaöRV 38 (1978), S. 1 (30).
587 *F. Pabst*, Kulturgüterschutz in nicht-internationalen bewaffneten Konflikten, 2008, S. 62.
588 *Bothe/Ipsen/Partsch*, Konferenz (Fn. 586), S. 2; Bundeskanzlei (Hrsg.), Zusatzprotokoll zu den Genfer Abkommen vom 12. August 1949 über den Schutz der Opfer internationaler bewaffneter Konflikte (Protokoll I), 18.07.2014, https://www.admin.ch/opc/de/classified-compilation/19770112/index.html#a1 (im Folgenden zuletzt abgerufen: Januar 2016); *Dreist*, Parlamentsbeschluss (Fn. 459), S. 1013; *Lutze*, Abwehr (Fn. 27), S. 109.
589 Vgl. den Wortlaut von ZP I, Art. 43, Bundeskanzlei, Zusatzprotokoll (Fn. 588); *Bothe/Ipsen/Partsch*, Konferenz (Fn. 586), S. 31; *.Lutze*, Abwehr (Fn. 27), S. 109.
590 Vgl. den Wortlaut von ZP I, Art. 43 Abs. 2 mit Art. 1 Abs. 3, Bundeskanzlei, Portal (Fn. 588); *Bothe/Ipsen/ Partsch*, Konferenz (Fn. 586), S. 1 (31); *Lutze*, Abwehr (Fn. 27), S. 109.
591 *L. Mammen*, Völkerrechtliche Stellung von internationalen Terrororganisationen, 1. Aufl. 2008, S. 199.

Kombattantenstatus schlichtweg nicht in Betracht, sodass auch der Anwendungsbereich des Art. 44 ZP I nicht eröffnet ist[592].

Da Anhänger internationaler terroristischer Vereinigungen keiner regulären Streitmacht unterstellt sind, nach deren Weisungen sie handeln, können sie nach dargestelltem Verständnis die konstitutiven Eigenschaften eines Kombattantenstatus nicht erfüllen[593].

Auch widerspricht es dem hinter dem humanitären Völkerrecht stehenden Verständnis, einem Terroristen den völkerrechtlichen Schutz zu gewähren, obgleich dieser sein Handeln darauf ausrichtet, sämtliche vorhandene Rechtsregeln eklatant zu missachten[594]. Nichtsdestotrotz genießt er gemäß Art. 3 des Genfer Abkommens den humanitären Mindeststandart an Schutz des Individuums, im Hinblick auf den Anspruch auf menschliche Behandlung[595].

Der Kombattantenstatus eines Terroristen kann auch nicht über den Weg eines etwaigen Kriegsgefangenenstatus erzielt werden[596]. Die gemäß Art. 4 A Nr. 2 GA III erforderlichen Voraussetzungen liegen allesamt nicht vor, weil beispielsweise bei terroristischen Interaktionen keinerlei Kriegsgesetze eingehalten werden, und auch nicht nach außen die jeweilige Zugehörigkeit durch Verwenden eines Unterscheidungszeichens offen gelegt wird[597]. Auch wenn Terroristen als Schwerverbrecher und Straftäter des nationalen Rechtes angesehen werden, kann für sie nicht zugleich der Kombattantenstatus im Sinne des Kriegsrechtes angenommen werden[598]. Terroristen sind zivile Störer und keine Kombattanten[599].

Es lässt sich also zusammenfassend feststellen, dass sowohl das erforderliche Merkmal eines Außenangriffes als auch der Kombattantenstatus des Angreifers bei der Bedrohung durch Terroristen nicht vorausgesetzt werden können. Es wird daher insgesamt über eine Ausdehnung des Verteidigungsbegriffes nachgedacht, um den sicherheitspolitischen Entwicklungen zeitgemäß zu begegnen:

---

592 *Bothe/Ipsen/Partsch*, Konferenz (Fn. 586), S. 32.
593 *Lutze*, Abwehr (Fn. 27), S. 110; *Mammen*, Stellung (Fn. 591), S. 199.
594 *Lutze*, Abwehr (Fn. 27), S. 110.
595 *Lutze*, Abwehr (Fn. 27), S. 110; *Mammen*, Stellung (Fn. 591), S. 169.
596 *Lutze*, Abwehr (Fn. 27), S. 110.
597 *Lutze*, Abwehr (Fn. 27), S. 110.
598 *Dreist*, Terroristenbekämpfung (Fn. 27), S. 99; *Krings/Burkiczak*, Aspekte (Fn. 16), S. 511; *Wiefelspütz*, Verteidigung (Fn. 27), S. 12.
599 *Lutze*, Abwehr (Fn. 27), S. 111.

3. Erweiterung des Verteidigungsbegriffes im Hinblick auf terroristische Angreifer

Dass sich der Verteidigungsbegriff gemäß Art. 87a Abs. 2 GG nicht mehr nur auf die konventionelle Form der Verteidigung des Gebietes der Bundesrepublik bezieht[600], ist unstreitig. Inwieweit terroristischen Angriffen jedoch tatsächlich mit verfassungsrechtlich gedeckten Abwehrmaßnahmen begegnet werden kann, wird uneinheitlich beantwortet. Schwer nachvollziehbar ist in diesem Zusammenhang, warum das Bundesverfassungsgericht in seinem Urteil zum LuftSiG aus dem Jahre 2006 keinerlei Stellung zur Interpretation des Verteidigungsbegriffes bezog[601]. Es ging in dem zugrunde liegenden Fall explizit um die Frage, wie sich die Bundesrepublik bei einer Bedrohung durch ein als Waffe missbrauchtes Flugzeug zu verhalten hat[602]. Im Rahmen dessen hätte denklogischerweise geklärt werden können, ob die Abwehr eines solchen Angriffes als Verteidigungsfall gemäß Art. 87a Abs. 2 GG zu subsumieren wäre[603]. Mangels höchstrichterlicher Rechtsprechung und ausdrücklicher Regelung ist nicht unbestritten, welche Anforderungen letztlich an den Verteidigungsbegriff bei Terrorakten zu stellen sind. Fraglich ist indes, ob hinsichtlich der Zunahme drohender Gefahren durch terroristische Angriffe grundsätzlich ein weiteres Verständnis der Norm und in der Folge des Verteidigungsbegriffes verlangt werden muss. Sowohl im Hinblick auf die Kombattanteneigenschaft als auch auf die grundsätzlich bestehende Annahme, dass es sich bei einem Verteidigungsfall um einen militärischen Angriff von außen auf die Bundesrepublik handeln muss, wird dies vermehrt angenommen[604]. Es folgt daher eine Darstellung unterschiedlicher Ansichten und letztlich eine zusammenfassende Würdigung der Frage, ob die Abwehr terroristischer Angriffe unter *Verteidigung* im Sinne des Art. 87a Abs. 2 GG zu subsumieren, oder ob für sie eine ausdrückliche Regelung gemäß des Verfassungsvorbehaltes im Grundgesetz zu verlangen ist.

Jan Thiele vertritt mit seinen verfassungsrechtlichen Aspekten zur Terrorismusbekämpfung die Auffassung, dass sich das Verständnis im Hinblick auf den Verteidigungsbegriff in drei Blöcke unterteilt, die im Folgenden darzustellen sind und auch hier als Orientierung der unterschiedlichen Auffassungen dienen[605].

---

600 *Schmidt-Radefeldt,* Inlandseinsätze (Fn. 574), S. 272.
601 BVerfGE 115, 118-166; *Zippelius/Würtenberger,* Staatsrecht (Fn. 32), § 51 Rn. 13.
602 BVerfGE 115, 118-166.
603 *Zippelius/Würtenberger,* Staatsrecht (Fn. 32), § 51 Rn. 13.
604 *Grzeszick* (Fn. 27), Art. 87a Rn. 28; *Sattler,* Terrorabwehr (Fn. 576), S. 1286.
605 *J. Thiele,* Auslandseinsätze der Bundeswehr zur Bekämpfung des internationalen Terrorismus. Völker- und verfassungsrechtliche Aspekte, 2011, S. 298.

(1) Verteidigung als Abwehr staatlich militärischer Angriffe

Das engste Verständnis sieht Verteidigung ausschließlich als Abwehr staatlicher Angriffe regulärer Streitkräfte[606]. Damit wird die Person des Angreifers in den Fokus gerückt, da es von seinem Status und seiner Herkunft abhängig gemacht wird, unter welchen Voraussetzungen Einsätze deutscher Streitkräfte verfassungsrechtlich zulässig sind[607]. Diese Auffassung knüpft damit streng an das herkömmliche restriktive Verständnis von Verteidigungsmaßnahmen an, indem an dem Erfordernis des Kombattantenstatus des Angreifers festgehalten wird. Die Gefahr der Vermischung militärischer und polizeilicher Befugnisse begründet dabei die restriktive Auslegung des Art. 87a Abs. 2 GG[608]. Besonders die Tatsache, dass in der akuten Bedrohung durch einen terroristischen Angriff eine Feststellung über den Status des Angreifers kaum möglich erscheint, führt nach diesem Normverständnis zu dem Schluss, dass eine zulässige Terrorabwehr nicht den Voraussetzungen eines Einsatzes zur Verteidigung entsprechen kann[609].

(2) Möglichkeit der Angriffszurechnung an einen Staat

Eine vermittelnde Stimme lässt indes die Möglichkeit einer Zurechnung des terroristischen Angriffes an staatlich-militärische Kräfte ausreichen, um den Anwendungsbereich des Verteidigungsbegriffes zu eröffnen[610]. Als Voraussetzung wird verlangt, dass einem anderen Staat in irgendeiner Form der Vorwurf der Mitverantwortung im Hinblick auf den Angriff gemacht werden könne[611]. Dies sei anzunehmen, wenn eine Terrororganisation durch staatlichen Zuschuss unterstützt oder von einem staatlichen Hoheitsträger zur Vornahme terroristischer Handlungen im Ausland aufgefordert werde[612]. Die staatliche Duldung der Täter auf dem jeweiligen Landesgebiet wird indes als unterste Grenze der Zurechnung akzeptiert[613]. Nach diesem Verständnis kann das Handeln einer Privatperson grundsätzlich nicht mit einer Verteidigungsmaßnahme gemäß Art. 87a Abs. 2 GG abgewehrt werden[614]. Gegner dieser Grundtendenz halten ihr entgegen, dass es auf die Staatlichkeit und Zurechenbarkeit eines Handelns in Form eines terroristischen Anschlages nicht ankommen könne[615]:

---

606 *Thiele*, Auslandseinsätze (Fn. 605), 298.
607 *Thiele*, Auslandseinsätze (Fn. 605), 298.
608 *Sattler*, Terrorabwehr (Fn. 576), S. 1286; *Thiele*, Auslandseinsätze (Fn. 605), S. 299.
609 *Sattler*, Terrorabwehr (Fn. 576), S. 1286; *Thiele*, Auslandseinsätze (Fn. 605), S. 299.
610 *Grzeszick* (Fn. 27), Art. 87a Rn. 28; *Ladiges*, Reichweite (Fn. 366), S. 19 (23, Rn. 23); *Sattler*, Terrorabwehr (Fn. 576), S. 1286; *Thiele*, Auslandseinsätze (Fn. 605), S. 300.
611 *Thiele*, Auslandseinsätze (Fn. 605), S. 300.
612 *Thiele*, Auslandseinsätze (Fn. 605), S. 300.
613 *Thiele*, Auslandseinsätze (Fn. 605), S. 300.
614 *Ladiges*, Reichweite (Fn. 366), S. 23, Rn. 23.
615 *Wiefelspütz*, Verteidigung (Fn. 27), S. 14.

(3) Ausdehnung des Verteidigungsbegriffes auf nicht-staatliche Angreifer

Die neuartigen Gefahren terroristischer Anschläge stoßen die völkerrechtliche Debatte an, inwieweit auch nichtstaatliche Angreifer das in Art. 51 UN Charta normierte Selbstverteidigungsrecht auslösen können[616]. *Baldus* führt dazu aus, dass auch terroristische Gruppierungen dann als Angreifer im Sinne der Norm verstanden werden können, wenn ihr Einsatzpotential und ihre Struktur mit der einer militärischen Armee vergleichbar sei[617]. Die Gleichstellung sei dann gerechtfertigt, wenn ihre Zerstörungswirkung, die von ihrem Angriff ausgehe, der Dimension einer internationalen staatlichen Armee entspreche und nach der Interpretation von *Grzeszick* denen der anderen Einsätze im Sinne des Art. 87a GG gleichkomme[618].

Krings und *Burkiczak* hingegen betonen in ihren Ausführungen zur Abwehrbereitschaft der Bundeswehr, dass es ausschließlich auf die Art und das Ausmaß eines Angriffes ankommen könne, sodass auch Angriffe vergleichbar mit dem des 11. September unter den Verteidigungsfall zu fassen seien[619]. Für sie ergibt sich aus einem Umkehrschluss, dass auf die Trennung der Aufgabenbereiche Bundeswehr und Polizei dann nicht abgestellt werden könne, wenn die jeweilige Maßnahme sowieso nicht von den Polizeikräften hätte ausgeführt werden können[620]. Somit ergeben sich speziell im Luftraum Bereiche, in denen die Verwendung der Streitkräfte unbestritten zulässig sei[621]. Nach diesem Verständnis stellt im Besonderen ein Streitkräfteeinsatz zum Schutz vor Luftangriffen, das sogenannte *air policing*, eine originär militärische Landesverteidigung und eben keinen Inlandseinsatz dar, für den der normierte Verfassungsvorbehalt Beachtung finden müsste[622].

Hauptargument der Verfechter einer weiten Interpretation ist das Entstehen einer Schutzlücke, wenn angenommen werde, dass Angriffe auf die Bundesrepublik nur deshalb nicht durch deutsche Streitkräfte abgewehrt werden können, weil es sich um nichtstaatliche statt um staatliche Angreifer handle[623]. Aus Opfersicht

---

616 *Thiele*, Auslandseinsätze (Fn. 605), S. 301.
617 *M. Baldus*, Streitkräfteeinsatz zur Gefahrenabwehr im Luftraum. Sind die neuen luftsicherheitsgesetzlichen Befugnisse der Bundeswehr kompetenz- und grundrechtswidrig?, in: NVwZ 2004, S. 1278 (1281); *Wiefelspütz*, Verteidigung (Fn. 27), S. 14 f.
618 *Grzeszick* (Fn. 27), Art. 87a Rn. 28; *Krings/Burkiczak*, Aspekte (Fn. 16), S. 501; *Wiefelspütz*, Verteidigung (Fn. 27), S. 15.
619 *Krings/Burkiczak*, Aspekte (Fn. 16), S. 505; *Wiefelspütz*, Verteidigung (Fn. 27), S. 16.
620 *Krings/Burkiczak*, Aspekte (Fn. 16), S. 511.
621 *Krings/Burkiczak*, Aspekte (Fn. 16), S. 511.
622 *Krings/Burkiczak*, Aspekte (Fn. 16), S. 511.
623 *Thiele*, Auslandseinsätze (Fn. 605), S. 301 f.; *Wiefelspütz*, Parlamentsherr (Fn. 8), S. 132.

stellt dies eine nicht hinnehmbare Differenzierung dar, der durch Ausdehnung des Verteidigungsbegriffes entgegengewirkt werden muss[624].

4. Keine Neuausrichtung von Art. 87a Abs. 2 GG

Bevor über die unterschiedlichen Interpretationen des Verteidigungsbegriffes zu urteilen ist, sind die grundsätzlich bestehenden Probleme kurz anzuführen, die im Rahmen der Wertung nicht übersehen werden dürfen:

Schwierigkeiten bereitet zunächst die Tatsache, dass keine der ausgeführten Thesen durch den Wortlaut des Art. 87a Abs. 2 GG unterlegt wird[625]. Aus diesem ergibt sich weder das Erfordernis eines staatlichen Angriffes, noch wird ausdrücklich die Abwehr nicht-staatlicher Angreifer erfasst[626]. Zudem ist bei einer Ausdehnung der streitgegenständlichen Verfassungsnorm zu beachten, dass hier ein seit Jahrzehnten bestehender Artikel eingedenk sicherheitspolitischer Veränderungen derartig ausgelegt wird, dass er sich den Gegebenheiten und neuartigen Bedrohungen durch terroristische Angriffe anpasst, sodass die Gefahr einer indirekten Verfassungsänderung in Betracht gezogen werden muss[627].

Es kann sich zudem lediglich um eine Bewertung in der Theorie handeln, sofern einem der dargestellten Ansätze gefolgt werden soll[628]. In der Praxis ist die Kenntnis aller erforderlichen Voraussetzungen kaum denkbar, da in der akuten Bedrohung der Status des Angreifers nicht feststellbar sein wird[629].

Zunächst ist fraglich, ob tatsächlich an dem engsten Verständnis des Verteidigungsbegriffes festzuhalten ist, sodass ausschließlich staatliche Angriffe die zulässige Abwehr zur Verteidigung gemäß Art. 87a Abs. 2 GG auslösen können. Unter Berücksichtigung veränderter Bedrohungsszenarien ist es indes denkbar, auch solchen Gefahren, die von nicht-staatlichen Angreifern ausgehen, durch die Streitkräfte zu begegnen. Das von vielen vorgebrachte Argument, bei einer Ausdehnung des Verteidigungsbegriffes das Gebot strikter Texttreue zu missachten, geht jedenfalls fehl[630]. Nicht die Einsätze zur Verteidigung im Sinne der Norm, sondern die, die eben nicht mehr unter den Tatbestand „Verteidigung" zu fassen sind, unterliegen diesem Gebot[631]. Es wird immer wieder übersehen, dass bereits

---

624 *Thiele*, Auslandseinsätze (Fn. 605), S. 303.
625 *Ladiges*, Verteidigungsbegriff (Fn. 366), S. 26, Rn. 38; *Thiele*, Auslandseinsätze (Fn. 605), S. 303 f..
626 *Ladiges*, Verteidigungsbegriff (Fn. 366), S. 26, Rn. 38; *Thiele*, Auslandseinsätze (Fn. 605), S. 304.
627 *Thiele*, Auslandseinsätze (Fn. 605), S. 304.
628 *Thiele*, Auslandseinsätze (Fn. 605), S. 304.
629 *Thiele*, Auslandseinsätze (Fn. 605), S. 304.
630 *Wiefelspütz*, Verteidigung (Fn. 27), S. 19.
631 *Wiefelspütz*, Verteidigung (Fn. 27), S. 19.

in Art. 87a Abs. 1 GG verfassungsrechtlich gestattet ist, die Streitkräfte zur Unterstützung der Polizei einzusetzen, wenn diese nicht in der Lage ist, dem Angriff eigenständig zu begegnen[632]. Eine Begrenzung dahingehend, dass nur dann von einem zulässigen Einsatz zur Abwehr gesprochen werden kann, wenn es sich um einen militärischen Angriff handelt, der einem Staat zuzurechnen ist, kann dem nicht entnommen werden[633].

Grundsätzlich muss festgestellt werden, dass die zu Zeiten der Einführung der Norm vorhandene strikte Trennung zwischen innerer und äußerer Sicherheit in dieser Form nicht mehr existent ist[634].

Der gegenwärtigen Befürchtung, bei einer Ausdehnung des Verteidigungsbegriffes eine Ausuferung militärischer Befugnisse zu riskieren, könnten sogar die Voraussetzungen der dargestellten weitesten Auffassung entgegen gehalten werden[635]:

Von den Angreifern wird ein Einsatzpotential und eine Zerstörungswirkung mit kriegsähnlichem Ausmaß verlangt[636]. Dadurch ergibt sich nach Vertretern dieses Verständnisses eine Schranke für die Zulässigkeit der Streitkräfteverwendung, durch die die Einhaltung des verfassungsrechtlichen Trennungsgebotes garantiert werden kann[637]. Gleichzeitig würde man damit auch dem Normzweck des Art. 87a Abs. 2 GG gerecht werden, der verlangt, dass neben der Kontrolle des Machtpotentials der Streitkräfte die denkbar effektivste Landesverteidigung garantiert wird[638]. Trotz möglicher Einschränkungen zur Verhinderung einer Ausuferung der Befugnisse der Streitkräfte darf jedoch nicht ein wesentlicher Aspekt übersehen werden: Hauptargument für eine Ausweitung des Verteidigungsbegriffes auf terroristische Angriffe ist die mangelnde Fähigkeit der Polizeikräfte, derartigen Angriffen zu begegnen. Aus diesem Umstand jedoch den Schluss zu ziehen, den Verteidigungsbegriff unter Verzicht auf ursprüngliche Voraussetzungen neu auszurichten, stellt einen Verstoß gegen elementare Verfassungsprinzipien dar[639].

Als Argument für diese Vorgehensweise wird lediglich angeführt, dass aufgrund fehlender Kompetenz der Polizei zur Abwehr terroristischer Angriffe denklogischerweise nur die Streitkräfte in Betracht kommen, um Schutzlücken zu ver-

---

632 *Wiefelspütz*, Verteidigung (Fn. 27), S. 19.
633 *Wiefelspütz*, Verteidigung (Fn. 27), S. 19.
634 *Thiele*, Auslandseinsätze (Fn. 605), S. 305.
635 *Thiele*, Auslandseinsätze (Fn. 605), S. 305.
636 *Thiele*, Auslandseinsätze (Fn. 605), S. 305.
637 *Krings/Burkiczak*, Aspekte (Fn. 16), S. 501; *Thiele*, Auslandseinsätze (Fn. 605), S. 305; *Wiefelspütz*, Verteidigung (Fn. 27), S. 15.
638 *Thiele*, Auslandseinsätze (Fn. 605), S. 309.
639 *Müllmann*, Terroristen (Fn. 268), S. 4.

hindern[640]. Ihre Zuständigkeit solle demnach bereits dann begründet sein, wenn bei einem Einsatz die Polizei an ihre Grenzen stoße beziehungsweise stoßen würde[641]. Insbesondere bei Lufteinsätzen und somit dem streitgegenständlichen Fall einer Flugzeugentführung durch Terroristen sei dies anzunehmen[642].

Der Umstand, dass eine effektive Abwehr aus tatsächlichen Gründen lediglich durch die Bundeswehr möglich ist, kann und darf jedoch nicht die rechtliche Zulässigkeit begründen[643]. Vor allem die Argumentation von *Thiele*, dass Unterstützungen durch die Streitkräfte bei mangelnden Fähigkeiten der Polizei dem Grundgesetz nicht fremd und daher zulässig seien, wie beispielsweise in Art. 87a Abs. 4 GG geregelt[644], geht fehl. Im Grundgesetz sind ausdrückliche Sonderfälle normiert, die die Zulässigkeit von Streitkräfteeinsätzen im Innern Deutschlands als Hilfeleistungen explizit bestimmen[645]. Es kann also grundsätzlich davon ausgegangen werden, dass Fälle, in denen der Rückgriff auf das Militär vorgesehen ist, auch verfassungsrechtlich verankert wäre. Diese Tatsache liefert einen Grund mehr für die Annahme, dass die vorhandenen Regelungen bei unzureichenden polizeilichen Fähigkeiten nicht einfach auf die Abwehr terroristischer Angriffe erweitert werden können. Selbst wenn man jedoch einem solchen Verständnis und somit einer Neuausrichtung des Verteidigungsbegriffes folgen würde, handelt es sich immer noch um Interpretationen, die ausschließlich in der Theorie denkbare Lösungsansätze darstellen. Sowohl die vermittelnde Auffassung, die eine Zurechnung voraussetzt, als auch das weite Verständnis, das einen militärgleichen Angriff verlangt, stoßen an praktische Grenzen[646]. In dem entscheidenden Moment, noch bevor das etwaig entführte Flugzeug zum Absturz gebracht wird, ist es nicht vorstellbar, das sichere Vorliegen der Voraussetzungen für einen Streitkräfteeinsatz zur Verteidigung feststellen zu können[647]. Vor allem die Tatsache, dass der heutzutage existierende Terrorismus international agiert und demnach entstaatlicht ist, lässt die Zurechnung an einen Staat als einen Fall der Unmöglichkeit darstellen[648]. Die Prognoseunsicherheiten werden neben der bislang erforderlichen Feststellung des Ursprungsortes für das Erfordernis eines Angriffes von außen durch das Erfordernis der Bestimmung

---

640 *Horn*, Verfassungsgemäßheit (Fn. 11), S. 58 f.; *Middel*, Sicherheit (Fn. 16), S. 77; *Müllmann*, Terroristen (Fn. 268), S. 4.
641 *Horn*, Verfassungsgemäßheit (Fn. 11), S. 58-59; *Middel*, Sicherheit (Fn. 16), S. 77; *Müllmann*, Terroristen (Fn. 268), S. 4.
642 *Middel*, Sicherheit (Fn. 16), S. 77.
643 *Horn*, Verfassungsgemäßheit (Fn. 11), S. 59; *Middel*, Sicherheit (Fn. 16), S. 77; *Müllmann*, Terroristen (Fn. 268), S. 4.
644 *Thiele*, Auslandseinsätze (Fn. 605), S. 306 f..
645 *Horn*, Verfassungsgemäßheit (Fn. 11), S. 59.
646 *Middel*, Sicherheit (Fn. 16), S. 77.
647 *Middel*, Sicherheit (Fn. 16), S. 77.
648 *Müllmann*, Terroristen (Fn. 268), S. 4.

der staatlichen Zurechnung nur noch verstärkt[649]. Es ist vielmehr der Schluss zu ziehen, dass in Anpassung der veränderten sicherheitspolitischen Lage auch eine Änderung beziehungsweise Ergänzung des Grundgesetztes vorgenommen werden sollte. Da der verfassungändernde Gesetzgeber bei Einführung des Art. 87a Abs. 2 GG die Bedrohung durch globalen Terrorismus nicht im Auge hatte, ist unter entstehungsgeschichtlichen Aspekten eine Grundlage *de lege ferenda* im Grundgesetz zu fordern[650]. Eine verfassungsrechtliche Änderung ist jedoch nur dann erforderlich, wenn die streitgegenständliche Terrorabwehr nicht bereits unter die ausdrücklich vorhandenen Verfassungsvorbehalte im Sinne des Art. 87a Abs. 2 GG zu subsumieren ist. Der nachfolgende Abschnitt widmet sich dieser entscheidenden Prüfung:

IV. Die vorhandenen ausdrücklichen Verfassungsvorbehalte im Grundgesetz

Als ausdrückliche Verfassungsvorbehalte der Norm kommen unstreitig Art. 35 Abs. 2 S. 2, Abs. 3 S. 1, 87a Abs. 3 oder 4 GG als Ermächtigungsgrundlagen der Streitkräfte in Betracht[651]. Teilweise wird angenommen, dass es sich auch bei dem Rechts- und Amtshilfeanspruch nach Art. 35 Abs. 1 GG um einen Verfassungsvorbehalt gemäß Art. 87a Abs. 2 GG handelt[652], sodass dies als erster Schritt zu überprüfen gilt:

1. Rechts- und Amtshilfeanspruch nach Art. 35 Abs. 1 GG

Denkbar wäre es, die streitgegenständliche Verwendung der Streitkräfte im Innern unter den allgemeinen Amtshilfeanspruch in Art. 35 Abs. 1 GG zu fassen[653]. Die Behörde im Sinne der Norm müsste rechtlich dazu befugt sein, die mögliche Unterstützung ausführen zu können[654]. Entscheidend ist dabei, dass auf Grundlage der Amtshilfe keine Erweiterung der Befugnisse stattfindet[655]. Das heißt, dass die Amtshilfe leistende Behörde prinzipiell nur solche Befugnisse und Zuständigkeiten auf die Streitkräfte übertragen kann, zu denen sie auch

---

649 *Ladiges*, Verteidigungsbegriff (Fn. 366), S. 27, Rn. 43.
650 *C. Hümmer*, Die Bundeswehr im Innern. Reichweite und Grenzen von Artikel 35 Absatz 2 Satz 2 GG und Artikel 35 Absatz 3 Satz 1 GG und deren Verhältnis zu Artikel 87a GG und Artikel 91 GG, 2011, S. 64, 134.
651 *Dreist*, Bundeswehreinsatz (Fn. 117), S. 96; *Gramm*, Bundeswehr (Fn. 27), S. 92; *Grzeszick* (Fn. 27), Art. 87a Rn. 28; *Heun* (Fn. 26), Art. 87a Rn. 20; *Lutze*, Abwehr (Fn. 27), S. 102; *Wiefelspütz*, Verteidigung (Fn. 27), S. 12.
652 *Dreist*, Bundeswehreinsatz (Fn. 117), S. 96; *Lutze*, Abwehr (Fn. 27), S. 102.
653 *R. Scholz*, in: T. Maunz/G. Dürig (Hrsg.), GG, Art. 12a (2001) Rn. 12.
654 *Ehmann*, Handeln (Fn. 571), S. 3.
655 *H. Bauer*, in: H. Dreier (Hrsg.), GG, Bd. 2, 3. Aufl. 2015, Art. 35 Rn. 23; *Dreist*, Bundeswehreinsatz (Fn. 117), S. 94; *Dreist*, Terroristenbekämpfung (Fn. 27), S. 104; *Gramm*, Bundeswehr (Fn. 27), S. 93; *B. Grzeszick*, in: K.H. Friauf/ W. Höfling (Hrsg.), Berliner Kommentar zum Grundgesetz, Art. 35 (2006), Rn. 21.

außerhalb der Norm berechtigt ist[656]. Der Tatbestand des Art. 35 Abs. 1 GG ermöglicht daher ausschließlich vorhandenen Befugnissen von Hoheitsträgern unterstützend beizustehen, sofern deren jeweilige Zuständigkeiten bereits begründet waren[657].

Grundsätzlich handelt es sich bei der Bundeswehr um eine amtshilfeberechtigte oder -verpflichtete Behörde im Sinne des Artikels[658]. Unproblematische Unterstützungen sind daher beispielsweise in Form von karitativen Maßnahmen oder Erntenothilfen denkbar[659]. Bei dieser Art der Verwendung handelt es sich nicht um einen Einsatz gemäß Art. 87a GG, dessen enge Voraussetzungen verlangt werden würden[660]. Um nicht die strengen Erfordernisse der ausdrücklich geregelten Verfassungsvorbehalte zu unterlaufen, darf der Tatbestand der Amtshilfe nicht generalklauselartig verwendet werden[661]. Der Anwendungsbereich des Art. 35 Abs. 1 GG endet demnach, sobald die Einsatzschwelle bei Verwendung der Streitkräfte überschritten ist[662]. Dann geht Art. 87 a Abs. 2 GG als *lex specialis* der Anwendung des Art. 35 Abs. 1 GG zweifelsfrei vor[663]. Ansonsten würde den ausdrücklich geregelten Notvorschriften in Art. 87a Abs. 3, 4 und Art. 35 Abs. 2, 3 GG die Glaubwürdigkeit entzogen, wenn unter dem Deckmantel der Amtshilfe nahezu voraussetzungslos und ohne den Charakter einer Ausnahmeregelung sämtliche Inneneinsätze der Streitkräfte zu fassen wären[664]. Dabei spricht die allgemein gehaltene, weite Form des Artikels gegen eine derartige Interpretation[665].

Für eine Abwehr drohender terroristischer Angriffe aus der Luft, gestützt auf den Tatbestand der Amtshilfe, ergibt sich Folgendes: Da ausschließlich die Polizeibehörden zur Gefahrenabwehr befugt sind und eindeutig durch Vornahme hoheitlicher Eingriffsbefugnisse im streitgegenständlichen Fall von einem Einsatz auszugehen ist, kann Art. 35 Abs. 1 GG als Ermächtigungsgrundlage nicht in Betracht gezogen werden[666]. Möglich und innerhalb des Zulässigen ist es in-

---

656 *Dreist*, Bundeswehreinsatz (Fn. 117), S. 94; *Dreist*, Terroristenbekämpfung (Fn. 27), S. 104; *Grzeszick* (Fn. 27), Art. 35 Rn. 21.
657 *Dreist*, Bundeswehreinsatz (Fn. 117), S. 94; *Dreist*, Terroristenbekämpfung (Fn. 27), S. 105; *Gramm*, Bundeswehr (Fn. 27), S. 93.
658 *Bauer* (Fn. 655), Art. 35 Rn. 16.
659 *Bauer* (Fn. 655), Art. 35 Rn. 16; *T. v. Danwitz*, in: H. v. Mangoldt/F. Klein/C. Starck (Hrsg.), GG, Bd. 2, 6. Aufl., 2010, Art. 35 Rn. 15.
660 *Bauer* (Fn. 655), Art. 35 Rn. 16; *v. Danwitz* (Fn. 659), Art. 35 Rn. 15.
661 *Middel*, Sicherheit (Fn. 16), S. 78.
662 *Lutze*, Abwehr (Fn. 27), S. 106; *Middel*, Sicherheit (Fn. 16), S. 78.
663 *Middel*, Sicherheit (Fn. 16), S. 78.
664 *v. Danwitz* (Fn. 659), Art. 35 Rn. 15; *Gramm*, Bundeswehr (Fn. 27), S. 92-93.
665 *Lutze*, Abwehr (Fn. 27), S. 106.
666 *Ehmann*, Handeln (Fn. 571), S. 3; *Middel*, Sicherheit (Fn. 16), S. 78.

des, die Streitkräfte aufgrund des Amtshilfetatbestandes in Form einer technischen Unterstützung heranzuziehen[667]. Sie leisten dann Hilfsbeiträge, ohne zugleich als vollziehende Gewalt tätig zu werden[668].

Es ist zwar denkbar, dass die Bundeswehr Transportmittel und Liegenschaften zur Verfügung stellt und damit als eine Art Reservepolizei tätig wird[669]. Problematisch wird es jedoch, sobald tatsächlich unter dem Deckmantel der Amtshilfe eine Unterstützung als vollziehende Gewalt stattfindet, für die den Streitkräften die erforderliche verfassungsrechtliche Legitimation im Grundgesetz fehlt[670]. Um einen solchen Fall kann es sich beispielsweise bei unterstützender Tätigkeit zur Vermisstensuche handeln[671]. Ein Rückgriff auf die Streitkräfte widerspräche der zu beachtenden strikten Trennung der Befugnisse, da auch hier der Sucheinsatz der klassischen Gefahrenabwehr dienen würde, sodass er in den Ausschließlichkeitsbereich der Polizei fiele[672].

Es kann im Ergebnis dahinstehen, bei welchen weiteren Sachverhaltsvarianten die Grenze zur verfassungsrechtlichen Unzulässigkeit unter dem Deckmantel der Amtshilfe überschritten wird. Zweifelsohne stellt die streitgegenständliche Abwehr terroristischer Gefahren einen Einsatz im Innern dar, der als polizeiliche Gefahrenabwehr nicht als zulässige Amtshilfeleistung deklariert werden kann[673]. Der Tatbestand des Art. 35 Abs. 1 GG scheidet grundsätzlich als Ermächtigung zu einem Einsatz zur Verteidigung im Sinne des Art. 87a Abs. 2 GG aus[674]. Im Folgenden gilt es daher die vier ausdrücklichen Verfassungsvorbehalte als denkbare Grundlage zur innerstaatlichen Entsendung der Streitkräfte zu untersuchen:

2. Innerer Notstand nach Art. 87a Abs. 4 GG

Art. 87a Abs. 4 GG statuiert den Fall des sogenannten Inneren Notstandes, bei dem die Streitkräfte unterstützend eingesetzt werden dürfen, sofern der Bestand oder die freiheitlich demokratische Grundordnung innerhalb Deutschlands gefährdet ist[675]. Der Einsatz soll dann zum Schutz ziviler Objekte oder der Bekämpfung organisierter und militärisch bewaffneter Aufständischer dienen[676]. Die Regelung macht aufgrund ihrer Voraussetzungen deutlich, wie restriktiv der

---

667 *Dreist*, Terroristenbekämpfung (Fn. 27), S. 104; *Gramm*, Bundeswehr (Fn. 27), S. 93.
668 *Dreist*, Terroristenbekämpfung (Fn. 27), S. 104.
669 *Dreist*, Terroristenbekämpfung (Fn. 27), S. 105.
670 *Dreist*, Terroristenbekämpfung (Fn. 27), S. 105.
671 *Dreist*, Terroristenbekämpfung (Fn. 27), S. 105.
672 *Dreist*, Terroristenbekämpfung (Fn. 27), S. 105; *Ehmann*, Handeln (Fn. 571), S. 3.
673 *Dreist*, Terroristenbekämpfung (Fn. 27), S. 105.
674 *Gramm*, Bundeswehr (Fn. 27), S. 93; *Lutze*, Abwehr (Fn. 27), S. 106.
675 Vgl. den Wortlaut von Art. 87a IV GG; *Horn*, Verfassungsgemäßheit (Fn. 11), S. 59.
676 Vgl. den Wortlaut von Art. 87a IV GG.

Gesetzgeber sich bezüglich eines Streitkräfteeinsatzes im Innern aufstellen wollte[677]: Zunächst setzt der Tatbestand bürgerkriegsähnliche Auseinandersetzungen oder militärische Umsturzversuche voraus, die den Rechtsstaat der Bundesrepublik bedrohen[678]. Des Weiteren ist die festgeschriebene doppelte Subsidiarität der Norm zu beachten[679]. Diese verlangt zum einen, dass die Voraussetzungen aus Art. 91 Abs. 2 GG im Rahmen des Inneren Notstandes gegeben sind[680]. Demnach darf das von der Gefahr bedrohte Land entweder *nicht fähig* oder *nicht willens* sein, dem Angriff eigenständig zu begegnen[681]. Zudem ist die Verwendung der Streitkräfte nur zulässig, wenn sowohl die Polizeikräfte als auch der Bundesgrenzschutz zur Abwendung der Bedrohung nicht in der Lage sind[682]. Diese Bedingungen geben der Norm den Charakter einer *ultima ratio*[683].

Fraglich ist, ob die Bedingungen eines terroristischen Angriffes ausreichen, um einen Fall des Inneren Notstandes im Sinne des Art. 87a Abs. 4 GG zu begründen. Dann müsste die Gefahrendimension in Form der Bedrohung des Bestandes oder der demokratischen Grundordnung des Staates bei terroristischen Angriffen erreicht sein[684]. Davon kann jedoch nicht ausgegangen werden: Es kann zwar eine dahingehende Entwicklung festgestellt werden, dass Terroristen grundsätzlich darauf abzielen, sich in den Besitz von Massenvernichtungswaffen zu bringen[685]. Für den Inneren Notstand wird jedoch eine „drohende Gefahr" im Zeitpunkt des Einsatzes der Streitkräfte verlangt, von der bislang bei Terrorangriffen noch nicht auszugehen ist[686]. Zudem umfasst die Norm als Angreifer ausschließlich Bürger des eigenen Landes, die folglich vom Innern heraus den Bestand des Staates bedrohen[687]. Zwar sind auch Terroristen des eigenen Landes potentielle Bedrohungen im Sinne der Norm; internationale terroristische Gruppierungen hingegen können von vornherein nicht erfasst sein[688].

---

677 *Kokott* (Fn. 19), Art. 87a Rn. 66; *Middel*, Sicherheit (Fn. 16), S. 79.
678 *Heun* (Fn. 26), Art. 87a Rn. 32; *Horn*, Verfassungsgemäßheit (Fn. 11), S. 59-60; *Middel*, Sicherheit (Fn. 16), S. 79; *Schmidt-Radefeldt,* Inlandseinsätze (Fn. 574), S. 270.
679 *Heun* (Fn. 26), Art. 87a Rn. 29.
680 *Baldus* (Fn. 280), Art. 87a Rn. 139; *Grzeszick* (Fn. 27), Art. 87a Rn. 42; *Middel*, Sicherheit (Fn. 16), S. 79.
681 *Baldus* (Fn. 280), Art. 87a Rn. 139.
682 *Grzeszick* (Fn. 27), Art. 87a Rn. 42; *Horn*, Verfassungsgemäßheit (Fn. 11), S. 60; *Krings/Burkiczak*, Aspekte (Fn. 16), S. 511; *Middel*, Sicherheit (Fn. 16), S. 79.
683 *Dreist*, Terroristenbekämpfung (Fn. 27), S. 101; *Grzeszick* (Fn. 27), Art. 87a Rn. 41; *Heun* (Fn. 26), Art. 87a Rn. 28; *Kokott* (Fn. 19), Art. 87a Rn. 66.
684 *Dreist*, Terroristenbekämpfung (Fn. 27), S. 101-102; *Ehmann*, Handeln (Fn. 571), S. 2; *Horn*, Verfassungsgemäßheit (Fn. 11), S. 60.
685 *Horn*, Verfassungsgemäßheit (Fn. 11), S. 60.
686 *Horn*, Verfassungsgemäßheit (Fn. 11), S. 60.
687 *Dreist*, Bundeswehreinsatz (Fn. 117), S. 97.
688 Horn, Verfassungsgemäßheit (Fn. 11), S. 60; *Middel*, Sicherheit (Fn. 16), S. 79.

3. Äußerer Notstand nach Art. 87a Abs. 3 GG

Es wäre auch denkbar, eine etwaige terroristische Bedrohung für die Bundesrepublik als Fall des sogenannten äußeren Notstandes zu deklarieren, sodass eine daraufhin erfolgende Abwehr durch das Heer nach Art. 87a Abs. 3 GG gerechtfertigt wäre[689]. Um einen solchen zulässigen Einsatz auszulösen, wird zwingend ein *Spannungs-* oder *Verteidigungsfall* gemäß der Norm vorausgesetzt[690], sodass zunächst zu konstatieren ist, welche Anforderungen an den jeweiligen Angriff zu stellen sind: Für einen Verteidigungsfall gemäß Art. 115a Abs. 1 S. 1 GG wird verlangt, dass ein bewaffneter Angriff auf das Bundesgebiet vorliegt oder unmittelbar zu erwarten ist[691]. Erfasst werden sollte mit der Norm der klassische militärische Angriff eines fremden Staates, der in eine Kriegshandlung übergeht[692]. Aufgrund der weitreichenden Folgen bei Annahme des Verteidigungsfalles, wie sich aus Art. 115b ff. GG ergibt, muss es sich jedoch aus Verhältnismäßigkeitsgründen bei dem drohenden Angriff um eine erhebliche Gefahr handeln[693]. Selbst ein terroristischer Angriff wie der des 11. September mit seinen verheerenden Ausmaßen kann für die geforderte Erheblichkeit nicht genügen[694].

Die materiellen Voraussetzungen eines Verteidigungsfalles können mit Terrorangriffen deshalb nicht erreicht werden, da es sich zumeist um punktuelle Beeinträchtigungen im Inneren eines Landes handelt[695]. Lediglich bei dem denkbaren Fall des Einsatzes von Massenvernichtungswaffen ist anzunehmen, dass die verlangte Erheblichkeitsstufe erreicht werde[696]. Grundsätzlich muss also festgestellt werden, dass derzeitige Terrorangriffe nicht unter den Tatbestand des *Verteidigungsfalles* im Sinne des Art. 87a Abs. 3 GG zu subsumieren sind[697].

Möglich wäre es jedoch, auf die zweite Alternative des äußeren Notstandes[698] Rückgriff zu nehmen: Der sogenannte *Spannungsfall*, der in Art. 80a GG zwar erwähnt, aber nicht definiert ist, stellt eine Vorstufe des Verteidigungsfalles

---

689 *Middel*, Sicherheit (Fn. 16), S. 80.
690 *Baldus* (Fn. 280), Art. 87a Rn. 116; *Grzeszick* (Fn. 27), Art. 87a Rn. 20-21; *Heun* (Fn. 26), Art. 87a Rn. 22; *Kokott* (Fn. 19), Art. 87a Rn. 54.
691 *Baldus* (Fn. 280), Art. 87a Rn. 116; *Kokott* (Fn. 19), Art. 87a Rn. 54.
692 *Horn*, Verfassungsgemäßheit (Fn. 11), S. 61.
693 *Baldus* (Fn. 280), Art. 87a Rn. 116; *Horn*, Verfassungsgemäßheit (Fn. 11), S. 61; *Kokott* (Fn. 19), Art. 87a Rn. 54; *Middel*, Sicherheit (Fn. 16), S. 80.
694 *Horn*, Verfassungsgemäßheit (Fn. 11), S. 61; *Middel*, Sicherheit (Fn. 16), S. 80.
695 *Horn*, Verfassungsgemäßheit (Fn. 11), S. 61; *Middel*, Sicherheit (Fn. 16), S. 80.
696 *Horn*, Verfassungsgemäßheit (Fn. 11), S. 61.
697 *Horn*, Verfassungsgemäßheit (Fn. 11), S. 61; *Krings/Burkiczak*, Aspekte (Fn. 16), S. 511; *Middel*, Sicherheit (Fn. 16), S. 80.
698 *Middel*, Sicherheit (Fn. 16), S. 80.

dar[699]. Sowohl in zeitlicher als auch in qualitativer Hinsicht sind daher die Anforderungen an diese Form des äußeren Notstandes anzupassen[700]. Das bedeutet, dass ein Spannungsfall bereits dann anzunehmen ist, wenn eine Konfliktlage existiert, von der erwartet werden kann, dass sie mit großer Wahrscheinlichkeit in einen Verteidigungsfall mündet[701]. Dennoch sind die Anforderungen an die dann zu erwartende Erheblichkeit nicht geringer als oben bereits aufgeführt. Somit können terroristische Anschläge auch nicht nach der zweiten Alternative der Norm einen äußeren Notstand begründen[702]. Abgesehen von der denkbaren Möglichkeit einer Bedrohung durch den Einsatz von Massenvernichtungswaffen[703] werden die Voraussetzungen für das Vorliegen eines Spannungsfalles nicht erfüllt[704]. Demnach kann auch nicht Absatz 3 des Art. 87a GG einen zusätzlichen Handlungsspielraum für die Verwendung der Streitkräfte zur Terrorismusbekämpfung eröffnen[705].

4. Naturkatastrophe oder besonders schwerer Unglücksfall nach Art. 35 Abs. 2 Satz 2, Abs. 3 Satz 1 GG

Art. 35 Abs. 2 Satz 2 GG eröffnet den Ländern die Möglichkeit, in besonderen Lagen die Streitkräfte der Bundeswehr um Unterstützung der Polizei innerhalb Deutschlands zu bitten[706]. Für einen regionalen Notfall im Sinne der Norm müsste sich eine *Naturkatastrophe* oder ein *besonders schwerer Unglücksfall* ereignet haben, sodass die Streitkräfte zum Einsatz gebracht werden können[707]. Als tatbestandliche Voraussetzung wird dafür zunächst eine Situation verlangt, deren Bewältigung den Ländern ohne unterstützende Hilfe nicht möglich ist[708]. Diese Vorrausetzung findet zwar keine ausdrückliche Erwähnung, ergibt sich jedoch aus dem Kontext der Hilfeleistung[709].

---

699 *Baldus* (Fn. 280), Art. 87a Rn. 116; *Horn*, Verfassungsgemäßheit (Fn. 11), S. 61; *Kokott* (Fn. 19), Art. 87a Rn. 54; *Middel*, Sicherheit (Fn. 16), S. 80.

700 *Horn*, Verfassungsgemäßheit (Fn. 11), S. 61; *Kokott* (Fn. 19), Art. 87a Rn. 54; *Middel*, Sicherheit (Fn. 16), S. 80.

701 *Horn*, Verfassungsgemäßheit (Fn. 11), S. 61; *Kokott* (Fn. 19), Art. 87a GG Rn. 54; *Middel*, Sicherheit (Fn. 16), S. 80.

702 *Horn*, Verfassungsgemäßheit (Fn. 11), S. 61; *Krings/Burkiczak*, Aspekte (Fn. 16), S. 511; *Middel*, Sicherheit (Fn. 16), S. 80.

703 *Horn*, Verfassungsgemäßheit (Fn. 11), S. 61-62.

704 *Horn*, Verfassungsgemäßheit (Fn. 11), S. 61; *Krings/Burkiczak*, Aspekte (Fn. 16), S. 511; *Middel*, Sicherheit (Fn. 16), S. 80.

705 *Krings/Burkiczak*, Aspekte (Fn. 16), S. 511.

706 Vgl. den Wortlaut von Art. 35 GG; *v. Danwitz* (Fn. 659), Art. 35 Rn. 15; *Dreist,* Terroristenbekämpfung (Fn. 27), S. 102; *Grzeszick* (Fn. 655), Art. 35 Rn. 34, 37.

707 *Bauer* (Fn. 655), Art. 35 Rn. 29; *v. Danwitz* (Fn. 659), Art. 35 Rn. 70.

708 *Bauer* (Fn. 655), Art. 35 Rn. 29; *v. Danwitz* (Fn. 659), Art. 35 Rn. 70.

709 *Bauer* (Fn. 655), Art. 35 Rn. 29.

Zur Definition der explizit benannten Tatbestandsmerkmale ist auf den Erlass des Bundesministeriums der Verteidigung über Hilfeleistungen der Bundeswehr bei Naturkatastrophen oder besonders schweren Unglücksfällen und im Rahmen der dringenden Nothilfe aus dem Jahre 2008 Rückgriff zu nehmen[710]. Die Erforderlichkeit einer Definition erstreckt sich zunächst auf das Merkmal der Naturkatastrophe: Laut Erlass handelt es sich dabei um *„unmittelbar drohende Gefahrenzustände oder Schädigungen von erheblichem Ausmaß, die durch Naturereignisse wie Erdbeben, Hochwasser, Eisgang, Unwetter, Wald- und Großbrände durch Selbstentzündung oder Blitze, Dürre oder Massenerkrankungen ausgelöst werden"*[711]. Eine Naturkatastrophe gründet demnach ausschließlich auf nicht beeinflussbaren, natürlichen Ereignissen, ohne das Hinzutreten menschlichen Verhaltens[712]. Somit scheidet eine Subsumtion von Terrorangriffen unter eine Naturkatastrophe im Sinne des Art. 35 Abs. 2 Satz 2, Abs. 3 Satz 1 GG von vornherein aus[713].

Anders hingegen beim regionalen Notfall eines besonders schweren Unglückes, der grundsätzlich durch menschliches Handeln verursacht werden kann[714]. Von einem solchen Unglücksfall ist nach dem Erlass des Bundesministeriums der Verteidigung *„bei Schadensereignissen von großem Ausmaß und von Bedeutung für die Öffentlichkeit auszugehen, die durch Unfälle, technisches oder menschliches Versagen ausgelöst oder von Dritten absichtlich herbeigeführt werden"*[715].

Beispielhaft fallen unter den Begriff des Schadensereignisses *„besonders schwere Verkehrsunfälle, schwere Flugzeug- oder Eisenbahnunglücke, Stromausfall mit Auswirkungen auf lebenswichtige Einrichtungen, Großbrände durch Brandstiftung, Unfälle in Kernenergieanlagen und andere Unfälle mit Strahlenrisiko"*[716]. Ein Terrorangriff kann daher grundsätzlich den Fall eines besonders schweren Unglückes begründen[717].

---

710 Ministerialblatt des Bundesministeriums der Verteidigung, VMBI (Hrsg.), Hilfeleistungen der Bundeswehr bei Naturkatastrophen oder besonders schweren Unglücksfällen und im Rahmen der dringenden Nothilfe – Neufassung, 06.02.2008, Nr. 1, S. 2, http://www.add.rlp.de/icc/add/med/ccc/ccc40a4e-29a3-9a11-20a1-99b6a2b720f9, 11111111-1111-1111-1111-111111111111.pdf (zuletzt abgerufen: Januar 2016); vgl. auch *v. Danwitz* (Fn. 659), Art. 35 Rn. 70 Fn. 28.

711 *Bauer* (Fn. 655), Art. 35 Rn. 29; *v. Danwitz* (Fn. 659), Art. 35 Rn. 70; VMBl, Hilfeleistungen (Fn. 710), S. 2.

712 *Bauer* (Fn. 655), Art, 35 Rn. 29; *Ehmann*, Handeln (Fn. 571), S. 3.

713 *Ehmann*, Handeln (Fn. 571), S. 3.

714 *Bauer* (Fn. 655), Art. 35 Rn. 29; *Ehmann*, Handeln (Fn. 571), S. 3.

715 *Bauer* (Fn. 655), Art. 35 Rn. 29; *v. Danwitz* (Fn. 659), Art. 35 Rn. 70; VMBl, Hilfeleistungen (Fn. 710), S. 2.

716 *Bauer* (Fn. 655), Art, 35 Rn. 29; *v. Danwitz* (Fn. 659), Art. 35 Rn. 70; VMBl, Hilfeleistungen (Fn. 710), S. 2.

717 *v. Danwitz* (Fn. 659), Art. 35 Rn. 70; *Horn*, Verfassungsgemäßheit (Fn. 11), S. 62.

Ob die Abwehr des streitgegenständlichen terroristischen Angriffes mit einem als Waffe zweckentfremdeten entführten Zivilflugzeug auch tatsächlich mit einem Streitkräfteeinsatz auf Grundlage des Art. 35 Abs. 2 Satz 2, Abs. 3 Satz 1 GG begegnet werden kann, ist indes umstritten[718]. Die Frage, ob bereits vor Eintritt der Folgen eines Unglücksfalles eine zulässige Verwendung der Streitkräfte in Betracht kommen kann, das heißt, ob der Tatbestand der Norm auch präventive Maßnahmen erfasst, wird uneinheitlich beantwortet[719]. Es wäre grundsätzlich eine Ausdehnung dahingehend möglich, dass ein unmittelbares Bevorstehen des Unglücksfalles für die Zulässigkeit eines Einsatzes als ausreichend erachtet werden würde[720]. In Teilen der Literatur und auch im politischen Raum wird dieser Ansatz vertreten[721]. Es gilt daher insgesamt Art. 35 Abs. 2 Satz 2, Abs. 3 Satz 1 GG als denkbare Ermächtigungsgrundlage für einen Streitkräfteeinsatz näher zu untersuchen[722].

Dabei sind zunächst die beiden Absätze inhaltlich voneinander abzugrenzen: Während Art. 35 Abs. 2 Satz 2 GG den Fall einer Naturkatastrophe oder eines besonders schweren Unglücksfalles innerhalb der Bundesrepublik Deutschland erfasst, handelt es sich bei der Katastrophenhilfe im Rahmen des Art. 35 Abs. 3 GG um einen überregionalen Notfall, bei dem mehr als ein Land betroffen ist[723]. Vorliegend geht es indes um den Fall eines entführten Flugzeuges innerhalb Deutschlands, sodass ausschließlich die Variante der regionalen Bedrohung als Gegenstand der Untersuchung Bedeutung erlangt. Absatz 3 der Norm entfaltet somit keine Relevanz für die Suche nach einer zulässigen Ermächtigungsgrundlage zum Einsatz der Streitkräfte. Dennoch wird die Variante des überregionalen Notstandes zur Auslegung und insbesondere Abgrenzung herangezogen, wie nachfolgende Darstellung zeigen wird.

Umstritten ist unter anderem die Zulässigkeit präventiver Einsatzmaßnahmen deutscher Streitkräfte. Dazu haben sich unterschiedliche Literaturauffassungen herausgebildet: Verfechter eines weiten Verständnisses erachten die Bedrohung durch einen möglichen Unglücksfall als ausreichend, sodass der tatsächliche Schaden noch nicht eingetreten sein muss[724]. Nach dieser Auffassung sind folglich auch präventive Einsätze der Streitkräfte von der Katastrophenhilfe umfasst[725]. Als Argument wird nachvollziehbar aufgeführt, dass bei nur bestehen-

---

718 *Dreist*, Terroristenbekämpfung (Fn. 27), S. 102.
719 *Horn*, Verfassungsgemäßheit (Fn. 11), S. 62; *Middel*, Sicherheit (Fn. 16), S. 81.
720 *Middel*, Sicherheit (Fn. 16), S. 81.
721 *Gramm*, Bundeswehr (Fn. 27), S. 93.
722 *Gramm*, Bundeswehr (Fn. 27), S. 93.
723 *Dreist*, Terroristenbekämpfung (Fn. 27), S. 102.
724 *Dreist*, Bundeswehreinsatz (Fn. 117), S. 97; *Dreist*, Terroristenbekämpfung (Fn. 27), S. 102; *Ehmann*, Handeln (Fn. 571), S. 3.
725 *Schmidt-Radefeldt*, Inlandseinsätze (Fn. 574), S. 270.

der bloßer Gefahr die Chance der Verhinderung unverzüglich ergriffen werden muss[726]. Die Streitkräfte sollen nicht tatenlos zusehen müssen, bis sich ein Unglücksfall derartigen Ausmaßes in der Realität ereignet hat[727] wie beispielsweise in der Situation der Hamburger Flutkatastrophe im Jahr 1962[728]. Das rasche Einschreiten der Bundeswehrpioniere zur Unterstützung der überforderten Polizeikräfte konnte noch viel mehr Todesopfer in den Fluten verhindern[729].

Problematisch wird es indes, wenn das erweiterte Verständnis der Norm die Vermischung polizeilicher und militärischer Befugnisse zur Konsequenz hat[730]. Dabei führen erneut die bestehenden Prognoseunsicherheiten, diesmal in Bezug auf Art. 35 Abs. 2 Satz 2 und Abs. 3 Satz 1 GG, zu der Befürchtung, dass in der konkreten Situation nicht eindeutig festgestellt werden kann, ob die Voraussetzungen für einen Streitkräfteeinsatz gegeben sind[731].

Speziell die Tatsache, dass sich der zeitliche Anknüpfungspunkt der Entscheidungssituation bei dem dargestellten weiten Verständnis der Norm nach vorne verlagert, erhöht die Risiken einer Fehlinterpretation[732]. Vor allem die notwendige Klärung, ob der Angriff von außen oder doch von innen gestartet wurde, stellt sich vor Realisierung des Unglückes noch schwieriger dar[733]. Daher wird überwiegend das erweiterte Normverständnis auf Präventivmaßnahmen als unzulässig erachtet, sodass sich die Anwendung des Art. 35 Abs. 2 Satz 2 GG ausschließlich auf bereits eingetretene Schadensfälle bezieht[734]. Das Wortlaut-Argument wird als Begründung für dieses Verständnis herangezogen[735]:

Der überregionale Notfall in Art. 35 Abs. 3 GG verlangt, dass die Naturkatastrophe oder der Unglücksfall das Gebiet mehr als eines Landes *„gefährdet"*[736]. Indem lediglich die Gefährdung und noch nicht der Schadenseintritt als solcher vorausgesetzt wird, sind präventive Hilfsmaßnahmen gemäß Abs. 3 der Norm als zulässig zu erachten[737]. Währenddessen begründet die Formulierung *„bei"* einem besonders schweren Unglücksfall oder *„bei"* einer Naturkatastrophe in Abs. 2 die Annahme, dass eine Bedrohung hier noch nicht ausreichen kann, um

---

726 *Ehmann*, Handeln (Fn. 571), S. 3.
727 *Schmidt-Radefeldt*, Inlandseinsätze (Fn. 574), S. 270.
728 *Kurowski*, Bundeswehr (Fn. 86), S. 122.
729 *Hümmer*, Bundeswehr (Fn. 650), S. 99; *Kurowski*, Bundeswehr (Fn. 86), S. 122.
730 *Gramm*, Bundeswehr (Fn. 27), S. 94.
731 *Gramm*, Bundeswehr (Fn. 27), S. 94.
732 *Gramm*, Bundeswehr (Fn. 27), S. 94.
733 *Gramm*, Bundeswehr (Fn. 27), S. 94.
734 *Ehmann*, Handeln (Fn. 571), S. 3; *Lutze*, Abwehr (Fn. 27), S. 105.
735 *Lutze*, Abwehr (Fn. 27), S. 105.
736 Vgl. den Wortlaut von Art. 35 Abs. 3 GG; *Lutze*, Abwehr (Fn. 27), S. 105.
737 *Hümmer*, Bundeswehr (Fn. 650), S. 101; *Lutze*, Abwehr (Fn. 27), S. 105.

einen Einsatz zu begründen⁷³⁸. Aus der Formulierung *bei* ergibt sich eine zeitliche Komponente, die den Eintritt des Schadens für zulässige Unterstützungsmaßnahmen durch die Streitkräfte verlangt⁷³⁹. Auch die Entstehungsgeschichte der Norm bestätigt diese Grundannahme insoweit, als die Hamburger Flutkatastrophe den Auslöser für die Einführung des Artikels darstellte⁷⁴⁰. Der verfassungändernde Gesetzgeber hatte folglich keine präventiven Einsatzmaßnahmen im Blick⁷⁴¹.

Ob daraus jedoch der Umkehrschluss gezogen werden kann, dass gleichermaßen präventive Schritte ausgeschlossen sein sollten, ist indes fraglich⁷⁴². Jedenfalls entstand die Norm mit der Intention, dass zwar Streitkräfte im Innern bei schweren Unglücksfällen unterstützend tätig werden können – diese Verwendung jedoch nur die Ausnahme darstellen soll⁷⁴³. Denn auch im Rahmen der Anwendung des Art. 35 GG darf das grundsätzlich verfolgte Ziel, den Einsatz der Streitkräfte auf das nötigste Minimum zu reduzieren, nicht übersehen werden. Verbreitet wird daher an der Auffassung festgehalten, dass der präventive Einsatz der Streitkräfte zur Verhinderung eines Unglücksfalles bei einem terroristischen Angriff weder nach Art. 35 Abs. 2 Satz 2 noch nach Abs. 3 Satz 1 GG legitimiert werden kann⁷⁴⁴.

Als Zwischenergebnis lässt sich konstatieren, dass nach den oben getätigten Ausführungen bislang keiner der ausdrücklich normierten Verfassungsvorbehalte gemäß Art. 35 Abs. 2 S. 2, Abs. 3 S. 1, 87a Abs. 3, Abs. 4 GG eine Grundlage zur umfassenden Rechtfertigung von Abwehrmaßnahmen terroristischer Angriffe liefern kann⁷⁴⁵.

V. Zwischenbilanz und weiteres Vorgehen

Zur Schaffung von Rechtsklarheit und Herstellung verfassungskonformer Zustände erscheint die Erforderlichkeit einer Änderung beziehungsweise Ergänzung des Grundgesetzes nicht mehr von der Hand zu weisen. Bevor jedoch ein endgültiges Fazit gezogen werden kann, sind die thematisch einschlägigen Ge-

---

738 *Hümmer*, Bundeswehr (Fn. 650), S. 98; *Lutze*, Abwehr (Fn. 27), S. 105; *K. Paulke*, Die Abwehr von Terrorgefahren im Luftraum im Spannungsverhältnis zwischen neuen Bedrohungsszenarien und den Einsatzmöglichkeiten der Streitkräfte im Innern unter besonderer Berücksichtigung des Luftsicherheitsgesetzes, 2005, S. 153.
739 *Hümmer*, Bundeswehr (Fn. 650), S. 98; *Lutze*, Abwehr (Fn. 27), 105; *Paulke*, Abwehr (Fn. 738), S. 153.
740 *Hümmer*, Bundeswehr (Fn. 650), S. 99; *Paulke*, Abwehr (Fn. 738), S. 154-155.
741 *Hümmer*, Bundeswehr (Fn. 650), S. 99; *Paulke*, Abwehr (Fn. 738), S. 155.
742 *Hümmer*, Bundeswehr (Fn. 650), S. 99.
743 *Dreist*, Terroristenbekämpfung (Fn. 27), S. 102; *Ehmann*, Handeln (Fn. 571), S. 3.
744 *v. Danwitz* (Fn. 659), Art. 35 Rn. 71; *Lutze*, Abwehr (Fn. 27), S. 105.
745 *Lutze*, Abwehr (Fn. 27), S. 106.

richtsentscheidungen der jüngsten Zeit und die bislang erfolgten Änderungsvorschläge zur deutschen Verfassung zu beleuchten. Letztere wurden sowohl in der Politik als auch in der Literatur vorgenommen, um die Zulässigkeit von Streitkräfteeinsätzen im Innern bei terroristischen Angriffen verfassungsrechtlich begründen zu können.

Die Bezugnahme erfolgt chronologisch, sodass zunächst auf das bundesverfassungsgerichtliche Urteil aus dem Jahre 2006 Bezug genommen wird. Auf dieser Entscheidung basieren sodann die Verfassungsänderungsvorschläge *Wolfgang Schäubles*, deren Inhalte und auslösende Kritik im Anschluss dargestellt werden.

VI. Beleuchtung der Entscheidung des Bundesverfassungsgerichtes vom 15. Februar 2006 – 1 BvR 357/05 – Nichtigkeit der Abschussermächtigung im Luftsicherheitsgesetz

Das Bundesverfassungsgericht hat sich erstmalig im Jahre 2006 mit der Frage auseinandergesetzt, ob Art. 35 Abs. 2 Satz 2, Abs. 3 Satz 1 GG eine ausreichende Rechtsgrundlage bietet, um einen präventiven Hilfseinsatz der Streitkräfte im Innern Deutschlands zu rechtfertigen[746]. Thematisch befasste sich das Gericht in seiner Beratung mit der Verfassungsmäßigkeit der Abschussermächtigung im Luftsicherheitsgesetz[747]. Im Rahmen dessen entschied es, dass § 14 Abs. 3 LuftSiG, der es gestattete, ein Luftfahrzeug mit Waffengewalt abzuschießen, verfassungswidrig ist[748]. Ein Rückgriff auf die Abschussermächtigung beinhalte zwangsläufig einen Verstoß gegen Art. 2 Abs. 2 Satz 1 in Verbindung mit Art. 1 Abs. 1 GG, da sich ein derartiger Einsatz gegen das Leben unschuldiger Insassen richten würde[749].

Die Idee des Erlasses eines Luftsicherheitsgesetzes gründete – neben den Geschehnissen des 11. September 2001 in den USA – auf dem bereits in Bezug genommenen Ereignis einer Flugzeugentführung durch eine Privatperson innerhalb Deutschlands[750]. In dem konkreten Fall hatte ein geistesverwirrter Mann in Frankfurt ein Sportflugzeug in seine Gewalt gebracht mit der Androhung, es ins Bankenviertel stürzen zu lassen, wenn ihm nicht ein Telefongespräch mit den Vereinigten Staaten gewährt werden würde[751]. Als ihm dieses zugestanden wurde, landete er, ohne dass es zu Verletzten gekommen war[752]. Ein Hubschrauber der Polizei und zwei Düsenjäger der Bundeswehr kamen bei diesem Vorfall zum Einsatz, sodass die Diskussion in Gang gesetzt wurde, inwieweit Eingriffe in die

---

746 BVerfGE 115, 118-166. Im Folgenden wird die Entscheidung nach Seitenzahlen zitiert.
747 (118-166).
748 Leitsatz, (118).
749 Leitsatz, (118).
750 (119).
751 (119-120).
752 (120).

zivile Luftfahrt durch die Bundeswehr überhaupt verfassungsrechtlich zulässig seien[753].

1. Reichweite des Art. 35 Abs. 2 Satz 2, Abs. 3 Satz 1 GG

Im Rahmen dieser Prüfung setzte sich das Bundesverfassungsgericht mit der Reichweite und dem allgemeinen Verständnis von Art. 35 Abs. 2 Satz 2, Abs. 3 Satz 1 GG sowie der Frage auseinander, ob diese als Grundlage für die §§ 13-15 LuftSiG dienen können[754]. Unter Bezugnahme auf das out-of-area-Urteil aus dem Jahre 1994 stellte das Gericht zunächst noch mal klar, dass die Auslegung der Normen, die als ausdrückliche Verfassungsvorbehalte im Sinne des Art. 87a Abs. 2 GG Anwendung finden, dem Gebot strikter Texttreue unterläge[755]. Diese Tatsache beruhe auf dem primären Ziel der Norm, zu verhindern, dass für Streitkräfteeinsätze „ungeschriebene Zuständigkeiten aus der Natur der Sache" begründet würden[756]. Im Rahmen der Auslegung wurde zunächst geprüft, ob der Anwendung der Norm entgegenstehe, dass der *Unglücksfall* im Sinne des Art. 35 Abs. 2 Satz 2 GG, hier der Absturz des Flugzeuges, vorsätzlich von Menschenhand beabsichtigt wurde[757]. Dass eine Beschränkung vom Gesetzgeber auf unwillentliche oder auf Fahrlässigkeit beruhende Fälle gewollt gewesen wäre, ergäbe sich weder aus dem Wortlaut der Norm noch aus ihrem Sinn und Zweck[758]. Danach solle ein möglichst effektiver Katastrophenschutz durch die Streitkräfteverwendung gewährleistet werden, was ein weites Verständnis der Norm nahelege[759]. Dem sei auch in der Staatspraxis gefolgt worden, sodass vorsätzlich herbeigeführte Unglücksfälle bereits in dem *„Erlass des Bundesministers der Verteidigung über Hilfeleistungen der Bundeswehr bei Naturkatastrophen bzw. bei besonders schweren Unglücksfällen und dringender Nothilfe aus dem Jahre 1977"* Erwähnung gefunden haben[760].

2. Möglichkeit präventiver Einsatzmaßnahmen der Streitkräfte

Als nächsten Punkt hatte das Gericht über die Zulässigkeit von Einsätzen für den Fall zu entscheiden, dass sich noch kein Unglücksfall im Sinne des Art. 35 Abs. 2 Satz 2 GG realisiert hat[761]. Überraschend und im Gegensatz zu den ablehnenden Auffassungen in der Literatur stellte das Bundesverfassungsgericht das

---

753 (120).
754 (142 ff.).
755 (142).
756 BT-Drs. V/2873, S. 13; BVerfGE 115, 118 (142). Im Folgenden wird die Entscheidung nach Seitenzahlen zitiert.
757 (143).
758 (143-144).
759 (144).
760 (144).
761 (144 f.).

vermeintliche Problema als verfassungsrechtlich unbedenklich dar und ließ auch präventive Einsätze zu[762]. Es stützte seine Argumentation vorrangig auf den aus dem Polizeirecht bekannten Gefahrenbegriff, wonach die Gefahr einer Naturkatastrophe bereits dann als ausreichend erachtet wird, wenn ihre Realisierung mit an Sicherheit grenzender Wahrscheinlichkeit erwartet werden kann[763]. Auch das von Stimmen der Literatur vorgebrachte Wortlautargument entkräftete das Gericht mit der polizeirechtlichen gegenwärtigen Gefahr, nach der unterstützende Hilfe bereits dann angefordert werden könne, wenn sich der Unglücksfall noch nicht realisiert habe[764]. Zudem wurde mit Absatz 3 Satz 1 der Norm argumentiert, der durch das Wort „*gefährdet*" ausdrücklich Präventivmaßnahmen zuließe[765]. Das Gericht sah keinen Hinweis, dass eine Unterscheidung zwischen den Absätzen vorgenommen werden sollte[766], sodass sich die Möglichkeit präventiver Verwendungen auf jeden denkbaren Fall des besonders schweren Unglückes beziehe.

Inhaltlich stelle Absatz 3 lediglich eine Erweiterung dahingehend dar, dass bei Gefährdung mehr als eines Landes auch eine überregionale Unterstützung durch die Streitkräfte zulässig sei[767]. Für die Annahme einer Naturkatastrophe im Sinne der Norm reichen bereits drohende Gefahrenzustände aus, wenn der Schadenseintritt unmittelbar bevorstehe[768]. Da die Grenzen zwischen einer Naturkatastrophe und einem schweren Unglücksfall nahe beieinander liegen und auch der Zustand einer drohenden Gefahr bis hin zum Schadenseintritt fließend übergehen könne, begründe dies die Annahme, beide Katastrophenursachen gleichermaßen zu behandeln[769]. Demnach gelang das Gericht zu der Auffassung, dass sowohl bei überregionalen als auch bei regionalen Gefährdungslagen im Sinne des Art. 35 Abs. 2 Satz 2, Abs. 3 Satz 1 GG ein präventiver Einsatz der Streitkräfte zulässig sei[770].

3. Kritische Auseinandersetzung mit den richterlichen Ausführungen

Diesem weiten Verständnis des Bundesverfassungsgerichtes könnte entgegen gehalten werden, dass sich zunächst aus der Formulierung „gefährdet" in Abs. 3 der Norm nicht ableiten lässt, dass der Schaden noch nicht eingetreten sein

---

762 (145-146).
763 (145); *Middel*, Sicherheit (Fn. 16), S. 80-81.
764 BVerfGE 115, 118 (145).
765 BVerfGE 115, 118 (145).
766 BVerfGE 115, 118 (145-146).
767 BVerfGE 115, 118 (145).
768 BVerfGE 115, 118 (144-145); *v. Danwitz* (Fn. 659), Art. 35 Rn. 70; *M. Gubelt*, in: v. Münch/ Kunig, Grundgesetz Kommentar, 5. Aufl., 2001, Bd. 2, Art. 35, Rn. 25.
769 BVerfGE 115, 118 (145); *Gubelt* (Fn. 768), Art. 35 Rn. 25.
770 BVerfGE 115, 118 (145-146).

muss[771]. Zum einen wurde die grundgesetzliche Formulierung vermieden, dass auch „bevorstehende" Katastrophen für den Anwendungsbereich der Norm ausreichen sollen[772]. Zudem bezieht sich die Gefährdung in Abs. 3 auf die Folgen des schädigenden Ereignisses[773]. Über das Stadium des Unglücksfalles und darüber, ob er tatsächlich bereits eingetreten sein muss, kann indes nichts abgeleitet werden[774].

Als weiteres Argument gegen die gerichtliche Auffassung lässt sich die herrschende und stetig verfolgte restriktive Staatshaltung gegenüber der Einsätze der Streitkräfte im Innern der Bundesrepublik anführen[775]. Auch die Gefahr einer inhaltlichen Umgehung des Art. 87a Abs. 4 GG spricht für ein einschränkendes Verständnis tatbestandlicher Voraussetzungen des Art. 35 GG[776]. Zudem darf nicht übersehen werden, dass der Gesetzgeber bei Einführung der Norm keinesfalls die Ausmaße terroristischer Angriffe vor Augen hätte haben können, sodass das entstehungsgeschichtliche Argument schwer wiegt.

4. Zusammenfassende Würdigung

Inwieweit die Ausführungen des Bundesverfassungsgerichtes im Hinblick auf Präventivmaßnahmen der Streitkräfte kritikwürdig sind, kann im Ergebnis dahinstehen, da es jedenfalls über einen anderen Weg zu einer Restriktion der Anwendung des Art. 35 Abs. 2 Satz 2, Abs. 3 Satz 1 GG gelang[777]:

Der Einsatz nach § 14 Abs. 3 LuftSiG sei deshalb nicht den Anforderungen des ausdrücklichen Verfassungsvorbehaltes gerecht geworden, weil unter der zulässigen Hilfeleistung der Streitkräfte nicht solche verstanden werde, die den Einsatz militärischer Waffen beinhalte[778]. Der Umfang an Unterstützungen durch die Bundeswehr solle nämlich in dem Maße erfolgen, in dem auch die Polizei der Länder eingesetzt werden würden[779].

Eine zulässige Streitkräfteverwendung im Rahmen einer Naturkatastrophe oder eines besonders schweren Unglücksfalles darf folglich nur mit solchen Mitteln stattfinden, die auch originär zu denen der Polizeikräfte zählen[780]. Die Bordwaffe beispielsweise, die für einen Einsatz nach dem LuftSiG benötigt wird, fällt

---

771 *Lutze*, Abwehr (Fn. 27), S. 105; *Middel*, Sicherheit (Fn. 16), S. 81.
772 *Middel*, Sicherheit (Fn. 16), S. 81.
773 *Middel*, Sicherheit (Fn. 16), S. 81; *Paulke*, Abwehr (Fn. 738), S. 157.
774 Vgl. den Wortlaut von Art. 35 Abs. 3 GG; *Middel*, Sicherheit (Fn. 16), S. 81.
775 *Middel*, Sicherheit (Fn. 16), S. 81; *Paulke*, Abwehr (Fn. 738), S. 156.
776 *Middel*, Sicherheit (Fn. 16), S. 81.
777 *Middel*, Sicherheit (Fn. 16), S. 81.
778 BVerfGE 115, 118 (146-147).
779 BVerfGE 115, 118 (146-147).
780 BVerfGE 115, 118 (146-147).

damit nicht unter die zulässigen Einsatzmittel eines Kampfflugzeuges[781]. Da jedoch der streitgegenständliche Fall, also die Abwendung möglicher gravierender Gefahren, die von einem entführten Flugzeug ausgehen, mithilfe der Streitkräfte nur dann unter Kontrolle zu bekommen ist, wenn auch der Einsatz entsprechender Waffen denkbar und zulässig ist, scheidet auch nach dem weiten Verständnis des Gerichtes ein Rückgriff auf Art. 35 Abs. 2 Satz 2, Abs. 3 Satz 1 GG als Rechtsgrundlage aus.

Dieses Ergebnis steht letztlich auch im Einklang mit der Entstehungsgeschichte und der systematischen Verortung der zu prüfenden Norm[782]: Im Rahmen der Notstandsverfassung sollte die von der Bundesregierung geplante Fassung des späteren Art. 35 GG ursprünglich bei Art. 91 GG dem inneren Notstand normiert sein und ausdrücklich die Formulierung enthalten, dass die Streitkräfte „als Polizeikräfte" zum Einsatz gebracht werden[783]. Aus dieser Tatsache ergibt sich auch die notwendige Folgerung, dass eine Verwendung der Streitkräfte nur in dem polizeirechtlich vorgesehenen Maße zulässig ist, sodass bei den Hilfsmaßnahmen militärische Waffen keine Verwendung finden dürfen[784].

Insgesamt ist daher zu konstatieren, dass auch nach der Rechtsprechung des Bundesverfassungsgerichtes aus dem Jahre 2006 Art. 35 Abs. 2 Satz 2, Abs. 3 Satz 1 GG als ausdrücklicher Verfassungsvorbehalt im Sinne des Art. 87a Abs. 2 GG für die Verwendung der Streitkräfte im Innern zur wirksamen Abwehr terroristischer Angriffe aus der Luft ausscheidet.

VII. Erfolgte Vorschläge zur Verfassungsänderung beziehungsweise Ergänzung

Die Erfahrungen der letzten Jahre, beginnend mit den Anschlägen in New York bis hin zu den jüngsten Ereignissen in Paris, haben die Diskussionen um eine Grundgesetzänderung in Deutschland immer wieder vorangetrieben. Die Tatsache, dass die deutsche Verfassung keine expliziten Bestimmungen für Einsätze im Innern des Landes zur Abwehr terroristischer Angriffe bereithält, führt zu Vorschlägen, die sowohl Änderungen bereits vorhandener, als auch Ergänzungen um neue Absätze einschlägiger Artikel beinhalten. *Wolfgang Schäuble*, Bundesminister der Finanzen, war Vorreiter diverser Vorschläge zur Lösung dieser sicherheitspolitischen Konfliktlage:

---

781 *Grzeszick* (Fn. 655), Art. 35 Rn. 56.
782 BVerfGE 115, 118 (147).
783 BT-Drs. V/1879, S. 3; BVerfGE 115, 118 (147).
784 BT-Drs. V/1879, S. 23 zu Art. 91 GG; BVerfGE 115, 118 (146-147).

1. Vorschlag *Schäubles* zur Änderung des Art. 87a Abs. 2 GG

Der gegenwärtige Bundesminister der Finanzen *Wolfgang Schäuble* äußerte sich wiederholt zu denkbaren Ergänzungen des Grundgesetzes[785]. Zunächst werden seine geäußerten Maßnahmen an der Zentralnorm des Art. 87a GG dargestellt, bevor seine vorgeschlagenen Erweiterungen des Art. 35 GG erläutert werden[786]: Neben inhaltlich hier nicht relevanten Vorschlägen zu einer Ergänzung um einen Abs. 5 der Norm für Einsätze außerhalb des Bundesgebietes[787] verfasste er einen Gesetzestext als neuen Art. 87a Abs. 2 GG mit folgendem Inhalt:

„Außer zur Verteidigung sowie zur unmittelbaren Abwehr eines sonstigen Angriffs auf die Grundlagen des Gemeinwesens dürfen die Streitkräfte nur eingesetzt werden, soweit dieses Grundgesetz es ausdrücklich zulässt"[788].

Mit der Ergänzung um einen der Verteidigung vergleichbaren Fall des Einsatzes zur Abwehr eines *Angriffs auf die Grundlagen des Gemeinwesens*, löste er Diskussionen im Schrifttum aus[789]. Er setzte sich mit seinem eigens als „Quasi-Verteidigungsfall" bezeichneten Ansatz dem Vorwurf aus, eine verfassungsrechtliche Grundlage schaffen zu wollen, um die Tötung Unschuldiger in Extremsituationen zu rechtfertigen[790].

Schäuble begründet seinen Vorschlag zunächst mit der Notwendigkeit des Vorhandenseins gesetzlicher Regelungen für den Eintritt eines Ernstfalles[791]. Gerade die in Notsituationen erforderliche rasche Entscheidungsfindung verlange

---

785 *Hümmer*, Bundeswehr (Fn. 650), S. 135 f.; *W. Schäuble*, Aktuelle Sicherheitspolitik im Lichte des Verfassungsrechts, in: ZRP 2007, S. 210 (210-213).

786 *Hümmer*, Bundeswehr (Fn. 650), S. 135-136, 138; *Schäuble*, Sicherheitspolitik (Fn. 785), S. 213.

787 *R. Glawe*, Rechtsgrundlagen des Einsatzes deutscher Spezialkräfte in maritimen Geisellagen, in: NZWehrR 51 (2009), S. 221 (232); *S. Löwenstein*, Widerspruch gegen Schäubles Vorstoß, 11.05.2009, http://www.faz.net/aktuell/politik/inland/bundeswehr-und-piraten-widerspruch-gegen-schaeubles-vorstoss-1798685.html (zuletzt abgerufen: Januar 2016).

788 *H. Prantl*, „Quasi-Verteidigungsfall". Schäuble: Beim Abschuss gilt das Kriegsrecht, 11.05.2010, http://www.sueddeutsche.de/politik/quasi-verteidigungsfall-schaeuble-beim-abschuss-gilt-das-kriegsrecht-1.303724 (zuletzt abgerufen: Januar 2016); ZEIT online, Terrorabwehr. Kriegsrecht soll Abschuss erlauben, 29.12.2006, http://www.zeit.de/online/2007/01/terror-abschuss-schaeuble?commentstart=1#cid-40576 (im Folgenden zuletzt abgerufen: Januar 2016); *Schäuble*, Sicherheitspolitik (Fn. 785), S. 213; *Wiefelspütz*, Reform (Fn. 6), S. 94.

789 *C. Pestalozza*, Inlandstötungen durch die Streitkräfte – Reformvorschläge aus ministeriellem Hause, in: NJW 2007, S. 492 (493); *Hümmer*, Bundeswehr (Fn. 650), S. 138; *Prantl*, „Quasi-Verteidigungsfall" (Fn. 788).

790 *Hümmer*, Bundeswehr (Fn. 650), S. 138; ZEIT online, Terrorabwehr (Fn. 788).

791 *Schäuble*, Sicherheitspolitik (Fn. 785), S. 210 (213); *Wiefelspütz*, Reform (Fn. 6), S. 94.

schriftliche Anweisungen[792]. Das einst vertretene Verfassungsverständnis, dass der Staat im Zweifel für Schutzmaßnahmen zugunsten der Bürger legitimiert sei, könne vor allem seit Feststellung der Verfassungswidrigkeit des § 14 Abs. 3 LuftSiG im Luftsicherheitsurteil nicht aufrecht erhalten werden[793]. Eine einmal erfolgte Versagung durch das Gericht könne nicht übergangen werden und verlange aus Rechtssicherheitsgründen feste Regelungen[794].

Die von Schäuble geforderte Legitimation zur Tötung unschuldiger Personen als ultima ratio im Ausnahmefall sorgte zunächst für derartiges Unverständnis, dass sein Vorschlag teilweise für eine Farce gehalten wurde[795]. Nachdem er jedoch eigenständig diese Interpretation der inhaltlichen Neuerung von Art. 87a Abs. 2 GG bestätigte[796], entstand nachfolgende Kritik:

2. Kritik an der Auffassung Schäubles zur Änderung des Art. 87a Abs. 2 GG

Zunächst kritisiert *Pestalozza*, dass bei Einfügung eines *sonstigen Angriffes* der Verweis aus Art. 87a Abs. 2 Satz 1 GG auf eine weitere Regelung dieses Inhaltes ins Leere gehe[797]. Während sich die derzeit in Abs. 2 geregelte *Verteidigung* in Abs. 1 der Norm wiederfinde, kann das nicht für die neue Angriffsabwehr in Form eines sonstigen Angriffes angenommen werden[798]. Die von Schäuble vorgeschlagene Idee einer Verfassungsänderung solle augenscheinlich mit Absatz 2 ihre einzige Verortung im Grundgesetz finden[799]. Die neu verwandten Formulierungen werden vor allem aufgrund ihrer weiten Interpretationsfähigkeiten kritisiert, durch die ein klares Normverständnis kaum möglich erscheine[800]. Nach *Pestalozza* beginne es mit den *„Grundlagen des Gemeinwesens"*, bei denen nicht eindeutig sei, was darunter zu subsumieren ist, vor allem, weil sich eine derartige Verwendung nirgends sonst im Grundgesetz finde[801]. Denkbare Inter-

---

792 *Schäuble*, Sicherheitspolitik (Fn. 785), S. 213.
793 *Schäuble*, Sicherheitspolitik (Fn. 785), S. 213.
794 *Schäuble*, Sicherheitspolitik (Fn. 785), S. 213; Tagesspiegel Online, Sicherheit. Schäuble will Abschuss von Passagierflugzeugen, 01.01.2007, http://www.tagesspiegel.de/politik/deutschland /sicherheit-schaeuble-will-abschuss-von-passagierflugzeugen-erlauben/793296.html (zuletzt abgerufen: Januar 2016).
795 *Hümmer*, Die Bundeswehr (Fn. 650), S. 138; *Pestalozza*, Inlandstötungen (Fn. 789), S. 493.
796 *Pestalozza*, Inlandstötungen (Fn. 789), S. 493.
797 Der nachstehende Abschnitt orientiert sich an: *Pestalozza*, Inlandstötungen (Fn. 789), S. 492 ff. und wird im Folgenden nach Seitenzahlen zitiert.
798 (493).
799 (493).
800 (493); so auch: *B. Hirsch*, Zum Verbot des Rettungstotschlags, in: NJW 2007, S. 1188.
801 (493).

pretationen bezüglich des Gemeinwesens reichen von dem ausschließlichen Bezug auf ein bestimmtes Land bis hin zu einem gesamtstaatlichen Verständnis, wie es sich im Rahmen der Bundesgesetzgebung in Art. 72 Abs. 2 GG wiederfinde[802]. Auch der Ausdruck „*Grundlagen*" werfe Fragen auf, da nicht klar sei, ob diese mehr oder weniger als das Gemeinwesen als solches umfassen, und ob ein Angriff auf sie beispielsweise auch mittelbar abgewehrt werden könne[803].

Weiter kritisiert er, dass neben den genannten Vagheiten aufgrund verwendeter Begrifflichkeiten die vorgeschlagenen Änderungen auch allgemeine Ungewissheiten hervorrufen[804]. So sei zunächst unklar, ob sämtliche terroristische Aktionen von dem Tatbestand erfasst oder Abstufungen vorgenommen werden sollen[805]. Zudem sei auch nicht bekannt, wie im jeweiligen Einzelfall eine Feststellung der etwaig verlangten Voraussetzungen erfolgen solle[806]. Der neuen Angriffsabwehr wird außerdem entgegengehalten, dass das Bundesverfassungsgericht in seiner Entscheidung zum LuftSiG sämtliche terroristische Angriffe unter der Norm des Art. 35 GG verorte, sodass nicht nachzuvollziehen sei, wieso eine Neueinführung zu der Thematik im Rahmen von Art. 87a Abs. 2 GG erfolgen solle[807].

Es wird insgesamt konstatiert, dass sich durch den Vorschlag Schutzlücken auftun, und der eigentliche Handlungsbedarf im Rahmen von Art. 35 GG bestehe, der durch das Bundesverfassungsgericht zum Zeitpunkt der geäußerten Kritik zwar für einschlägig erkannt wurde, jedoch die Verwendung notwendiger militärischer Mittel durch die Streitkräfte nicht gestattete[808].

Der erheblichste Vorwurf gegenüber dem Vorschlag *Schäubles* zur Änderung des Art. 87a Abs. 2 GG basiert indes auf dem Verständnis der Neueinführung des „*Quasi-Verteidigungsfalles*"[809]. Gravierend an dieser vom Innenministerium selbst getätigten Aussage sei die Tatsache, dass durch Vorliegen eines Verteidigungsfalles gemäß Art. 115a Abs. 5 GG das Völkerrecht zur Anwendung gelange, und dieses wiederum die Tötung Unbeteiligter gestatte[810]. Es finde sich zwar in dem Verfassungsvorschlag keine dahingehende ausdrückliche Formulie-

---

802 (493).
803 (493).
804 (493).
805 (493).
806 (493).
807 (493); BVerfGE 115, 118-166.
808 *Pestalozza*, Inlandstötungen (Fn. 789), S. 493-494.
809 *Hümmer*, Bundeswehr (Fn. 650), S. 138; *Pestalozza*, Inlandstötungen (Fn. 789), S. 494.
810 *Hümmer*, Bundeswehr (Fn. 650), S. 138; *Pestalozza*, Inlandstötungen (Fn. 789), S. 494.

rung[811]. Dennoch sei das Opfern unschuldiger Personen nicht ausgeschlossen, da der Anwendungsbereich kriegsvölkerrechtlicher Normen möglich erscheint[812].

Unter Bezugnahme auf das Urteil zum LuftSiG aus dem Jahre 2006, das den Ausgangspunkt der Gestaltung des neuen Art. 87a Abs. 2 GG bildete[813], führt unter Anderen *Hümmer* Nachfolgendes aus: Im Mittelpunkt der Gerichtsentscheidung stehe das Recht auf Leben gemäß Art. 2 Abs. 2 Satz 1 GG in Verbindung mit der Menschenwürdegarantie aus Art. 1 Abs. 1 GG, die umfassenden Schutz durch die Verfassung widerfahren[814]. Das Bundesverfassungsgericht nehme in seiner Entscheidung die Verletzung dieser Grundrechte bei Tatunbeteiligten an, die der Einwirkung der Streitkräfte mit Waffengewalt auf ein Luftfahrzeug chancenlos ausgeliefert sind[815]. Vorausgesetzt, die richterlichen Ausführungen der Entscheidung besäßen Bindungswirkung, würden diese der Wirksamkeit des vorgeschlagenen „Quasi-Verteidigungsfalles" entgegenstehen, da dieser gemäß obigen Ausführungen den Schutz der Menschenwürde nicht garantieren könne[816].

Im Hinblick auf die von *Schäuble* vorgenommene Gleichsetzung der *Verteidigung* mit dem *Verteidigungsfall* in Art. 115a GG führt *Wiefelspütz* zutreffender Maßen aus, dass der Vorschlag zwangsläufig zu fehlerhaften Folgerungen führt[817]. Dass es sich bei einer synonymen Verwendung beider Begriffe um eine unstreitig widerlegte Auffassung handelt, steht spätestens seit der Entscheidung des Bundesverfassungsgerichtes im Jahre 2006 fest[818]. Zudem kritisiert *Wiefelspütz*, dass der Vorschlag zu kurz gefasst sei, da er sich ausschließlich auf einen Ausnahmefall beziehe, der kaum denkbare Szenarien beinhalte[819]. Tragische Ereignisse, wie solche vom 11. September 2001, seien trotz zahlreicher Todesopfer nicht vom Tatbestand erfasst[820]. Er wirft der neuen Fassung des Art. 87a Abs. 2 GG außerdem Sinnfreiheit vor, da das durch den Vorschlag intendierte Notrecht inhaltlich für den Fall gestaltet sei, dass die Existenz des Staates bedroht werde[821]. Für eine derartige Extremsituation sei es laut *Wiefelspütz* jedoch

---

811 *Pestalozza*, Inlandstötungen (Fn. 789), S. 494.
812 *Pestalozza*, Inlandstötungen (Fn. 789), S. 494.
813 BVerfGE 115, 118-166; *Hümmer,* Bundeswehr (Fn. 650), S. 138; *Pestalozza*, Inlandstötungen (Fn. 789), S. 494.
814 Leitsatz, BVerfGE 115, 118 (118); *Hümmer,* Bundeswehr (Fn. 650), S. 140; ZEIT online (Hrsg.), Terrorabwehr (Fn. 788).
815 *Hümmer,* Bundeswehr (Fn. 650), S. 140.
816 *Pestalozza*, Inlandstötungen (Fn. 789), S. 494.
817 Der nachstehende Abschnitt orientiert sich an: *Wiefelspütz*, Reform (Fn. 6), S. 96 ff. und wird im Folgenden nach Seitenzahlen zitiert.
818 (96); BVerfGE 115, 118-166.
819 (102).
820 (102).
821 (102).

selbstverständlich, alle denkbaren und zur Verfügung stehenden Mittel einzusetzen, sodass ein solcher Fall keiner Regelung bedürfe[822].

3. Vorschlag Schäubles zur Ergänzung des Art. 87a Abs. 3 GG

Der Vorschlag *Schäubles* zur Regelung der Inneneinsätze deutscher Streitkräfte enthält auch eine Neufassung des Art. 87a Abs. 3 GG. Diese soll folgendermaßen lauten:

„(3) Die Streitkräfte haben im Verteidigungsfall und im Spannungsfall die Befugnis, zivile Objekte zu schützen und Aufgaben der Verkehrsregelung wahrzunehmen, soweit dies zur Erfüllung ihres Verteidigungsauftrages erforderlich ist. Außerdem kann den Streitkräften im Verteidigungsfalle und im Spannungsfalle und befristet nach Maßgabe eines mit der Mehrheit seiner Mitglieder gefassten Beschlusses des Bundestages mit Zustimmung des Bundesrates der Schutz ziviler Objekte auch zur Unterstützung polizeilicher Maßnahmen übertragen werden; die Streitkräfte wirken dabei mit den zuständigen Behörden zusammen" [823].

Als Neuerung sollen folglich die Streitkräfte der Bundeswehr befugt sein, den zivilen Objektschutz im Innern zur Unterstützung der Polizei auch dann wahrzunehmen, wenn nicht die engen Vorgaben eines Verteidigungs- oder Spannungsfalles in Deutschland vorliegen[824]. *Schäuble* erachtet eine Mehrheitsabstimmung im Bundestag mit Zustimmung des Bundesrates als ausreichend und erweitert damit den militärischen Objektschutz in der Bundesrepublik Deutschland entscheidend[825]. Entsprechend seiner Gesetzesbegründung soll die dem Bundestag zustehende Entscheidungsbefugnis an weitere Voraussetzungen nicht gebunden sein[826].

4. Kritik an der Auffassung Schäubles zur Ergänzung des Art. 87a Abs. 3 GG

Dem Vorschlag *Schäubles* zur Neufassung des Art. 87a Abs. 3 GG stehen primär verfassungspolitische Aspekte entgegen, sodass auch diese Änderung im Ergebnis nicht tragbar ist[827]. Gerade die Tatsache, dass es bezüglich der Effektivität des zivilen Objektschutzes durch die Polizei keine Einwände gibt, und die Sicherheit durch Letztere bislang adäquat garantiert werden konnte, begründet die ablehnende Haltung *Wiefelspütz* gegenüber der vorgeschlagenen Ergänzung der Norm[828]. Es benötigt eine polizeiliche Vorbildung, um effektiven zivilen

---

822 (102).
823 (104).
824 (104).
825 (104).
826 (104).
827 *Wiefelspütz*, Reform (Fn. 6), S. 105.
828 *Wiefelspütz*, Reform (Fn. 6), S. 105.

Objektschutz in Friedenszeiten zu garantieren, sodass ausschließlich die Polizei und nicht die Streitkräfte für derartige Einsätze aufgerüstet werden sollten[829]. Des Weiteren darf nicht übersehen werden, dass die Durchführung polizeilicher Aufgaben Sache der Länder ist, sodass der Bund im Rahmen der Gefahrenabwehr ausschließlich dann zuständig ist, wenn er durch Kompetenztitel ermächtigt wird[830]. Es kann jedoch nicht angenommen werden, dass der zivile Objektschutz eine derartige Bedeutung zur Aufrechterhaltung der inneren Sicherheit Deutschlands beiträgt, dass damit die von der Verfassung vorgegebene Zuständigkeit des Bundes begründet werden kann[831].

5. Vorschlag Schäubles zur Ergänzung des Art. 35 GG

Neben den Änderungsvorschlägen zur Zentralnorm der Streitkräfteeinsätze lieferte Schäuble zudem eine Ergänzung des Art. 35 GG um zwei weitere Absätze[832]. Die von ihm unterbreiteten Absätze 4 und 5 im Rahmen der besonderen Amtshilfe sollen wie folgt lauten:

„(4) Reichen zur Abwehr eines besonders schweren Unglücksfalls polizeiliche Mittel nicht aus, so kann die Bundesregierung den Einsatz der Streitkräfte mit militärischen Mitteln anordnen. Soweit es dabei zur wirksamen Bekämpfung erforderlich ist, kann die Bundesregierung den Landesregierungen Weisungen erteilen. Die Anordnung nach Satz 1 ist jederzeit auf Verlangen des Bundesrates, im Übrigen unverzüglich nach Beseitigung der Gefahr aufzuheben.

(5) Bei Gefahr im Verzug entscheidet der zuständige Bundesminister. Die Entscheidung der Bundesregierung ist unverzüglich nachzuholen"[833].

Aus der schriftlichen Begründung des Entwurfes geht hervor, dass die vorgeschlagenen Ergänzungen der Norm, der Entscheidung des Bundesverfassungsgerichtes zum LuftSiG aus dem Jahre 2006 gerecht werden sollten[834]. Absatz 4 soll dabei dem Umstand Rechnung tragen, dass das Gericht in seinem damaligen Urteil den Einsatz spezifisch militärischer Mittel im Rahmen polizeilicher Gefahrenabwehr für unzulässig erklärte[835]. Der gerichtlichen Beanstandung der vorgesehenen Eilkompetenz des Bundesministers der Verteidigung solle mit Absatz 5 dahingehend abgeholfen werden, dass dieser fortan die Zuständigkeit

---

829 *Wiefelspütz*, Reform (Fn. 6), S. 105.
830 E. *Schmidt-Jortzig*, Verfassungsänderung für Bundeswehreinsätze im Innern Deutschlands?, in: DÖV 55 (2002), S. 773 (778); *Wiefelspütz*, Reform (Fn. 6), S. 105.
831 *Gramm*, Bundeswehr (Fn. 27), S. 100; *Wiefelspütz*, Reform (Fn. 6), S. 105.
832 Der nachstehende Abschnitt orientiert sich an: *Wiefelspütz*, Reform (Fn. 6), S. 91 ff. und wird im Folgenden nach Seitenzahlen zitiert.
833 (91); so auch *Harnisch*, Koalition (Fn. 215), S. 513.
834 (91); BVerfGE 115, 118-166.
835 (91).

regeln solle[836]. Die Ergänzung liefere allgemein die Rechtsgrundlage zur Entscheidungsbefugnis des Bundesministers, wobei sich diese sowohl auf den Bundesminister der Verteidigung, als auch auf den des Innern beziehe, wenn es nicht um den Einsatz der Streitkräfte gehe[837].

6. Kritik an der Auffassung Schäubles zur Ergänzung des Art. 35 GG

Kritikwürdig an der Ergänzung des Art. 35 GG ist nach *Wiefelspütz* der Umstand, dass sie inhaltlich keinerlei Regelung materieller Voraussetzungen enthalte, anhand derer ein zulässiger Streitkräfteeinsatz zur polizeilichen Unterstützung erfolgen könnte[838]. Die Norm gestatte zwar den Einsatz militärischer Mittel und regle die Zuständigkeit des Bundesministers der Verteidigung[839]. Indes sage sie nichts darüber aus, wie zu verfahren sei, wenn bei einem Streitkräfteeinsatz menschliches Leben bedroht sein könnte, und in wieweit dann noch die Achtung elementarer Grundrechte garantiert werden könne[840]. *Wiefelspütz* konstatiert abschließend und ohne weitere inhaltliche Würdigung, dass grundsätzlich eine Änderung des Amtshilfetatbestandes sachgerecht und zur Schließung nicht hinnehmbarer Lücken auch erforderlich erscheine. Aufgrund der Tatsache, dass das Militär über besseres Kampfmaterial zur Abwehr von Angriffen aus der Luft oder von der See her verfüge, solle eine Grundgesetzänderung erfolgen, um ihre Verwendung auch verfassungsrechtlich legitimieren zu können[841].

7. Zwischenbilanz und weiteres Vorgehen

Trotz des großen Wandels in der deutschen Sicherheitspolitik der letzten Jahrzehnte erfolgte keine verfassungsrechtliche Anpassung an die vorhandene Notwendigkeit der Ausweitung des Einsatzspektrums der Bundeswehr. Die geäußerten Vorschläge konnten sich gegenüber aufkommender Kritik nicht durchsetzen, sodass eine Veränderung oder Ergänzung vorhandener Grundgesetzartikel bislang ausblieb. Indes folgten seit dem bedeutenden Urteil des Bundesverfassungsgerichtes zum LuftSiG im Jahre 2006[842] und den darauf beruhenden Vorschlägen an Verfassungsänderungen weitere gerichtliche Entscheidungen, die bislang kaum Berücksichtigung erfuhren. In den beiden aussagekräftigen Beschlüssen aus den Jahren 2012 und 2013[843] hatte sich das höchste Gericht wiederholt mit Vorlagefragen zu befassen, die neben der erklärten Verfassungswidrigkeit von Flugzeugabschüssen die Rechtmäßigkeit von Inneneinsätzen der

---

836 (91).
837 (91).
838 (92).
839 (92).
840 (92).
841 (93).
842 BVerfGE 115, 118-166.
843 BVerfGE 132, 1 (1-39); BVerfGE 133, 241 (241-272).

Streitkräfte und die Zulässigkeit möglicher Einsatzerweiterungen zum Thema hatten. In diesem Kontext traf das Bundesverfassungsgericht 2012 in seiner ungewöhnlichen Plenarentscheidung erstmals die Aussage, dass Ausnahmesituationen in katastrophalen Dimensionen den Einsatz militärtypischer Waffen durch die Streitkräfte erforderlich machen können[844]. Es stellte außerdem fest, dass die alleinige Übertragung der Entscheidungsbefugnis auf den Verteidigungsminister, wie es in der Vergangenheit erfolgt war, als nichtig anzusehen ist[845]. An diesen Kernaussagen hielt das Bundesverfassungsgericht unter Vornahme näherer Präzisierungen auch ein Jahr später fest, als es erneut über einen Antrag in dem Verfahren zu entscheiden hatte[846]. Damit wurden in jüngster Zeit für die Streitkräfteverwendung in der Rechtsprechung bedeutende Aussagen getroffen, die es im Hinblick auf etwaige Grundgesetzänderungen für verfassungsgemäße Streitkräfteeinsätze im Innern näher zu beleuchten gilt:

VIII. Beleuchtung der Entscheidung des Bundesverfassungsgerichtes, Beschluss vom 3. Juli 2012 – 2 PBvU 1/11 – Einsatz der Bundeswehr im Inland – Luftsicherheit

Am 3. Juli 2012 gelang das Plenum des Bundesverfassungsgerichtes in Teilen zu einer inhaltlichen Korrektur seiner bisherigen Rechtsprechung[847]. Auf Nachfrage des Zweiten Senates hatte das Gericht erneut über die einst getroffene Rechtsauffassung zu befinden, die einen Streitkräfteeinsatz unter spezifisch militärischer Bewaffnung untersagt[848]. Diese Beschränkung einer zulässigen Verwendung nach Art. 35 Abs. 2 Satz 2, Abs. 3 Satz 1 GG wurde im Rahmen des Urteils zum LuftSiG im Jahre 2006 gefällt[849].Von dieser ursprünglich getätigten Aussage rückte das Plenum sechs Jahre später im Rahmen seiner zweiten Vorlagefrage überraschenderweise ab. Es konstatierte die grundsätzliche Möglichkeit der Verwendung militärischer Waffen, sofern die strengen Voraussetzungen des Art. 87a Abs. 4 GG Beachtung finden[850]. Hierin liegt die praktische Bedeutung der Entscheidung[851]. Diese gerichtliche Feststellung wurde wie folgt begründet:

---

844 BVerfGE 132, 1 (Leitsatz Nr. 2; 9 ff.).
845 BVerfGE 132, 1 (Leitsatz Nr. 3; 21 ff.).
846 BVerfGE 13, 241 (241 ff.); Spiegel Online (Hrsg.), Verfassungsrichter: Nur Bundesregierung darf Terrorflugzeuge abschießen lassen, 18.04.2013, http://www.spiegel.de/politik/deutschland/verfassungsrichter-nur-bundesregierung-darf-terrorabwehr-beschliessen-a-895182.html (im Folgenden zuletzt abgerufen: Januar 2016).
847 BVerfGE 132, 1 (1-39); *Horn*, Verfassungsgemäßheit (Fn. 11), S. 64.
848 BVerfGE 132, 1 (1 ff.); BVerfGE 115, 118-166.
849 BVerfGE 115, 118-166.
850 Leitsatz, BVerfGE 132, 1.
851 *U. Fastenrath*, Anmerkung zur Entscheidung des BVerfG, Beschluss v. 3.7.2012 – 2 PBvU 1/11, in JZ 2012, S. 1128 (1128).

1. Zulässigkeit des Einsatzes spezifisch militärischer Waffen

Zunächst berief sich das Gericht auf die einzuhaltende Texttreue, die bei Auslegung der Verfassungsvorbehalte im Sinne des Art. 87a Abs. 2 GG zu beachten sei[852]. Da die innerstaatliche Verwendung deutscher Streitkräfte auf den äußersten Notfall beschränkt bleiben solle, seien stets die strengen grundgesetzlichen Anforderungen zu beachten[853]. Die Möglichkeit, gemäß Art. 35 Abs. 2 S. 2 und Abs. 3 GG auf den Einsatz deutscher Streitkräfte Rückgriff zu nehmen, verlange folglich eine zurückhaltende Auslegung[854]. Im Rahmen dieser Feststellung betonte das Gericht wiederholt, dass der schlichte Mangel an Polizeikräften keine Rechtfertigung für den Inneneinsatz der Bundeswehr auf Grundlage der Norm sein könne[855]. Als Begründung führte das Plenum die Tatsache an, dass für Fälle *„besonderer Bedeutung"*[856] gemäß Art. 35 Abs. 2 S. 1 GG explizit geregelt sei, wie in Situationen fehlenden Personals zu verfahren sei[857]. Dabei existieren ausschließlich verfassungsrechtliche Regelungen bezüglich eines Rückgriffes auf die Kräfte des Bundesgrenzschutzes und eben keine bezüglich unterstützender Funktionen der Streitkräfte bei polizeilicher Überforderung[858]. Um den engen Vorgaben der Verfassung gerecht zu werden, begrenzte der Erste Senat noch am 12. Oktober 2010 den zulässigen Streitkräfteeinsatz gemäß Art. 35 GG auf diejenige Mittelverwendung, auf die grundsätzlich auch die Polizei gefahrenabwehrrechtlich zurückgreifen kann[859]. Von dieser Einschränkung rückte das Plenum zwei Jahre später ab und begründete sein erweitertes Einsatzverständnis mit alternativen Kriterien, die zur Einhaltung verfassungsrechtlicher Grenzen dienen sollen[860]. Systematische Erwägungen und der Wortlaut der Norm, der eine Einschränkung an Einsatzmitteln nicht zwingend vorgebe, wurden argumentativ aufgeführt[861].

Grundsätzlich erfasst Art. 35 GG sowohl im regionalen als auch im überregionalen Notstand den zulässigen Rückgriff auf Einheiten der Streitkräfte *zur* polizeilichen Unterstützung[862]. Daraus lasse sich jedoch nicht die restriktive Bestimmung ableiten, dass auch die *Art* der Hilfsmittel festgeschrieben und auf die aus-

---

852 BVerfGE 132, 1 (9).
853 BVerfGE 132, 1(9).
854 BVerfGE 132, 1(10).
855 BVerfGE 132, 1(10); *Fastenrath*, Anmerkung (Fn. 851), S. 1129.
856 Vgl. den Wortlaut von Art. 35 Abs. 2 Satz 1 GG
857 BVerfGE 132, 1(10).
858 BVerfGE 132, 1 (10).
859 BVerfGE 132, 1 (2,10).
860 BVerfGE 132, 1 (10).
861 BVerfGE 132, 1 (10); *Horn*, Verfassungsgemäßheit (Fn. 11), S. 64.
862 Vgl. den Wortlaut von Art. 35 GG.

schließliche Verwendung polizeilicher Mittel begrenzt sein soll[863]. Für dieses neue Verständnis zog der Senat systematische Aspekte heran, die das Loslösen einer einschränkenden Interpretation begründen sollen[864]: Im Rahmen eines Normvergleiches konstatierte er zunächst für Art. 87a Abs. 4 S. 1 GG, der den Fall des Inneren Notstandes erfasst, dass aus diesem unstrittig keine Beschränkung auf Verwendung polizeilicher Mittel zu entnehmen sei[865]. Dies sei jedenfalls dann anzunehmen, wenn Angriffe einer militärisch bewaffneten Gruppe abgewehrt werden müssen[866]. Sofern der Wortlaut beider Normen, Art. 87a Abs. 4 S. 1 und Art. 35 Abs. 2, 3 GG, vergleichbar sei, dem verfassungändernden Gesetzgeber diese Tatsache bewusst gewesen sei und beide Artikel ursprünglich einer Regelung entsprängen, sei davon auszugehen, dass ihnen keine unterschiedliche Interpretation beizumessen sei[867]. Daraus ließ sich für den Ersten Senat schlussfolgern, dass die Möglichkeit des Einsatzes militärischer Waffen im Rahmen des Inneren Notstandes auch für den streitgegenständlichen Art. 35 GG gelten müsse[868]. Als weiteren Punkt der Argumentationskette führte das Plenum die Wirksamkeit der Gefahrenabwehr auf, die logischerweise höher liege, wenn die Zulässigkeit der Einsatzmittel keine Beschränkung erführe[869]. Soweit es sich bei den einschlägigen Sachverhalten um Katastrophenfälle handele, sei dieser Argumentation Bedeutung beizumessen. Sie werde zudem mit dem Wortlaut des Art. 35 Abs. 3 GG bekräftigt, der eine Unterstützung zur „*wirksamen Bekämpfung*" vorsieht und demnach das Äußerste verlange[870].

Im Rahmen der Vorlagefrage wurden auch entstehungsgeschichtliche Aspekte in der Diskussion berücksichtigt, die aber letztlich einer zulässigen Ausweitung auf Verwendung militärischer Mittel bei Streitkräfteeinsätzen nicht entgegenstehen können: Die Schaffung des Tatbestandes gründe zwar auf den Auswirkungen der Hamburger Sturmflut im Jahre 1962, sodass grundsätzlich nicht davon ausgegangen werden könne, der Gesetzgeber habe sich mit dem möglichen Bedarf an Verwendung polizeilicher oder militärischer Mittel auseinandergesetzt[871]. Trotz fehlender Vorstellungen denkbarer Bedrohungen zum damaligen Zeitpunkt könne jedoch nichts gegen eine zeitgemäße Auslegung der Norm eingewandt werden[872].

---

863 BVerfGE 132, 1 (11).
864 BVerfGE 132, 1 (11).
865 BVerfGE 132, 1 (11).
866 *Baldus* (Fn. 280), Art. 87a Rn. 165; BVerfGE 132, 1 (11); *Depenheuer* (Fn. 13), Art. 87a Rn. 169, 177; *Kokott* (Fn. 19), Art. 87a Rn. 68.
867 BVerfGE 132, 1 (11).
868 BVerfGE 132, 1 (12).
869 BVerfGE 132, 1 (11-12).
870 Vgl. den Wortlaut von Art. 35 Abs. 3 GG; BVerfGE 132, 1 (12).
871 BVerfGE 132, 1 (12) 32.
872 BVerfGE 132, 1 (12).

Auch die Gesetzesmaterialien lassen keinen Raum für andersartige Interpretationen, obgleich teilweise angenommen wird, dass eben gerade eine differenzierte Behandlung der Katastrophenstände von der Situation des Inneren Notstandes mit Gesetzesbegründung anvisiert worden sei[873]. Belegen lasse sich diese Form des Normverständnisses jedoch nicht[874]. Berichte des Rechtsausschusses zeigen zwar die Intention, mit der Gesetzesfassung des Inneren Notstandes die Schwelle zur Verwendung militärischer Mittel auf das Äußerste der Erforderlichkeit heraufzusetzen[875]. Rückschlüsse auf beabsichtigte Inhalte für Art. 35 GG können sich daraus jedoch nicht begründen, zumal keinerlei Anleitungen bezüglich zulässiger Einsatzmittel bekannt seien[876]. Vielmehr existiere eine grundsätzlich bestehende Unstimmigkeit hinsichtlich der Zulässigkeit des Einsatzes militärischer Waffen[877]. Der Senat nahm Bezug auf ergangene Ausführungen einzelner Personen im Rahmen der Gesetzesbegründung. Beispielhaft zitierte er *Hartwig Schlegelberger*, ehemaliger Innenminister aus Schleswig-Holstein, und *Heinz Ruhnau*, ehemaliger Innensenator Hamburgs, die sich auf die Intention beriefen, mit Einsatz der Streitkräfte fehlende Mittel der Polizei ausgleichen zu wollen[878]. Gleichzeitig äußerten sie jedoch, dass die Verwendung unter Rückgriff auf polizeiliche Einsatzmittel auf der Grundlage polizeilichen Rechts zu erfolgen habe[879]. Ob dabei sowohl Landes-, als auch Bundesrecht als Rechtsgrundlage in Betracht komme, sei indes nicht ersichtlich[880]. Vielmehr existiere kein klares Normverständnis: Einzig den Umstand zu nennen, dass dem verfassungändernden Gesetzgeber zum Zeitpunkt der Tatbestandsschaffung heutige Umstände nicht gegenwärtig waren, erscheint als Argument zu schwach[881]. Laut Interpretation des Ersten Senates sei daher davon auszugehen, dass ein Einsatz deutscher Streitkräfte unter Verwendung militärischer Waffen und auf Grundlage von Art. 35 Abs. 2 und 3 GG nicht von vornherein ausgeschlossen werden könne[882]. Greifende Argumente für ein zwingendes gegenteiliges Verständnis seien nicht zu finden. Die Zulässigkeit einer Streitkräfteverwendung (sowohl mit als auch ohne den Einsatz militärischer Waffen) werde jedoch an

---

873 BVerfGE 132, 1 (12).
874 BVerfGE 132, 1 (12).
875 BT-Drs. V/2873, S. 2, 14; BVerfGE 132, 1 (12); *C. O. Lenz*, Notstandsverfassung des Grundgesetzes: Kommentar, 1971, Art. 35 Rn. 2.
876 BVerfGE 132, 1 (12-13). Im Folgenden wird die Entscheidung nach Seitenzahlen zitiert.
877 (14).
878 (14-15).
879 (14-15).
880 (15).
881 (15-16).
882 (15-16).

enge Bestimmungen geknüpft[883]. Vor allem dürfen die Beschränkungen, die Art. 87a Abs. 4 GG als Verfassungsvorbehalt des Art. 87a Abs. 2 GG für einen Inneneinsatz der Streitkräfte aufstelle, nicht durch einen einfacheren Rückgriff auf Art. 35 GG umgangen werden[884]. Um dies zu verhindern, seien der Eröffnung des Tatbestandes des Art. 35 GG strenge Grenzen gesetzt[885]. Unter Bezugnahme auf das Luftsicherheitsurteil aus dem Jahre 2006 und die tatbestandlichen Voraussetzungen des Art. 35 Abs. 2 und 3 GG konstatierte das Plenum, dass es sich sowohl für das Vorliegen einer *Naturkatastrophe* als auch eines *besonders schweren Unglücksfalles* im Sinne der Norm um katastrophale Ereignisse handeln müsse[886]. Dabei wurde erneut klargestellt, dass fehlende polizeiliche Kompetenz für eine effektive Gefahrenabwehr keine ausreichende Begründung für einen Rückgriff auf die Streitkräfte liefern könne[887]. Vielmehr seien, um den tatbestandlichen Vorgaben des Art. 35 Abs. 2, 3 GG gerecht zu werden, höchst seltene Ausnahmesituationen zu verlangen[888].

Neben dieser strengen Anforderung verhindern zudem die Auswirkungen des Art. 87a Abs. 4 in Verbindung mit Art. 91 Abs. 2 S. 1 GG die Unterschreitung existenter verfassungsrechtlicher Vorgaben[889]. Die Kombination dieser Normen löse nämlich eine grundsätzliche Sperrwirkung für die Abwehr drohender Gefahren innerer Unruhen durch nichtstaatliche Angreifer auf Grundlage anderweitiger Bestimmungen aus[890]. Diese Einschränkung bedeute für den streitgegenständlichen Fall eines besonders schweren Unglückes, dass ein solches ausschließlich bei einem von der Sperrwirkung nicht erfassten Ausnahmefall denkbar sei[891]. Daher komme es jedenfalls erst dann zu einem Einsatz im Sinne des Art. 35 Abs. 2 S. 2, Abs. 3 GG, wenn neben der mangelnden Fähigkeit des eigenen Landes zum Kampf gegen militärisch bewaffnete Gegner zusätzlich die Existenz der demokratischen Grundordnung bedroht sei[892].

---

883 (16).
884 (16).
885 (16).
886 (16); BVerfGE 115, 18 (143).
887 BVerfGE 132, 1 (17); *G. Krings/C. Burkiczak*, Sicherer Himmel per Gesetz? – Zum Regierungsentwurf für ein Luftsicherheitsgesetz –, in NWVBl. 2004, S. 249 (252).
888 BVerfGE 132, 1 (17).
889 BVerfGE 132, 1 (17); *Fiebig*, Einsatz (Fn. 275), S. 326.
890 BVerfGE 132, 1 (17-18); *Sattler*, Terrorabwehr (Fn. 576), S. 1290.
891 BVerfGE 132, 1 (17); *Horn*, Verfassungsgemäßheit (Fn. 11), S. 64.
892 *C. Arndt*, Bundeswehr und Polizei im Notstand, in: DVBl. 1968, Heft 18, S. 729 (731-732); BVerfGE 132, 1 (17).

Es handle sich folglich im Ergebnis um eine Ermächtigung mit qualifizierten Tatbestandsanforderungen, durch die ausschließlich gravierende Sonderfälle im Luftraum erfasst werden[893].

2. Möglichkeit präventiver Einsätze

Die einleitende Behandlung zur Möglichkeit präventiver Einsätze wirkt zunächst so, als rücke das Plenum von der ersten Entscheidung zur streitgegenständlichen Thematik aus dem Jahre 2006[894] inhaltlich ab[895]. Es führte aus, dass der Wortlaut von Art. 35 Abs. 2 S. 2, Abs. 3 S. 1 GG unmissverständlich zum Ausdruck bringe, dass der Unglücksfall für eine Verwendung der Streitkräfte bereits vorliegen müsse[896]. Gleichzeitig stellte es dann aber klar, dass der Beginn des Schadensereignisses ausreiche, ohne dass dessen Folgen verlangt werden[897]. Im Ergebnis hielt das Plenum folglich an dem Zeitelement der im Jahre 2006 gefällten Entscheidung fest[898]. Zur Präzisierung berief es sich gleichermaßen auf den aus dem Polizeirecht bekannten Gefahrenbegriff, nach dem der Eintritt des Schadens dann unmittelbar bevorsteht, wenn mit ihm mit an Sicherheit grenzender Wahrscheinlichkeit gerechnet werden kann[899].

Dennoch konstatierte es in seinem Beschluss, dass es sich bei der Verwendung der Streitkräfte, sofern die Einsatzgrenzen überschritten seien, um eine *ultima ratio* handle[900]. Es betonte die Beachtung der Erforderlichkeitsklausel aus Art. 35 Abs. 3 GG, aufgrund derer es sich nur dann um eine zulässige Verwendung handle, wenn eine wirksame Bekämpfung unumgänglich und somit tatsächlich erforderlich sei[901]. Damit wird der eindeutige Wille des Gesetzgebers deutlich, innerstaatliche Einsätze der Streitkräfte auf den äußersten Notfall zu begrenzen[902].

Insgesamt gelang daher das Plenum des Bundesverfassungsgerichtes im Rahmen der zu entscheidenden zweiten Vorlagefrage zu dem Ergebnis, dass eine umfassende Gefahrenabwehr für Luftzwischenfälle mit Art. 35 Abs. 2 Satz, Abs. 3 GG nicht gewährleistet werden kann[903].

---

893 BVerfGE 132, 1 (20).
894 BVerfGE 115, 118-166.
895 BVerfGE 133, 241 (263-264).
896 BVerfGE 132, 1 (18).
897 BVerfGE 132, 1 (18).
898 BVerfGE 115, 118 (118, 144).
899 BVerfGE 115, 118 (118, 144); BVerfGE 132, 1 (19).
900 BVerfGE 132, 1 (19).
901 BVerfGE 132, 1 (19).
902 BVerfGE 132, 1 (19); *C. Knödler*, Terror, Schutz – und Einsatz der Streitkräfte im Innern?, in: BayVBl. 2002, S. 107 (108).
903 BVerfGE 132, 1 (20).

3. Keine ungeschriebenen Sonderkompetenzen für Eil- und Notfälle im Rahmen des Art. 35 Abs. 3 GG

Als dritte Vorlagefrage hatte das Plenum darüber zu entscheiden, wie in Eilfällen entsprechend der Situation einer Gefahr im Verzug zu agieren ist, und ob eine ungeschriebene Sonderkompetenz für weitere Beschlussorgane besteht[904]. Gemäß Art. 35 Abs. 3 S. 1 GG liegt diese nämlich grundsätzlich bei der Bundesregierung[905]. Das Kollegium, das sich gemäß Art. 62 GG derzeit aus der Bundeskanzlerin und den Ministern der Bundesrepublik zusammensetzt[906], hat gemeinsam in Katastrophenfällen über das weitere Vorgehen zu entscheiden[907]. Dieser Kabinettsbeschluss wird gleichermaßen auch im Rahmen des Inneren Notstandes gemäß Art. 87a Abs. 4 Satz 1 GG verlangt[908]. Fraglich ist indes, ob im Rahmen des Art. 35 Abs. 3 GG die Möglichkeit besteht, wie in anderen Fällen verfassungsrechtlich vorgesehen, die Delegationsbefugnis auf andere Organe bei Gefahr im Verzug zu übertragen[909].

Nach Auffassung des Plenums sei es aus staatsorganisationsrechtlichen Gesichtspunkten der Bundesregierung nicht gestattet, ihre eigenen Kompetenzen beliebig auf andere Mitglieder weiter zu geben[910]. Die freie Entscheidungsgewalt der jeweiligen Rechtsträger besitzen nur Inhaber subjektiver Rechte, sodass mangels Regelung auch keine ungeschriebene Sonderkompetenz bestehe[911]. Dem können auch Entscheidungen des Bundesverfassungsgerichtes nicht entgegen gehalten werden, in denen über die bestehende Zuständigkeit des Parlamentes hinaus für andere Träger in Eilsituationen zusätzliche Befugnisse begründet wurden[912]. In diesen Verfahren existiere, im Gegensatz zur streitgegenständlichen Norm, keine geschriebenen Regelungen im Grundgesetz, sodass diese gerichtliche Praxis nicht auf Art. 35 Abs. 3 Satz 1 GG übertragen werden könne[913]. Ob eine Zuständigkeitsverlagerung aufgrund vorhandener Regelungen schon grundsätzlich scheitere, bliebe dabei fraglich[914]. Für den vorliegenden Fall müsse ein derartiger Ausschluss angenommen werden, wenn man auf Wortlaut und

---

904 BVerfGE 132, 1 (21 ff.).
905 Vgl. den Wortlaut von Art. 35 Abs. 3 Satz 1 GG; BVerfGE 132, 1 (21).
906 Vgl. den Wortlaut von Art. 62 GG.
907 Vgl. den Wortlaut von Art. 62 GG; BVerfGE 132, 1 (21).
908 Vgl. den Wortlaut von Art. 87a Abs. 4 GG; BVerfGE 132, 1 (21). Im Folgenden wird die Entscheidung nach Seitenzahlen zitiert.
909 (22).
910 (21-22).
911 (21).
912 (22-23).
913 (23).
914 (23).

Systematik bei Auslegung der Norm abstelle[915]. Bei eindeutiger verfassungsrechtlicher Regelung können Rückgriffe auf Schutzpflichten des Staates und wirksame Gefahrenabwehr als Begründungen nicht herangezogen werden[916].

An dieser Stelle greift wieder einmal die strikte Einhaltung des Gebotes an Texttreue, die speziell im Rahmen hoch brisanter und politischer Themenbereiche Berücksichtigung finden muss[917]. Die Tatsache, dass Streitkräfteverwendungen vom Grundverständnis des Gesetzgebers restriktiv auszulegen sind, muss zu der Erkenntnis führen, dass auch in Eilfällen im Rahmen des Art. 35 Abs. 3 GG keine ungeschriebene Sonderkompetenz begründbar ist[918].

4. Zusammenfassende Würdigung

Der Beschluss des Plenums des Bundesverfassungsgerichtes vom 3. Juli 2012, in dem über die Vorlagefragen des Zweiten Senates zu konstatieren war, hält bedeutende Wendungen bereit. Insbesondere die Tatsache, dass entgegen ursprünglicher höchstrichterlicher Auffassung aus dem Jahre 2006 der Einsatz militärtypischer Waffen nunmehr als möglich erachtet wird, überrascht sehr. Zwar verlangt die gerichtliche Entscheidung zur Eingrenzung inhaltlicher Änderungen die Beachtung strikter Voraussetzungen. Dies wird von kritischen Stimmen jedoch nicht als ausreichend erachtet:

Richter *Reinhard Gaier* beispielsweise, der selbst dem Plenum angehörte, übt treffende Kritik an seinen Kollegen, indem er ausführt, dass es nicht Aufgabe des Bundesverfassungsgerichtes sein könne, derartige grundlegende Bestimmungen zu treffen[919]. Nach den Ereignissen des 11. September wurde mit Entwürfen versucht, das Grundgesetz dahingehend zu ergänzen beziehungsweise zu verändern, dass deutsche Streitkräfte nicht tatenlos zusehen müssen, wenn zwar die Bundesrepublik bedroht wird, aber noch nicht die Voraussetzungen eines Staatsnotstandes vorliegen[920]. Erfolgte Vorschläge scheiterten bislang jedoch allesamt an der erforderlichen Mehrheit im Bundestag. Sowohl das Stimmverhältnis im Bundesrat als auch die ablehnende Haltung des Koalitionspartners im Jahre 2009 verhinderten eine Neufassung des Gesetzes[921]. *Gaier* moniert an der Entscheidung außerdem, dass die seit Jahrzehnten bestehenden Argumente ge-

---

915 (23).
916 (23).
917 (23); *J. Wieland*, Verfassungsrechtliche Grundlagen polizeiähnlicher Einsätze der Bundeswehr, in: D. Fleck (Hrsg.), Rechtsfragen der Terrorismusbekämpfung durch Streitkräfte, 2004, S. 167 (179).
918 BVerfGE 132, 1 (23).
919 BVerfGE 132, 1 (24, 26-27); *A. Flocken*, Einsatz militärischer Waffen im Inland – Trennung von Polizei und Bundeswehr wird weiter aufgeweicht, 25.08.2012, http://www.bits.de/public/gast/12flocken-02.html (zuletzt abgerufen: Januar 2016).
920 BVerfGE 132, 1 (26). Im Folgenden wird die Entscheidung nach Seitenzahlen zitiert.
921 (26).

gen eine Erweiterung der Inneneinsätze der Streitkräfte, die denkbare und befürchtete Bedrohung deutscher Demokratie und Freiheit, schlichtweg übergangen werden[922]. Vor allem die Sorge vor einem militärischen Machtübergreifen und der Aufgabe der seit Ende des zweiten Weltkrieges strikt verfolgten Trennung von Polizei und Militär lasse eine derartige Auslegung des Grundgesetzes auf Anwendung militärischer Waffen im Rahmen polizeilicher Befugnisse nicht zu[923]. Vielmehr halten Kritiker an der verfassungsrechtlichen Untersagung der Verwendung militärischer Mittel auf Grundlage von Art. 87a Abs. 2 GG ausdrücklich fest[924].

Ob dieses restriktive Verständnis aufrecht erhalten, oder der Neuinterpretation des Bundesverfassungsgerichtes gefolgt werden sollte, kann jedoch letztlich dahinstehen, da jedenfalls Art. 35 Abs. 2, 3 GG keine ausreichende Grundlage für den Einsatz der Bundeswehr im Innern liefert[925]: Das Plenum konstatierte selbst in seinem Beschluss, dass nur ein gravierender Ausnahmefall im Luftraum den strikten Verfassungsvorgaben eines Einsatzes gemäß Art. 35 Abs. 2 S. 2, Abs. 3 S. 1 GG gerecht werden kann[926]. Die Bekämpfung weniger bedeutender Luftzwischenfälle, bei denen die Grenzen einer simplen und zulässigen technischen Unterstützung überschritten sind, kann nicht auf Grundlage des Artikels erfolgen[927]. In der Entscheidung heißt es wörtlich: *„Eine umfassende Gefahrenabwehr für den Luftraum mittels der Streitkräfte kann auf Art. 35 II und III GG nicht gestützt werden"*[928].

Der Gerichtsentscheid liefert folglich die Erkenntnis, dass die streitgegenständlichen Normen als ausreichende Ermächtigungsgrundlage zur innerstaatlichen Abwehr terroristischer Angriffe nicht in Betracht kommen. Weiter gilt es daher, die im Anschluss ergangene jüngste Entscheidung des Bundesverfassungsgerichtes zur Zulässigkeit innerstaatlicher Verwendungen der Streitkräfte darzustellen:

IX. Beleuchtung der Entscheidung des Bundesverfassungsgerichtes, Urteil vom 20. März 2013 – 2 BvF 1/05; Abschuss von Flugzeugen: Schutzlücke oder Bresche für Einsatzerweiterung?

Im Jahre 2013 hatte sich der Zweite Senat des Bundesverfassungsgerichtes erneut mit der Anwendung der Vorschriften des LuftSiG im Rahmen des Art. 35 Abs. 2 S. 2, Abs. 3 GG bei einem besonders schweren Unglücksfall zu befas-

---

922 (25).
923 (25-26).
924 (26).
925 (27).
926 (20).
927 (20)
928 (20).

sen[929]. Zur nochmaligen Prüfung stand unter anderem die Zulässigkeit präventiver Einsätze und die Verwendung militärtypischer Waffen zur Schadensbegrenzung durch die Streitkräfte gegen terroristische Angriffe[930].

Bevor es zu einer inhaltlichen Auseinandersetzung mit einzelnen Punkten kommt, lässt sich konstatieren, dass der Zweite Senat dem Plenumsbeschluss aus dem Jahre 2012 in seinen Grundzügen zustimmte. Die Richterinnen und Richter nahmen eine Gegenüberstellung vor, in der sie die Feststellungen des Plenums mit den Rechtsauffassungen des Ersten Senates im Rahmen des Luftsicherheitsurteils aus dem Jahre 2006 beleuchteten. Überraschende Ergebnisse, wie sie das Plenum bezüglich der divergierenden Ansichten beider Senate im Juli 2012 erzielte[931], sind vorliegend nicht zu verzeichnen:

1. Zulässigkeit des Einsatzes spezifisch militärischer Waffen

Bezüglich des Einsatzes militärischer Waffen wurde aufgrund der Unstimmigkeiten beider Senate im Jahre 2012 die Auffassung des Plenums eingefordert, das zwar die Verwendung von Waffen unter die strikten Bindungen der Vorgaben des Art. 87a Abs. 4 GG stellt, diese aber grundsätzlich nicht ausschließt[932]. Das Bundesverfassungsgericht setzte sich sodann mit den Begründungen der Antragsstellerinnen, der Bayerischen Staatsregierung und der Hessischen Landesregierung, auseinander, die sich gegen die Verwendung militärischer Mittel aussprachen[933]. Inhaltlich führten sie aus, dass die oben dargestellte Bezugnahme auf den möglichen Umgang mit der „Sperrwirkung" des Art. 87a Abs. 4 GG fehlgehe[934]. Sie interpretierten die Norm vielmehr dahingehend, dass ausschließlich in dem Fall des Inneren Notstandes, wie er in Art. 91 GG geregelt ist, der Kampfeinsatz unter Verwendung militärischer Waffen zulässig sei[935]. Der Verweis in Art. 87a Abs. 4 GG auf die Voraussetzungen des Inneren Notstandes bekräftige das Verständnis einer abschließenden Regelung[936].

Zudem stützten sich die Antragstellerinnen auf die bereits dargestellten Kritiken des Richters *Gaier* an dem Beschluss 2012 und resümierten, dass ein militärisch-bewaffneter Einsatz auf Grundlage des Art. 35 GG nicht in Betracht komme, ohne den Vorbehalt aus Art. 87a Abs. 2 GG zu missachten[937]. Dieser Auf-

---

929 BVerfGE 133, 241 (241-272). Im Folgenden wird die Entscheidung nach Seitenzahlen zitiert.
930 (241-272).
931 (253-254).
932 (254).
933 (255).
934 (255).
935 (255).
936 (255).
937 (255).

fassung folgte das erkennende Gericht in seinem Beschluss vom 20. März 2013 indes nicht:

Es brachte vielmehr erneut zum Ausdruck, dass die „Sperrwirkung" des Art. 87a Abs. 4 GG der Verwendung typischer militärischer Mittel der Streitkräfte nicht entgegen stehe[938]. Es gab den Antragstellerinnen dahingehend Recht, dass die engen Voraussetzungen der Norm nicht dadurch umgangen werden dürfen, dass ein Einsatz über Art. 35 Abs. 2 S. 2, Abs. 3 GG abgewickelt werde[939]. Handle es sich jedoch um einen von der Norm nicht erfassten Ausnahmefall, dann sei eine Anwendung des LuftSiG und eine darauf basierende Abwehr von Angriffen aus der Luft einschließlich militärischer Waffen seitens deutscher Streitkräfte sehr wohl zulässig[940].

Gemäß § 14 Abs. 1 in Verbindung mit § 13 LuftSiG sei daher unter strikten Vorgaben bei Renegade-Fällen, das heißt bei kriminellen Anschlägen mit Hilfe eines als Waffe verwendeten Luftfahrzeuges[941], das Androhen oder die Abgabe von Warnschüssen und das Abdrängen eines Angreifers verfassungsrechtlich gestattet, um diesen letztlich zu Boden zwingen zu können[942]. Diese Möglichkeit widerspreche dabei weder verfassungsrechtlichen Vorgaben, noch verstoße sie gegen den Grundsatz der Bestimmtheit[943]. Vor allem sei kein Verfassungsverstoß darin zu sehen, dass ein Streitkräfteeinsatz auf Grundlage des Art. 35 Abs. 2 S. 2 und Abs. 3 Satz 1 GG erfolge, noch bevor sich der besonders schwere Unglücksfall realisiert habe[944]:

2. Möglichkeit präventiver Einsätze

Der Zweite Senat schloss sich diesbezüglich dem Vortrag des Generalleutnants *Friedrich Wilhelm Plöger* an, der in den vorangehenden Verhandlungen bereits im Jahr 2010 überzeugend darlegte, dass in einem „Renegade-Fall" innerhalb kürzester Zeit eine Lagefeststellung erfolgen müsse, um angemessen und noch rechtzeitig reagieren zu können[945]. Die Tatsache, dass aufgrund technischer Gegebenheiten im Luftverkehr eine bloße Gefahr innerhalb von 15 bis 20 Minuten in einen Schadenseintritt umschlagen könne, begründe die Erforderlichkeit prä-

---

938 (262).
939 (262-263).
940 (263).
941 BT-Drs. 15/2361, S. 20; BVerfGE 133, 241 (252).
942 BVerfGE 133, 241 (262). Im Folgenden wird die Entscheidung nach Seitenzahlen zitiert.
943 (263).
944 (263).
945 (252).

ventiver Einsätze, um die Handlungsfähigkeit der Streitkräfte aufrecht zu erhalten[946].

Das erkennende Gericht nahm Bezug auf die oben zitierten Ausführungen des Plenums aus dem Jahre 2012 und stellte interpretierend klar, dass es sich mit der Aussage, der Unglücksfall müsse bereits vorliegen, nicht auf die Folgen dessen bezöge, sondern schlichtweg andere Begrifflichkeiten verwendete[947]. Auch nach Auffassung des Plenums verlange ein zulässiger Streitkräfteeinsatz gemäß Art. 35 Abs. 2 oder 3 GG noch nicht die Schadensrealisierung; vorausgesetzt werde lediglich, dass der Unglücksverlauf in Gang gesetzt, und dadurch der Eintritt eines Schadens jederzeit möglich sei[948].

Der Zweite Senat stellte die vorhandenen interpretatorischen Unterschiede zwischen dem Urteil des Ersten Senates und dem Beschluss des Plenums heraus[949] und konstatierte dazu Folgendes: Differenziert betrachtet werde lediglich das Verständnis *des besonders schweren Unglücksfalles* im Sinne der streitgegenständlichen Norm[950]. Der Erste Senat sehe diesen Fall eng definiert und halte ihn erst bei Schadensverwirklichung für gegeben[951]. Gleichzeitig werden von ihm Maßnahmen im unmittelbaren Vorfeld als zulässig erachtet[952]. Indessen lege das Plenum den Begriff selbst weit aus und halte einen Unglücksfall bereits vor Schadenseintritt für möglich[953]. Damit handle es sich lediglich um eine terminologische Differenzierung, die sich nicht auf die Rechtslage auswirke[954]. Mit diesem Verständnis gelang der Zweite Senat zu der verfassungsgemäßen Wortwahl der §§ 13 und 14 LuftSiG, da sie die Zulässigkeit der Streitkräfteeinsätze an das Vorliegen eines äußersten Ausnahmezustandes binden[955]. Diese Verknüpfung gelinge ihnen, indem sie mit dem Tatbestandsmerkmal des *besonders schweren Unglücksfalles* auf Art. 35 GG Bezug nehmen[956]. Dass daraus der Vorwurf der Unbestimmtheit gezogen werden kann, wies der Zweite Senat entschieden zurück[957].

---

946 (253).
947 (263-264).
948 (264).
949 (264).
950 (264).
951 (264-265).
952 (264-265).
953 (264-265).
954 (265).
955 (265).
956 (265).
957 (265-266).

Er berief sich vielmehr auf die grundsätzlich bestehenden Probleme, die im Zusammenhang mit denkbaren Unglücksfällen entstehen[958]. So gebe es überaus viele Faktoren und Konstellationen, die Auslöser eines schädigenden Ereignisses sein können[959]. Dazu käme die oben bereits genannte Schwierigkeit, dass die Gegebenheiten im Luftverkehr eine zeitnahe Entscheidung erfordern, sodass begriffliche Normkonkretisierungen dieser Tatsache entgegenstehen[960]. Eine situationsbedingte Einschätzung müsse im Rahmen von Renegade-Fällen dergestalt möglich sein, dass *ex nunc* die Gefahr einer Schadensverwirklichung aufgrund eines besonders schweren Unglücksfalles festgestellt werden kann, ohne die Eilbedürftigkeit zu tangieren[961].

Auf diesen Umständen gründe auch die Tatsache, dass in den Normen des Luftsicherheitsgesetzes der unbestimmte Rechtsbegriff eines besonders schweren Unglücksfalles nicht trennscharf konkretisiert werden müsse beziehungsweise könne[962]. Tatbestandliche Präzisierungen erfolgten nach dem Verständnis des Zweiten Senates zulässigerweise ausschließlich in der Gesetzesbegründung, auf die als Orientierungshilfe zurückzugreifen sei[963].

Im Ergebnis sprach sich der Zweite Senat letztlich für die Verfassungsmäßigkeit der §§ 13, 14 LuftSiG aus, die den präventiven Einsatz zur Schadensverhinderung gestatten[964]. Liege demnach entsprechend einschränkender Voraussetzungen ein besonders schwerer Unglücksfall vor, müssen die Streitkräfte nicht tatenlos zusehen, sondern wären zum Einschreiten befugt, um den Eintritt katastrophaler Schäden zu verhindern[965]. Mit diesem Normverständnis hielt der Senat insgesamt an der ursprünglichen Interpretation des Bundesverfassungsgerichtes beim ersten Streitkräfteurteil im Jahr 2006 fest. Damals erachteten die Richterinnen und Richter bereits Präventivmaßnahmen der Streitkräfte als zulässig, um im Ergebnis der Erforderlichkeit des jeweiligen Einsatzes gerecht zu werden[966].

Abschließend ist auf die Ausführungen des Zweiten Senates bezüglich der ministeriellen Eilkompetenz in seiner Entscheidung vom 20. März 2013 einzugehen:

---

958 (266).
959 (266).
960 (266).
961 (266).
962 BT-Drs. 15/2361, S. 20; BVerfGE 133, 241 (266).
963 BT-Drs 15/2361, S. 20; BVerfGE 133, 241 (266).
964 BVerfGE 133, 241 (263).
965 BVerfGE 133, 241 (264).
966 BVerfGE 133, 241 (264).

3. Nichtigkeit der alleinigen Entscheidungsbefugnis des Ministers/ Erforderlichkeit des Beschlusses der Bundesregierung als Kollegialorgan

Die Vorschriften des LuftSiG fanden insgesamt im Rahmen der Prüfung ihrer Verfassungsmäßigkeit durch den Senat weitestgehende Zustimmung[967]. Lediglich § 13 Abs. 3 LuftSiG wurde mangels Vereinbarkeit mit Art. 35 Abs. 3 GG für nichtig erklärt[968]. Denn Satz 2 des dritten Absatzes statuierte die Möglichkeit, bei einem überregionalen Katastrophennotstand und Gefahr im Verzug den Bundesminister der Verteidigung die alleinige Entscheidung über einen Streitkräfteeinsatz fällen zu lassen[969]. Die Zustimmung der Bundesregierung sollte dann gemäß § 13 Abs. 3 S. 3 LuftSiG nachgeholt werden[970]. Der Senat schloss sich diesbezüglich der zuvor ergangenen Entscheidung des Plenums an, das bereits konstatierte, dass auch in Eilfällen der Beschluss der Bundesregierung zu verlangen und ein einzelner Minister auch nicht bei Gefahr in Verzug alleinbefugt sei[971]. Gestützt wurde die Argumentation auf Art. 35 Abs. 3 S. 1 GG, der ausdrücklich die alleinige Befehlsbefugnis bei Naturkatastrophen oder schweren Unglücksfällen der Bundesregierung zuschreibt[972].

4. Zusammenfassende Würdigung

Als entscheidender Punkt lässt sich konstatieren, dass das Bundesverfassungsgericht die überraschenden Ausführungen aus dem Vorjahr zur Zulässigkeit des Einsatzes militärtypischer Waffen im Rahmen der Streitkräfteverwendung im Inland bestätigte. Dabei verlangt das Gebot effektiver Gefahrenabwehr, dass auch präventive Maßnahmen zulässig sind, sodass im Ergebnis für einen Einsatz der Streitkräfte ein Schaden großen Ausmaßes noch nicht vorliegen muss. Gefordert wird indes, dass der Schadensverlauf in Gang gesetzt wurde, sodass die Realisierung jederzeit eintreten kann und folglich mit ihr auch anhaltend gerechnet werden muss.

Auch stimmte der Zweite Senat dem Ausschluss einer ministeriellen Eilkompetenz zu, indem er die diesbezüglichen Normen des Luftsicherheitsgesetzes als nichtig erklärte. Mit dieser Entscheidung hält das Bundesverfassungsgericht den Beschluss des Vorjahres und somit eine Schutzlücke für den überregionalen Katastrophennotstand weiter aufrecht[973]. Diese gründet auf der Tatsache, dass in

---

967 Spiegel Online, Verfassungsrichter (Fn. 846).
968 BVerfGE 133, 241 (259).
969 BVerfGE 133, 241 (259).
970 BVerfGE 133, 241 (259).
971 BVerfGE 132, 1 (21 ff.); BVerfGE 133, 241 (259-260); Spiegel Online, Verfassungsrichter (Fn. 846).
972 Spiegel Online, Verfassungsrichter (Fn. 846).
973 BVerfGE 133, 241 (260).

der streitgegenständlichen Situation eines terroristischen Luftangriffes nicht davon ausgegangen werden kann, die erforderliche Zustimmung der Bundesregierung rechtzeitig einholen zu können[974]. Die Lücke basiert jedoch nicht auf den Gegebenheiten des einfachen Rechtes, sondern auf den Vorgaben der deutschen Verfassung[975]. Diesbezügliche Wertungen vorhandener und möglicher Rechtslagen können daher mangels Zuständigkeit nicht durch das Bundesverfassungsgericht vorgenommen werden[976]. Zur Schließung der Lücke muss folglich Weitergehendes verlangt werden.

Sowohl der Beschluss des Plenums als auch die darauffolgende Entscheidung des Zweiten Senates im Jahr 2013 enthalten inhaltliche Neuerungen beziehungsweise Erweiterungen bezüglich innerstaatlicher Verwendungen deutscher Streitkräfte. Diese liefern jedoch keine ausreichende Grundlage, um die Verfassungsmäßigkeit streitgegenständlicher Sachverhalte ausreichend und umfänglich abzudecken. Die Zulässigkeit etwaiger Einsätze der Streitkräfte bei terroristischen Angriffen im Innern Deutschlands kann folglich nicht gewährleistet werden.

Die vorhandenen Grundgesetzartikel reichen auch nach dem Verständnis aktueller gerichtlicher Beschlüsse des Bundesverfassungsgerichtes schlichtweg nicht aus, um eine wirkungsvolle Abwehr zu garantieren. Als Fazit bleibt demnach nur die Forderung nach einer Ergänzung des Grundgesetzes[977].

Denn grundsätzlich macht es die gegenwärtige sicherheitspolitische Lage erforderlich, nicht bestehende Gesetzesgrundlagen wie Art. 35 GG und Art. 87a GG zu modifizieren, sondern eine eigenständige militärverfassungsrechtliche Verankerung im Grundgesetz zu schaffen[978]. Neue Gegebenheiten sollten auch neue Regelungen in Form eines abgeschlossenen Kataloges mit sich ziehen, die gegebenenfalls Verweisungen auf weitergehende Normen enthalten[979].

Ulrich Fastenrath schlägt vor, in einem derartigen Zusammenhang zugleich in Form einer Paketlösung für die Verwendung militärischer Waffen im Innern genauere Voraussetzungen zu bestimmen[980]. Um einen konkreten Gesetzesvorschlag liefern zu können, erscheint es sinnvoll, neben den bereits aufgeführten Artikeln des Grundgesetzes Regelungen in Betracht zu ziehen, die sich nicht unmittelbar für einen Inneneinsatz der Streitkräfte erschließen. Denkbar wäre es, einen Rückgriff auch auf Normen extraterritorialer Verwendungen deutscher

---

974 BVerfGE 133, 241 (260).
975 BVerfGE 133, 241 (260).
976 BVerfGE 133, 241 (260-261).
977 *Fastenrath*, Anmerkung (Fn. 851), S. 1131.
978 *Pestalozza*, Inlandstötungen (Fn. 789), S. 495.
979 *Pestalozza*, Inlandstötungen (Fn. 789), S. 495.
980 *Fastenrath*, Anmerkung (Fn. 851), S. 1131.

Soldatinnen und Soldaten zu erwägen, sofern sie inhaltliche Bezüge zur streitgegenständlichen Thematik aufweisen.

In Betracht käme vorliegend die sogenannte Solidaritätsklausel, die in Art. 222 des Vertrages über die Arbeitsweise der Europäischen Union (AEUV) ihre Verankerung findet. Diese regelt, wie bereits ihre Bezeichnung und Normierung impliziert, solidarische Unterstützung im Rahmen der Europäischen Union. Zwar bezieht sie sich auf das gemeinsame Wirken der Mitgliedsstaaten und der Union untereinander[981], was zunächst gegen eine Heranziehung des Inhaltes für Sachverhalte ohne auswärtigen Bezug spräche. Thematisch geht es jedoch um Solidarität gegenüber verbündeten Staaten, die neben Natur- oder von Menschen verursachten Katastrophen, ausdrücklich bei Bedrohungen durch terroristische Anschläge verlangt wird[982]. Insoweit die *Abwehr von Terrorakten*, als der Arbeit zugrunde liegende streitgegenständliche Situation, in der Norm des AEUV Ausdruck findet, gilt es, die Tatbestände näher zu untersuchen. Im Hinblick auf Regelungen bezüglich der Art der Unterstützungsmaßnahmen und damit verbunden die zulässigen (militärischen) Mittel könnte die Vorschrift des Vertrages über die Arbeitsweise der Europäischen Union als beispielhafte Vorlage beziehungsweise Orientierung dienen:

E. Solidaritätsklausel gemäß Art. 222 AEUV als Vorlage zur Ergänzung des Grundgesetzes

Dabei ist vorab klarzustellen, dass sich eine denkbare und als Vorschlag zu interpretierende Übertragung des Inhaltes von Art. 222 AEUV auf das Hoheitsgebiet der Bundesrepublik keinesfalls aus der Norm selber ergibt. Im Gegenteil wird durch die Solidaritätsklausel ausgedrückt, dass aus ihr keinerlei Pflichten einzelner Mitgliedstaaten gegenüber ihren eigenen Hoheitsgebieten erwächst[983]. Es geht vielmehr darum, dass jedes Mitglied der Union im Bedarfsfall *zur Unterstützung* eines anderen Staates tätig wird[984]. Verlangt wird die Aufrechterhaltung der eigenen Sicherheit im bestmöglichen Maße, um das Fundament zur Wahrnehmung staatlicher Verpflichtungen im Rahmen der Union zu schaffen[985]. Auswirkungen bezüglich eigener Verantwortung der Mitglieder und in diesem Sinne eine Relativierung ihrer Verpflichtungen entspringen der Norm indes nicht[986]. Fraglich ist demnach, ob die Solidaritätsklausel gemäß Art. 222 AEUV eine inhaltliche Vorlage zur Ausgestaltung einer verfassungsmäßigen Ermächti-

---

981 *C. Calliess*, in: ders./M. Ruffert (Hrsg.), EUV/AEUV, 4. Aufl., 2011, Art. 222 AEUV, Rn. 15.
982 *Calliess* (Fn. 981), Art. 222 Rn. 16; *C. Ohler*, in: R. Streinz (Hrsg.), EUV/AEUV, 2. Aufl., 2012, Art. 222 AEUV Rn. 2.
983 *Ohler* (Fn. 982), Art. 222 Rn. 2.
984 *Ohler* (Fn. 982), Art. 222 Rn. 2.
985 *Ohler* (Fn. 982), Art. 222 Rn. 2.
986 *Ohler* (Fn. 982), Art. 222 Rn. 2.

gungsgrundlage für innerstaatliche Verwendungen deutscher Streitkräfte bei terroristischen Angriffen bilden kann.

Die grundsätzliche Erforderlichkeit der Schaffung verfassungsmäßiger Vorgaben zur streitgegenständlichen Thematik wurde bereits hinreichend belegt. Die bislang gescheiterten Vorlagen könnten zumindest in Teilen mit dem exemplarischen Inhalt des Art. 222 AEUV ersetzt werden. Folglich gilt dieser zunächst darzustellen:

I. Solidarität und ihre Entstehung innerhalb der Europäischen Union

Die heute vorhandene Solidaritätsklausel ist nicht die Ausformung eines ersten Entwurfes und Ergebnis des Reformprozesses im Rahmen der Verträge von Lissabon aus dem Jahre 2007[987]. Erste Vorschläge gab es bereits von der Arbeitsgruppe VIII „Verteidigung", die in dieser Form auf die asymmetrischen Bedrohungen reagierte, denen sich die Welt, seit den terroristischen Bedrohungen, zu stellen hatte[988]. Die Erforderlichkeit der Einführung der Norm begründeten sie mit der Schaffung einer Regelungsgrundlage, die *„auch der Gefahr des Terrorismus sowie einem gegen die Zivilbevölkerung und die demokratischen Institutionen unserer Länder gerichteten Einsatz von Massenvernichtungswaffen durch terroristische Gruppen"* begegnen kann[989]. Mit diesem Bestreben brachten sie die Erforderlichkeit zum Ausdruck, aufgrund vorhandener terroristischer Bedrohungen auch innerhalb der Europäischen Union für Sicherheit zu sorgen[990]. Diese Intention ließ sodann den ersten verfassungsrechtlichen Entwurf einer solidarischen Unterstützung unter den Mitgliedstaaten entstehen, die in Gestalt der sogenannten Beistandsklausel normiert wurde[991]. Die anschließende Umbenennung in *Solidaritätsklausel* erfolgte unter anderem zur Abgrenzung bereits vorhandener Regelungen in Bündnisverträgen oder beispielhaft als Abgrenzung zur Beistandsverpflichtung, die in Art. 42 Abs. 7 EUV verankert ist[992].

---

987 *Calliess* (Fn. 981), Art. 222 Rn. 11.
988 *Calliess* (Fn. 981), Art. 222 Rn. 12; *S. Uplegger*, Die Beiträge aus der Arbeitsgruppe VIII, in: A. Maurer (Hrsg.), Der Konvent über die Zukunft der Europäischen Union, Bd. 4/2, 2003, http://swp-berlin.org/fileadmin/contents/products/arbeitspapiere/CONVEU _Konventsynopse_Bd04_Teilbd2_kopierschutz.pdf , S. 12; Europäischer Konvent (Hrsg.), Schlussbericht der Gruppe VIII "Verteidigung", 16.12.2002, http://european-convention.europa.eu/pdf/reg/de/02/cv00/cv00 461.de02.pdf (zuletzt abgerufen: Januar 2016), S. 1-29.
989 *Calliess* (Fn. 981), Art. 222 Rn. 12; Europäischer Konvent, Schlussbericht (Fn. 988), S. 20.
990 Europäischer Konvent, Schlussbericht (Fn. 988), S. 8.
991 *Calliess* (Fn. 981), Art. 222 Rn. 13.
992 *Calliess* (Fn. 981), Art. 222 Rn. 13; *C. Vedder*, in: ders./W. Heintschel von Heinegg (Hrsg.), Europäisches Unionsrecht, 2012, Art. 222 AEUV, Rn. 1.

Unmittelbar nach den terroristischen Anschlägen von Madrid wurde die Klausel bereits vorzeitig durch den Europäischen Rat am 25. März 2004 in Kraft gesetzt und politisch für anwendbar erklärt[993]. Zu diesem Zeitpunkt war sie Inhalt des *„Vertrag(es) zur Gründung der Europäischen Gemeinschaft"*, der später im Rahmen der Verträge von Lissabon in *„Vertrag über die Arbeitsweise der Europäischen Union"* (AEUV) umbenannt wurde[994]. Ihre zulässige Wirkung beschränkte sich jedoch vorerst aufgrund erfolgter Ereignisse auf terroristische Angriffe[995].

In der Folgezeit wurde die Klausel Bestandteil des Lissabonner Vertrages und galt mit Unterzeichnung desselbigen im Jahre 2007 als Art. 222 AEUV[996]. Am 1. Dezember 2009 trat der Vertrag in Kraft[997]. Die Ausformulierung der Norm wurde jedoch auf einen späteren Zeitpunkt verschoben, sodass es erst Ende 2012 zu einem gemeinsamen Vorschlag für einen Beschluss des Rates über die Vorkehrungen für die Anwendung der Solidaritätsklausel durch die Union kam[998]. Die Kommission und die Hohe Vertreterin der Europäischen Union hatten über einzelne Inhalte der Klausel zu beschließen[999]. Erst zwei Jahre später fand ohne viel Aufsehen am 24. Juni 2014 im Rat für Allgemeine Angelegenheiten die Annahme der EU-Solidaritätsklausel durch die Vertreter der EU-Mitgliedstaaten statt[1000].

1. Unterstützende Verpflichtung gemäß Art. 222 Abs. 1 AEUV innerhalb der Europäischen Union

Die Norm des Vertrages über die Arbeitsweise der Europäischen Union sieht zunächst folgenden Art. 222 Abs. 1 vor:

„(1) Die Union und ihre Mitgliedstaaten handeln gemeinsam im Geiste der Solidarität, wenn ein Mitgliedstaat von einem Terroranschlag, einer Naturkatastrophe oder einer vom Menschen verursachten Katastrophe betroffen ist. Die

---

993 Bt-Drs. 16/8726, S. 2; *Calliess*, Kommentar (Fn. 981), Rn. 14; *Vedder*, Europäisches (Fn. 992), Rn. 1.
994 Bt-Drs. 16/8726, S. 2
995 Bt-Drs. 16/8726, S. 2.
996 Bt-Drs. 16/8726, S. 2.
997 Bundeszentrale für politische Bildung, bpb (Hrsg.), Die Europäische Union, Der Lissabonner Vertrag auf einen Blick, 24.09.2009, http://www.bpb.de/internationales/europa/europaeische-union/43000/grafik-lissabonner-vertrag; Bt-Drs. 16/8726 (zuletzt abgerufen: Januar 2016), S. 1.
998 *A. Hunko,* EU-Solidaritätsklausel führt zu einer Militarisierung der Innenpolitik, 25.06.2014, http://www.andrej-hunko.de/presse/2105-eu-solidaritaetsklausel-fuehrt-zu-einer-militarisierung-der-innenpolitik (im Folgenden zuletzt abgerufen: Januar 2016).
999 *Hunko*, EU-Solidaritätsklausel (Fn. 998).
1000 *Hunko*, EU-Solidaritätsklausel (Fn. 998).

Union mobilisiert alle ihr zur Verfügung stehenden Mittel, einschließlich der ihr von den Mitgliedstaaten bereitgestellten militärischen Mittel, um

a) terroristische Bedrohungen im Hoheitsgebiet von Mitgliedstaaten abzuwenden;

die demokratischen Institutionen und die Zivilbevölkerung vor etwaigen Terroranschlägen zu schützen;

im Falle eines Terroranschlags einen Mitgliedstaat auf Ersuchen seiner politischen Organe innerhalb seines Hoheitsgebiets zu unterstützen;

b) im Falle einer Naturkatastrophe oder einer vom Menschen verursachten Katastrophe einen Mitgliedstaat auf Ersuchen seiner politischen Organe innerhalb seines Hoheitsgebiets zu unterstützen."

Relevant für den der Arbeit zugrunde liegenden Sachverhalt ist folglich der Inhalt von Art. 222 Abs. 1 a) AEUV, der die solidarische Leitidee der Union bei terroristischen Bedrohungen verkörpert. Daher ist zunächst kurz auf das Prinzip der Solidarität im Sinne der Norm einzugehen. Dieser Wert der Verbundenheit leitet grundsätzlich dazu an, die europäische Integration stetig voranzutreiben[1001].

Aufgrund der Globalisierung verlieren die einzelnen Länder merklich ihre Unabhängigkeit und damit verbunden die Befähigung, eigenständig den Schutz ihrer Bürger zu gewährleisten[1002]. Einigung und Zusammenarbeit unter den Mitgliedstaaten als Voraussetzung jeder Form von Integration erscheint daher mittlerweile zwingend erforderlich[1003]. Diese Aspekte lassen sich losgelöst von der Europäischen Union auf den innerstaatlichen Bereich der Bundesrepublik übertragen. Neuartige Bedrohungen stellen nicht nur Europa und das Zusammenleben der Länder untereinander auf eine Probe und vor neue Herausforderungen. Auch die Gefahrenabwehr im eigenen Land ist von dem sicherheitspolitischen Wandel betroffen, der stetig durch wachsende Gefahrenquellen wie den internationalen Terrorismus weiter vorangetrieben wird.

2. Erforderlichkeit unterstützender Verpflichtung innerhalb Deutschlands

Der Staat steht sowohl international, im Hinblick auf seine verbündeten Länder, als auch national, bezogen auf seine eigenen Belange, vor neuen Herausforderungen. In dem Maße, in dem sich die Bundesrepublik gegenüber ihren Bündnispartnern verantwortet und aufgrund vertraglicher Verpflichtungen verantworten muss, sind auch Anpassungen auf innerstaatlicher Ebene erforderlich.

1001 *Calliess* (Fn. 981), Art. 222 Rn. 3-4.
1002 *Calliess* (Fn. 981), Art. 222 Rn. 9.
1003 *Calliess* (Fn. 981), Art. 222 Rn. 4.

Es ist davon auszugehen, dass in einem Rechtsstaat die verfassungsrechtlichen Grundlagen, für den elementaren Bereich militärischer Einsätze im eigenen Land, eindeutig geregelt sind[1004]. Wie die vorliegende Arbeit zeigt, kann dies für die Bundesrepublik Deutschland nicht angenommen werden[1005]. Ermächtigungsgrundlagen für innerstaatliche Verwendungen der Streitkräfte unter besonderer Berücksichtigung der Abwehr terroristischer Angriffe sind prinzipiell erforderlich. Doch aufgrund der deutschen Geschichte besteht die Sorge vor einer militärischen Eigengesetzlichkeit und der Anknüpfung an vorbundesrepublikanische Gegebenheiten ungeschmälert fort[1006]. Dabei darf nicht übersehen werden, dass sich die Bundeswehr bereits nahezu 60 Jahre im deutschen Rechtsstaat bewährt hat, in den sich die Streitkräfte beanstandungslos eingliederten[1007]. Dennoch wird aus Angst vor ungewollten Mächteverlagerungen weiterhin an der strikten verfassungsrechtlichen Trennung von Militär und Polizei festgehalten. Bezüglich terroristischer Bedrohungen, die einen Rückgriff auf unterstützende Maßnahmen deutscher Streitkräfte erforderlich machen, stellt sich die Aufgabe dieses Grundsatzes[1008].

Für derartige Verwendungen mangelt es bislang jedoch an einer verfassungsgemäßen Grundlage, da die innerstaatliche Gefahrenabwehr in den ausschließlichen Tätigkeitsbereich der Polizei fällt[1009]. Nach überwiegender Auffassung soll auch augenscheinlich diese Kernkompetenz ohne Einschränkung zur Gewährleistung der Trennung von innerer und äußerer Sicherheit weiter aufrecht erhalten werden[1010]. Den Forderungen nach Ergänzung und/oder Änderung bestehender grundrechtlicher Normen könnte daher argumentativ entgegengehalten werden, dass sich bei Erweiterungen militärischer Befugnisse eine Aufweichung dieser elementaren Grundsätze ergibt. Gleichermaßen könnten die Auswirkungen auf das innerstaatliche Kräftegleichgewicht als bedenkenlos eingeschätzt werden, wenn man sich die beanstandungsfreie Bewährung der Bundeswehr innerhalb des demokratischen Systems vergegenwärtigt und die Tatsache berücksichtigt, dass sämtlichen Institutionen zur Gefahrenabwehr letztlich das gleiche Bedrohungspotenzial zukommt[1011], obschon das Militär über die größten Mittel verfügt. Letzteres ist auch der Grund dafür, dass immer wieder der Rückgriff auf die Bundeswehr diskutiert wird, da die Polizeikräfte für die Abwehr neuartiger Gefahren ausstattungstechnisch an ihre Grenzen stoßen und daher auf Unterstützung angewiesen sind.

1004 *Wiefelspütz*, Parlamentsheer (Fn. 8), S. 1.
1005 *Wiefelspütz*, Parlamentsheer (Fn. 8), S. 1.
1006 *Fiebig,* Einsatz (Fn. 275), S. 258.
1007 *Fiebig,* Einsatz (Fn. 275), S. 418.
1008 *Horn*, Verfassungsgemäßheit (Fn. 11), S. 57.
1009 *Horn*, Verfassungsgemäßheit (Fn. 11), S. 57.
1010 *Horn*, Verfassungsgemäßheit (Fn. 11), S. 57.
1011 *Fiebig,* Einsatz (Fn. 275), S. 421.

Um einen angemessenen Schutz innerhalb des eigenen Landes gewährleisten zu können, müssten alternativ nicht-militärische Institutionen um eben dieses Mehr an personeller und materieller Stärke ausgestattet werden[1012]. Zöge man also den Schluss, anstatt eines Rückgriffes auf die Bundeswehr das Einsatzspektrum der Polizei um das Erforderliche zu erweitern, wäre in der Konsequenz letztere Institution als mögliche Bedrohung für den demokratischen Rechtsstaat anzusehen[1013]. Zur Umgehung dieser vermeintlich ausweglosen Situation blieben lediglich die bewusste politische Untätigkeit und damit verbunden die Hinnahme mangelnder Fähigkeit, den deutschen Staat vor terroristischen Angriffen zu schützen beziehungsweise verfassungsrechtlich schützen zu dürfen[1014]. In einer derartigen Lage befindet sich die Bundesrepublik Deutschland.

Dieses Problem steht spätestens seit dem Vorfall vor Augen, als der Geistesverwirrten 2003 die Frankfurter Innenstadt mit der Kaperung eines Sportflugzeuges zeitweilig in Atem hielt. Zwei Abfangjäger der Bundeswehr sorgten damals für einen glimpflichen Ausgang, sodass kein Schaden zu verzeichnen war[1015]. Doch genau dieser Ablauf führt exemplarisch die rechtlichen Gegebenheiten im deutschen Verfassungsstaat vor Augen:

Da erforderliche militärische Mittel der Streitkräfte sehr wohl vorhanden sind, liefe es, wie bereits in der Vergangenheit geschehen, im Endeffekt darauf hinaus, dass beispielsweise unter Begründung einer *Gefahr im Verzug* und der zwingend erforderlichen Verhinderung gravierender Folgen in der jeweiligen Ausnahmesituation ein Rückgriff auf die Bundeswehr stattfinden würde. Eine verfassungsrechtliche Legitimation für derartiges Vorgehen würde bewusster maßen fehlen.

Das Grundgesetz liefert, wie ausführlich dargestellt, keine hinreichenden Grundlagen für erforderliche Inneneinsätze deutscher Streitkräfte zur Abwehr terroristischer Angriffe. Konstruktive Ergänzungen vorhandener Normen oder Abänderungen, die dem erfolgten sicherheitspolitischen Wandel entsprechen würden, blieben bislang aus. Stattdessen wird nach wie vor an der ursprünglichen Fassung des Grundgesetzes festgehalten und auf Anpassungen verzichtet. Dabei kann das Fehlen einer Rechtsgrundlage, besonders bei Sachverhalten mit denkbar gravierenden Gefahren für die Bevölkerung, nicht als Restrisiko hingenommen werden[1016]. Dass die vorhandenen Regelungen zur Streitkräfteverwendung

---

1012 *Fiebig*, Einsatz (Fn. 275), S. 421-422.
1013 *Fiebig*, Einsatz (Fn. 275), S. 421-422.
1014 *Fiebig*, Einsatz (Fn. 275), S. 422.
1015 FAZ.NET (Hrsg.), Flugzeugentführung. Irrflug versetzt Frankfurt in Angst und Schrecken, 05.01.2003, http://www.faz.net/aktuell/gesellschaft/flugzeug-entfuehrung-irrflug-versetzt-frankfurt-in-angst-und-schrecken-189977.html (zuletzt abgerufen: Januar 2016).
1016 *Fiebig*, Einsatz (Fn. 275), S. 418-419.

nicht bedarfsweise erweitert werden können, entschied der Gesetzgeber bereits mit Verabschiedung der Notstandverfassung im Jahre 1968[1017]. Eine Anpassung der verfassungsrechtlichen Grundlagen an den gesellschaftlichen Wandel und die Lebenswirklichkeit kann nicht durch höchstrichterliche Rechtsprechung oder Rechtswissenschaft erfolgen[1018]. Diese Befugnis fällt vielmehr in die alleinige Zuständigkeit des verfassungändernden Gesetzgebers[1019]. Zur Ausdehnung des Einsatzspektrums deutscher Streitkräfte bei gleichzeitiger Beachtung grundrechtlicher Regelungssysteme ist eine verfassungändernde Maßnahme zwingend erforderlich[1020].

Um dabei den Befürchtungen einer Eigendynamik des Militärs und aber auch der verfassungsrechtlichen Ohnmacht entgegen zu wirken, ist es denkbar, die aufgestellten Grundsätze zur Solidaritätsklausel auf den nationalen Fall innerhalb der Bundesrepublik zu übertragen. Die Gefahren grenzüberschreitender Dimensionen des internationalen Terrorismus, denen man nur durch gemeinsame Einsätze begegnen kann[1021], betrifft sowohl extraterritoriale als auch innerstaatliche Verwendungen deutscher Streitkräfte.

II. „*Nationale Solidaritätsklausel*"

Ohne europäischen länderübergreifenden Bezug könnte deutsche Solidarität im Sinne einer unterstützenden, innerstaatlichen Zusammenarbeit zwischen Militär und Polizei verstanden werden. Dies hätte zunächst eine Lossagung der strikt verfolgten Trennung beider Institutionen zur Folge. Der Angst vor einer Aufweichung polizeilicher Kernkompetenzen zur Gefahrenabwehr im Innern wäre dann mit den aufgestellten Beschränkungen zu Art. 222 AEUV zu begegnen.

„*Nach dem Vorschlag sollte die EU nur in außergewöhnlichen Umständen und auf Antrag der Regierung eines Mitgliedstaats tätig werden, die die eigenen Kapazitäten nach einem bereits erfolgten oder drohenden Terroranschlag [...] für nicht ausreichend hält*"[1022].

Diese grundlegenden Bestimmungen entstanden im Rahmen des oben bereits in Bezug genommenen Ratsbeschlusses zur Anwendung der Solidaritätsklausel zwischen den Mitgliedstaaten der Europäischen Union. Danach eröffnet sich der Anwendungsbereich der Norm auf die höchst seltene Situation eines Terroran-

---

1017 *Fiebig*, Einsatz (Fn. 275), S. 418.
1018 *Fiebig*, Einsatz (Fn. 275), S. 404, 406.
1019 *Fiebig*, Einsatz (Fn. 275), S. 406.
1020 *Fiebig*, Einsatz (Fn. 275), S. 418.
1021 *Calliess* (Fn. 981), Art. 222 Rn. 33.
1022 Europäische Kommission (Hrsg.), Gemeinsamer Vorschlag für einen Beschluss des Rates über die Vorkehrungen der Anwendung der Solidaritätsklausel durch die Union, 21.12.2012, http://eur-lex.europa.eu/LexUriServ/LexUriServ.do?uri=JOIN:2012:0039: FIN:DE:PDF (zuletzt abgerufen: Januar 2016), S. 2-3.

schlages, dem mit vorhandenen Abwehrmitteln nicht angemessen begegnet werden kann. Übertragen auf den streitgegenständlichen Fall innerhalb der Bundesrepublik wäre damit die Situation erfasst, in der die Polizei ausschließlich unter Rückgriff auf das Kontingent deutscher Streitkräfte im ausreichenden Maße auf Angriffe terroristischer Art reagieren kann. Dabei handelt es sich zweifelsfrei um einen Ausnahmetatbestand, sodass die Befürchtung einer generalklauselartigen Fassung und einer Ausuferung militärischer Verwendungen zurück gewiesen werden kann.

1. Anwendung militärischer Mittel im Rahmen solidarischer Unterstützung

Wie bereits die *Arbeitsgruppe Verteidigung* im Jahre 2002 feststellte, existieren neue Bedrohungen, denen man im bestmöglichen Umfang begegnen muss[1023]. Daher sprach sie sich im Hinblick auf Maßnahmen der Europäischen Union auch für den Einsatz sämtlich vorhandener Mittel aus, zu denen unstreitig solche des Militärs zählen[1024]. Auf das gesamte Instrumentarium, so heißt es, solle Rückgriff genommen werden, um die Effektivität des Schutzes im denkbarsten Maße zu ermöglichen[1025].

Diese Interpretation entspricht auch dem Verständnis dargestellter aktueller höchstrichterlicher Rechtsprechung zum beispielhaften Fall des innerstaatlichen terroristischen Angriffes[1026]. Auch wenn sich derzeit im verfassungsrechtlich gesteckten Rahmen polizeilicher Gefahrenabwehr noch keine Grundlage findet, ist der prinzipiellen Anwendung militärischer Mittel zuzustimmen. Bezugnehmend auf den Inhalt des Art. 222 Abs. 1, Satz 2 AEUV, ergäbe sich daher nachfolgender Formulierungsvorschlag eines denkbaren Tatbestandes:

Die Polizei mobilisiert alle ihr zur Verfügung stehenden Mittel, einschließlich der in Zusammenarbeit mit der Bundeswehr bereitgestellten militärischen Mittel, um

- *terroristische Bedrohungen innerhalb Deutschlands abzuwenden;*

- *die demokratischen Institutionen und die Zivilbevölkerung vor etwaigen Terroranschlägen zu schützen;*

- *im Falle eines Terroranschlags im Rahmen ihrer gefahrenabwehrrechtlichen Kernkompetenz Unterstützung zu erlangen.*

Dieser einst kritisch diskutierte Punkt für innerstaatliche Verwendungen wurde auch im Rahmen oben dargestellter aktueller Entscheidungen des Bundesverfassungsgerichtes als unproblematisch deklariert. Anders verhält es sich mit der im

---

1023 Europäischer Konvent, Schlussbericht (Fn. 988).
1024 Europäischer Konvent, Schlussbericht (Fn. 988).
1025 Europäischer Konvent, Schlussbericht (Fn. 988).
1026 BVerfGE 133, 241 (254).

Rahmen der Solidaritätsklausel streitig gestellten Erforderlichkeit eines Einsatzbeschlusses im Rat:

2. Erforderlichkeit einer Ratsabstimmung

Art. 222 Abs. 2 AEUV sieht für das jeweils bedrohte Land die Möglichkeit vor, seine Mitgliedstaaten auf Ersuchen seiner politischen Organe um Unterstützung zu bitten. Diese Anfrage hat sodann die Wirkung, dass jede Form unterstützender Einsätze vorab in einer Ratsabstimmung zu bescheiden ist.

Vergleichbaren Inhalt liefern oben dargestellte Plenumsbeschlüsse, die hinsichtlich innerstaatlicher militärischer Verwendungen an der Erforderlichkeit der Zustimmung der Bundesregierung festhalten[1027]. Auch die dringenden Fälle einer Gefahr im Verzug oder eines überregionalen Katastrophennotstandes liefern ausreichende Begründungen, um von der Forderung nach einem Einverständnis der Regierung abzurücken[1028]. Sowohl in den bereits dargestellten Vorschlägen zur Verfassungsänderung bzw. -ergänzung als auch im Anwendungsbereich der Solidaritätsklausel ergibt sich zwangsläufig das Problem einer besorgniserregenden Schutzlücke. Es ist kaum vorstellbar, dass in dem konkreten Eilfall aus dem gravierende Gefahren für die Bevölkerung erwachsen können, die jeweils geforderte Rücksprache rechtzeitig zu erzielen ist. Derartige zeitintensive Beratungen sind faktisch nicht möglich und werden den neueren Gefahren nicht gerecht. Denkbar wäre es jedoch, unter inhaltlicher Bezugnahme weiterer Tatbestände der Solidaritätsklausel, diesem Umstand im gewissen Maße Rechnung zu tragen. In Betracht käme der letzte Absatz der Solidaritätsklausel, der eine Bedrohungsanalyse enthält, die im Sinne eines Frühwarnsystems für effektive Maßnahmen sorgen soll[1029]:

3. Überprüfung aktueller Bedrohungslagen

Wörtlich heißt es in der Norm:

„(4) Damit die Union und ihre Mitgliedstaaten auf effiziente Weise tätig werden können, nimmt der Europäische Rat regelmäßig eine Einschätzung der Bedrohungen vor, denen die Union ausgesetzt ist."

Dieses Frühwarnsystem scheint im heutigen Zeitalter sinnvoll und effizient, um terroristischen Gefahren im hinreichenden Maße begegnen zu können. Die Vornahme von Lagebeurteilungen in regelmäßigen Abständen, wie sie gemäß Art. 222 Abs. 4 AEUV von dem Europäischen Rat bezüglich der Union verlangt

---

[1027] BVerfGE 132, 1 (21 ff.); BVerfGE 133, 241 (259-260); Spiegel Online, Verfassungsrichter (Fn. 846).
[1028] BVerfGE 132, 1(21 ff.); BVerfGE 133, 241, Absatz-Nr. 48-49; Spiegel Online, Verfassungsrichter (Fn. 846).
[1029] *Calliess* (Fn. 981), Art. 222 Rn. 38.

wird, könnte im gleichen Maße auf sicherheitspolitische Belange Deutschlands übertragen werden. Denkbar wäre eine Formulierung folgenden Inhaltes:

„Damit die Bundesregierung auf effiziente Weise tätig werden kann, nimmt das Bundesministerium der Verteidigung regelmäßig eine Einschätzung der Bedrohungen vor, denen das Land ausgesetzt ist."

Diese Idee hätte zum Vorteil, dass sich ein festbestimmtes und in der Zahl überschaubares Gremium in einer Regelmäßigkeit mit aktuellen terroristischen Bedrohungsherden befasst, sodass diesem in Eilfällen die Kompetenz einer Lagebeurteilung zuzusprechen wäre. Sicherlich kann damit nicht jede Form terroristischer Bedrohungen erfasst werden. Gerade der streitgegenständliche Fall, indem eine Privatperson unangekündigt eine Maschine entführt und diese als Waffe missbraucht, gründet auf unvorhersehbaren Entwicklungen. Nichtsdestotrotz könnte dem zuständigen Gremium unterstellt werden, dass es aufgrund seiner gemeinsamen Vorarbeit eine bedrohliche Lage zügig, auf Grundlage gegenwärtiger Erfahrungswerte in der gebotenen Kürze entscheiden kann. Damit würde den Kritikern ein angemessener Ausgleich geboten: Zum einen bliebe untersagt, dass ein Einzelner Entscheidungen über militärische Verwendungen innerhalb eines Landes treffen könnte. Zum anderen würde die verfassungsrechtliche Verankerung regelmäßiger Stabsberatungen zur aktuellen Sicherheitslage die Handlungsfähigkeit der Bundesrepublik auch bei terroristischen Bedrohungen aufrechterhalten.

4. Zusammenfassende Würdigung

Es lässt sich festhalten, dass grundsätzlich Wege vorhanden sind, dem weltweiten sicherheitspolitischen Wandel im eigenen Land gerecht zu werden und für verfassungsrechtliche Normen angemessener Gefahrenabwehr zu sorgen. Dabei muss zwar eine Aufweichung der strikt verfolgten Trennung militärischer und polizeilicher Befugnisse in Kauf genommen werden. Die damit verbundenen Befürchtungen können zurückgewiesen werden: Es könnte das Prinzip der Solidarität zwischen den europäischen Staaten selbst sein, das das Vertrauen schafft, eine Wiederholung grenzüberschreitender Machtausbrüche deutschen Militärs zu verhindern. In dem Maße, in dem neuartigen Gefahren begegnet werden muss, dürfen die Entwicklungen, die sich im Zusammenleben der Länder vollzogen haben, nicht übersehen werden. Der Grund fließender Übergänge und eigener Landesverteidigung an fremden Grenzen, liegt in derselben Annahme, dass die Bundesrepublik in ein Konstrukt eingebettet ist, in dem sie von europäischen Verbündeten unter verfassungsrechtlicher Verpflichtung umringt ist. Die zweifelsfreie Erforderlichkeit verfassungsrechtlicher Grundlagen für eine angemessene Gefahrenabwehr auch im eigenen Land kann daher als unbedenklich eingestuft werden:

F. Vorschlag einer Grundgesetznorm für den innerstaatlichen Einsatz deutscher Streitkräfte zur Abwehr terroristischer Angriffe

Aus der Gesamtschau sämtlich aufgeführter Überlegungen ergibt sich daher nachstehender Vorschlag einer Verfassungsnorm für den Einsatz deutscher Streitkräfte bei terroristischen Angriffen innerhalb der Bundesrepublik Deutschland:

(1) Die Bundesrepublik und ihre jeweiligen Institutionen handeln gemeinsam im Geiste der Solidarität, wenn ein Bundesland von einem Terroranschlag betroffen ist.

(2) Die Polizei mobilisiert alle ihr zur Verfügung stehenden Mittel, einschließlich der in Zusammenarbeit mit der Bundeswehr bereitgestellten militärischen Mittel, um

- terroristische Bedrohungen innerhalb Deutschlands abzuwenden;
- die demokratischen Institutionen und die Zivilbevölkerung vor etwaigen Terroranschlägen zu schützen;
- im Falle eines Terroranschlags im Rahmen ihrer gefahrenabwehrrechtlichen Kernkompetenz Unterstützung zu erlangen.

(3) Ist ein Land von einem Terroranschlag betroffen, so leisten die anderen Bundesländer ihm auf Ersuchen seiner politischen Organe Unterstützung. Zu diesem Zweck sprechen die Bundesländer sich im Ministerium der Verteidigung ab.

(4) Damit die Bundesregierung auf effiziente Weise tätig werden kann, nimmt das Bundesministerium der Verteidigung regelmäßig eine Einschätzung der Bedrohungen vor, denen das Land ausgesetzt ist.

Die vorliegende Schrift lässt sich mit den Worten *Adolf Arndts* schließen, der bereits im Jahre 1954 erkannte:

„*Die Frage der Einordnung einer bewaffneten Macht in eine demokratische Verfassung ist ja eine der schwierigsten verfassungsrechtlichen Fragen, die es überhaupt gibt*"[1030].

1030 *Wiefelspütz*, Einsatz (Fn. 8), S. 9.

Schrifttum

Herausgeber/*Autor*

A

Arndt, Claus: Bundeswehr und Polizei im Notstand, in: DVBl. 1968, Heft 18, S. 729-732.

B

Bald, Detlef/Klein, Paul (Hrsg.): Historische Leitlinien für das Militär der neunziger Jahre, Band 2, 1988.
Bald, Detlef: Die Bundeswehr. Eine kritische Geschichte 1955-2005, 2005.
Baldus, Manfred: Braucht Deutschland eine neue Wehrverfassung?, in: NZWehrR 49 (2007), S. 133-138.
Baldus, Manfred: Streitkräfteeinsatz zur Gefahrenabwehr im Luftraum. Sind die neuen luftsicherheitsgesetzlichen Befugnisse der Bundeswehr kompetenz- und grundrechtswidrig?, in: NVwZ 2004, S. 1278-1285.
Beck, Daniel: Auslandseinsätze deutscher Streitkräfte. Materiell-rechtliche Bindungen aus Völkerrecht und Grundgesetz, insbesondere zum Schutz des Lebens, 2008.
Bothe, Michael/Ipsen, Knut/Partsch, Karl Josef: Die Genfer Konferenz über humanitäres Völkerrecht. Verlauf und Ergebnisse, ZaöRV 38 (1978), S. 1-85.
von Bredow, Wilfried: Militär und Demokratie in Deutschland – Eine Einführung, 2008.
von Bredow, Wilfried: Demokratie und Streitkräfte. Militär, Staat und Gesellschaft in der Bundesrepublik Deutschland, 2000.
Brenner, Michael/Hahn, Daniel: Bundeswehr und Auslandseinsätze, in: JuS 2001, S. 729-735.
vom Bruch, Rüdiger/Hofmeister, Björn: Kaiserreich und Erster Weltkrieg. 1871-1918, in: Müller, Rainer A. (Hrsg.), Deutsche Geschichte in Quellen und Darstellung, Bd. 8, 2006.
Burkiczak, Christian: Ein Entsendegesetz für die Bundeswehr?, in: ZRP 36 (2003), S. 82-86.
Bucher, Peter: Der Parlamentarische Rat 1948-1949. Akten und Protokolle, Bd. 2, Der Verfassungskonvent auf Herrenchiemsee, 1981.

C

Calliess, Christian/Ruffert, Matthias (Hrsg.): EUV/AEUV. Das Verfassungsrecht der Europäischen Union mit Europäischer Grundrechtecharta, Kommentar, 4. Aufl., 2011.

D
Diedrich, Torsten: Die militärische Grenzsicherung an der innerdeutschen Demarkationslinie und der Mauerbau 1962, in: Thoß, Bruno (Hrsg.), Vom Kalten Krieg zur deutschen Einheit. Analysen und Zeitzeugenberichte zur deutschen Militärgeschichte 1945 bis 1995, 1995, S. 127-143.

Dietz, Andreas: Das Primat der Politik in kaiserlicher Armee. Reichswehr, Wehrmacht und Bundeswehr. Rechtliche Sicherungen der Entscheidungsgewalt über Krieg und Frieden zwischen Politik und Militär, 2011.

Dreier, Horst (Hrsg.): Grundgesetz-Kommentar, Band I, 3. Aufl., 2013.

Ders.: Band II, 3. Aufl., 2015.

Ders.: Band III, 2. Aufl., 2008.

Dreier, Horst: Grundlagen und Grundzüge staatlichen Verfassungsrechts, in: v. Bogdandy, Armin/Villalón, Pedro Cruz/Huber, Peter M. (Hrsg.), Handbuch Ius Publicum Europaeum, Bd. I, 2007, § 1.

Dreist, Peter: AWACS-Einsatz ohne Parlamentsbeschluss? Aktuelle Fragegestellungen zur Zulässigkeit von Einsätzen bewaffneter Streitkräfte unter besonderer Berücksichtigung der NATO-AWACS-Einsätze in den USA 2001 und in der Türkei 2003, ZaöRV 64 (2004), S. 1001-1043.

Ders.: Bundeswehreinsatz als Wahrnehmung materieller Polizeiaufgaben ohne Grundgesetzänderung?, in: UBWV 45 (2006), S. 93-104.

Ders.: Offene Rechtsfragen des Einsatzes bewaffneter deutscher Streitkräfte – Zwischenbilanz und Problemaufriss, in: NZWehrR 44 (2002), S. 133-154.

Ders.: Terroristenbekämpfung als Streitkräfteauftrag – zu den verfassungsrechtlichen Grenzen polizeilichen Handelns der Bundeswehr im Innern, in: NZWehrR 46 (2004) Heft 3, S. 89-114.

E
Epping, Volker/Hillgruber, Christian (Hrsg.): Grundgesetz-Kommentar, 2. Aufl., 2013.

F
Fastenrath, Ulrich: Anmerkung zur Entscheidung des BVerfG, Beschluss v. 3.7.2012 – 2 PBvU 1/11, in JZ 2012, S. 1128-1132.

Fiebig, Jan-Peter: Der Einsatz der Bundeswehr im Innern. Verfassungsrechtliche Zulässigkeit von innerstaatlichen Verwendungen der Streitkräfte bei Großveranstaltungen und terroristischen Bedrohungen, 2004.

Fischer-Lescano, Andreas: Konstitutiver Parlamentsvorbehalt: Wann ist ein AWACS-Einsatz ein „Einsatz bewaffneter Streitkräfte"?, in: NVwZ 2003, S. 1474-1476.

Friauf, Karl Heinrich/Höfling, Wolfram (Hrsg.): Berliner Kommentar zum Grundgesetz (Stand: 43. Ergänzungslieferung April 2014).

G

Gerber, Johannes: Die Bundeswehr in der Nato, in: Reinfried, Hubert/Walitschek, Hubert F. (Hrsg.), Die Bundeswehr. Eine Gesamtdarstellung, Bd. 2, 1985.

Gerhards, Jürgen/ Schäfer, Mike S./Al-Jabiri, Ishtar/Seifert, Juliane: Terrorismus im Fernsehen. Formate, Inhalte und Emotionen in westlichen und arabischen Sendern, 1. Aufl., 2011.

Glawe, Robert: Rechtsgrundlagen des Einsatzes deutscher Spezialkräfte in maritimen Geisellagen, in: NZWehrR 51 (2009), S. 221-234.

Görtemaker, Manfred/Wenzke, Rüdiger: Zwischen Konfrontation und Entspannung – Militärgeschichte von 1969/1970 bis zur Wiedervereinigung, in: Neugebauer, Karl-Volker (Hrsg.), Grundkurs deutsche Militärgeschichte. Die Zeit nach 1945. Armeen im Wandel, Bd. 3, 2008, S. 150-271.

Gramm, Christof: Bundeswehr als Luftpolizei: Aufgabenzuwachs ohne Verfassungsänderung?, in: NZWehrR 45 (2003), S. 89-101.

Grau, Richard: Die Diktaturgewalt des Reichspräsidenten und der Landesregierungen aufgrund des Artikels 48 der Reichsverfassung, in: Triepel, Heinrich/Kaufmann, Erich/Smend, Rudolf (Hrsg.), Öffentlich-rechtliche Abhandlungen, 1922, Heft 5.

H

Halder Winfrid: Innenpolitik im Kaiserreich. 1871-1914, in: Brodersen, Kai/Kintzinger, Martin/Puschner, Uwe/Reinhardt, Volker (Hrsg.), Geschichte Kompakt, 3. Aufl., 2011.

Harnisch, Sebastian: Die Große Koalition in der Außen- und Sicherheitspolitik: die Selbstbehauptung der Vetospieler, in: Egle, Christoph/Zohlnhöfer, Reimut (Hrsg.), Die zweite Große Koalition. Eine Bilanz der Regierung Merkel 2005-2009, 1. Aufl., 2010, S. 503-529.

von der Heydte, Karl August (Hrsg.): Der Kampf um den Wehrbeitrag I, Bd. 2, 1. Halbband, Die Feststellungsklage, 1952.

Ders.: Der Kampf um den Wehrbeitrag III, Bd. 3, Ergänzungsband, 1958.

Hirsch, Burkhardt: Zum Verbot des Rettungstotschlags, in: NJW 2007, S. 1188-1189.

Hochhuth, Martin: Militärische Bundesintervention bei inländischem Terrorakt. Verfassungsänderungspläne aus Anlass der Flugzeugentführungen vom 11. September 2001, in: NZWehrR 44 (2002), S. 154-167.

Horn, Sascha: Die Verfassungsgemäßheit präventiver Terrorismusbekämpfungsmaßnahmen, 2013.

Huber, Ernst Rudolf: Strukturen und Krisen des Kaiserreichs, in: Deutsche Verfassungsgeschichte seit 1789, Band IV, 1982.

Ders.: Die Weimarer Reichsverfassung, in: Deutsche Verfassungsgeschichte seit 1789, Band VI, 1981.

Hümmer, Christian: Die Bundeswehr im Innern. Reichweite und Grenzen von Artikel 35 Absatz 2 Satz 2 GG und Artikel 35 Absatz 3 Satz 1 GG und deren Verhältnis zu Artikel 87a GG und Artikel 91 GG, 2011.

I

von Ilsemann, Carl-Gero: Die Innere Führung in den Streitkräften, in: Reinfried, Hubert/Walitschek, Hubert F. (Hrsg.), Die Bundeswehr. Eine Gesamtdarstellung, Bd. 5, 1981.

von Ilsemann, Carl-Gero: Streitkräfte in der Demokratie. Innere Führung gestern und heute, in: 30 Jahre Bundeswehr. 1955-1985. Friedenssicherung im Bündnis, herausgegeben vom Militärgeschichtlichen Forschungsamt, 1985, S. 313-342.

J

Jarass, Hans Dieter/Pieroth, Bodo: Grundgesetz für die Bundesrepublik Deutschland. Kommentar, 13. Aufl., 2014.

K

Kipp, Yvonne: Eden, Adenauer und die deutsche Frage. Britische Deutschlandpolitik im internationalen Spannungsfeld, 1951-1957, 2002.

Knödler, Christoph: Terror, Schutz – und Einsatz der Streitkräfte im Innern?, in: BayVBl. 2002, S. 107-111.

Kongreß-Verlag GmbH (Hrsg.): Potsdamer Abkommen (Mitteilung über die Dreimächtekonferenz von Berlin vom 2. August 1945) und Warschauer Beschlüsse (Erklärung der Außenminister der UdSSR, Albaniens, Bulgariens, der Tschechoslowakei, Jugoslawiens, Polens, Rumäniens und Ungarns anläßlich der Beschlüsse der Londoner Beratungen über Deutschland, angenommen am 24. Juni 1948 auf der Konferenz in Warschau, 1949.

Krings, Günter/Burkiczak, Christian: Bedingt abwehrbereit? – Verfassungs- und völkerrechtliche Aspekte des Einsatzes der Bundeswehr zur Bekämpfung neuer terroristischer Gefahren im In- und Ausland, in: DÖV 2001, S. 501-512.

Krings, Günter/Burkiczak, Christian: Sicherer Himmel per Gesetz? – Zum Regierungsentwurf für ein Luftsicherheitsgesetz, in: NWVBl. 2004, S. 249-253.

Kurowski, Franz: Die Bundeswehr. Heer – Marine – Luftwaffe, 1977.

Kutscha, Martin: Das Grundrecht auf Leben unter Gesetzesvorbehalt – ein verdrängtes Problem, in: NVwZ 2004, S. 801-804.

Kutz, Martin: Deutsche Soldaten. Eine Kultur- und Mentalitätsgeschichte, 2006.

L

Lenz, Carl Otto: Notstandsverfassung des Grundgesetzes: Kommentar, 1971.

Linke, Tobias: «Die militärische Waffe». Ein Begriffsgespenst im Wehrverfassungs- und im Recht der inneren Sicherheit?, in: NZWehrR 48 (2006), S. 177-191.

Limpert, Martin: Auslandseinsatz der Bundeswehr, in: Graf Vitzthum, Wolfgang (Hrsg.), Tübinger Schriften zum Staats- und Verwaltungsrecht, Bd. 67, 2002.

Loch, Thorsten: Das Gesicht der Bundeswehr. Kommunikationsstrategien der Bundeswehr 1956 bis 1989. Sicherheitspolitik und Streitkräfte der Bundesrepublik Deutschland, herausgegeben vom Militärischen Forschungsamt, Bd. 8, 2008.

Lutze, Christian: Abwehr terroristischer Angriffe als Verteidigungsaufgabe der Bundeswehr, in: NZWehrR 45 (2003), S. 101-115.

M

Maier, Eva Maria: Überforderung des Rechtsstaats? Terrorbekämpfung zwischen Strafrecht und Kriegszustand, in: Erwin Bader (Hrsg.), Terrorismus. Eine Herausforderung unserer Zeit, 2007, S. 99-115.

Mammen, Lars: Völkerrechtliche Stellung von internationalen Terrororganisationen, 1. Aufl. 2008.

von Mangoldt, Hermann/Klein, Friedrich/Starck, Christian (Hrsg.): Kommentar zum Grundgesetz, Bd. II, 6. Aufl., 2010.

Dies.: Bd. III, 6. Aufl., 2010.

Maunz, Theodor/Dürig, Günter (Hrsg.): Grundgesetz-Kommentar, Band II (Stand: 74. Ergänzungslieferung Mai 2015).

Ders.: Band VI (Stand: 74. Ergänzungslieferung Mai 2015).

Maurer, Hartmut: Staatsrecht I, 6. Aufl., 2010.

Meier-Dörnberg, Wilhelm: Die Europäische Verteidigungsgemeinschaft, in: 30 Jahre Bundeswehr, 1955-1985, Friedenssicherung im Bündnis, herausgegeben vom Militärgeschichtlichen Forschungsamt, 1985, S. 259-275.

Meyer, Georg: Die Entmilitarisierung in den westlichen Besatzungszonen und nach Gründung der Bundesrepublik Deutschland von 1945 bis 1950, in: 30 Jahre Bundeswehr 1955-1985, Friedenssicherung im Bündnis, herausgegeben vom Militärgeschichtlichen Forschungsamt, 1985, S. 207-232.

Middel, Stefan: Innere Sicherheit und präventive Terrorismusbekämpfung, 2007.

Müller, Rolf-Dieter: Militärgeschichte, 2009.

von Münch, Ingo/Kunig, Philip: Grundgesetz Kommentar, Bd. 2: Art. 20 bis 69, 5. Aufl., 2001.

Dies.: Bd. 3: Art. 70 bis 146, 6. Aufl. 2012.

N

Naumann, Klaus: Die Bundeswehr in einer Welt im Umbruch, 2002.

Nolte, Martin: Der AWACS-Einsatz in der Türke zwischen Parlamentsvorbehalt und Regierungsverantwortung, in: NJW 2003, S. 2359-2361.

O
Oppermann, Thomas: Der Beitrag des Internationalen Rechts zur Bekämpfung des internationalen Terrorismus, in: v. Münch, Ingo (Hrsg.), Festschrift für Hans-Jürgen Schlochauer zum 75. Geburtstag am 28. März 1981, 1981, S. 495-514.

P
Pabst, Friederike: Kulturgüterschutz in nicht-internationalen bewaffneten Konflikten, 2008.
Pauli, Frank: Wehrmachtsoffiziere in der Bundeswehr. Das kriegsgediente Offizierskorps der Bundeswehr und die Innere Führung – 1955 bis 1970, 2010.
Paulke, Katja: Die Abwehr von Terrorgefahren im Luftraum im Spannungsverhältnis zwischen neuen Bedrohungsszenarien und den Einsatzmöglichkeiten der Streitkräfte im Innern unter besonderer Berücksichtigung des Luftsicherheitsgesetzes, 2005.
Pestalozza, Christian: Inlandstötungen durch die Streitkräfte – Reformvorschläge aus ministeriellem Hause, in: NJW 2007, S. 492-495.
Pflüger, Tobias: Bundeswehr 2005 – bereit für die nächsten Kriege in aller Welt, in: Cremer, Ulrich/Lutz, Dieter. S. (Hrsg.). Die Bundeswehr in der neuen Weltordnung, 2000, S. 72-88.
Pieroth, Bodo/Schlink, Bernhard/Kingreen, Thorsten/Poscher, Ralf: Grundrechte Staatsrecht II, 30. Aufl., 2014.
Pofalla, Ronald: Die Bundeswehr im Ausland. Eine Zwischenbilanz des Gesetzgebungsverfahren, in: ZRP 37 (2004), S. 221-225.
Pommerin, Reiner: Vom „Kalten Krieg" zu globaler Konfliktverhütung und Krisenbewältigung – Militärgeschichte zwischen 1990 und 2006, in: Neugebauer, Karl-Volker (Hrsg.). Grundkurs deutsche Militärgeschichte. Die Zeit nach 1945. Armeen im Wandel, Bd. 3, 2008, S. 272-395.
Poretschkin, Alexander: Zivilverteidigung als Verfassungsauftrag, 1997.

R
Range, Clemens: Das Heer der Bundeswehr, 1978.
Reinfried, Hubert: Streitkräfte und Bundeswehrverwaltung, in: Reinfried, Hubert/Walitschek, Hubert F. (Hrsg.), Die Bundeswehr. Eine Gesamtdarstellung, Bd. 9, 1978.

S
von Saal, Yuliya: KSZE-Prozess und Perestroika in der Sowjetunion. Demokratisierung, Werteumbruch und Auflösung 1985-1991, 2014.
Sachs, Michael (Hrsg.): Grundgesetz – Kommentar, 7. Aufl., 2014.
Sachs, Michael: Staatsorganisationsrecht: Bundestagsabstimmung zu Bundeswehreinsatz – BVerfG, Beschluss vom 13.10.2009 – 2 BvE 4/08, in: JuS 2010, S. 89-91.

Sattler, Henriette: Terrorabwehr durch die Streitkräfte nicht ohne Grundgesetzänderung – Zur Vereinbarkeit des Einsatzes der Streitkräfte nach dem Luftsicherheitsgesetz mit dem Grundgesetz, in: NVwZ 2004, S. 1286-1291.

Sauer, Heiko: Staatsrecht III. Auswärtige Gewalt – Bezüge des Grundgesetzes zu Völker- und Europarecht, 3. Aufl., 2015.

Schaefer, Thomas: Verfassungsrechtliche Grenzen des Parlamentsbeteiligungsgesetzes, 2005

Schäuble, Wolfgang: Aktuelle Sicherheitspolitik im Lichte des Verfassungsrechts, in: ZRP 2007, S. 210-213.

Scherer, Werner/Alff, Richard/Poretschkin, Alexander (Hrsg.): Soldatengesetz sowie Reservistinnen- und Reservistengesetz. Kommentar, 9. Aufl., 2013.

Schmalenbach, Kirsten: Der Internationale Terrorismus. Ein Definitionsversuch, in: NZWehrR 42 (2000), S. 15-20.

Schmidt, Simon: Westliches Verteidigungsbündnis mit vier Buchstaben, in: UBWV 9 (2005), S. 331-340.

Schmidt-Bleibtreu, Bruno (Begr.)/Hofmann, Hans/Henneke, Hans-Günter (Hrsg.): Kommentar zum Grundgesetz, 13. Aufl., 2014.

Schmidt-Jortzig, Edzard: Verfassungsänderung für Bundeswehreinsätze im Innern Deutschlands?, in: DÖV 55 (2002), S. 773-778.

Schmidt-Radefeldt, Roman: Parlamentarische Kontrolle der internationalen Streitkräfteintegration, 2005.

Schmidt-Radefeldt, Roman: Inlandseinsätze der Bundeswehr auf dem Prüfstein der Wehrverfassung. Die Wehrverfassung in schlechter Verfassung?, in: UBWV 7 (2008), S. 269-276.

Schneider, Harald: Protest gegen den Frieden durch Rüstung, in: Vogt, Wolfgang R. (Hrsg.), Streitfall Frieden. Positionen und Analysen zur Sicherheitspolitik und Friedensbewegung, 1984, S. 178-189.

Schröder, Florian: Das parlamentarische Zustimmungsverfahren zum Auslandseinsatz der Bundeswehr in der Praxis, 2005.

Schulz, Siegfried: Das neue Heer, 1979.

Sigloch, Daniel: Auslandseinsätze der deutschen Bundeswehr. Verfassungsrechtliche Möglichkeiten und Grenzen, 2006.

Simon, Ulrich: Die Integration der Bundeswehr in die Gesellschaft. Das Ringen um die Innere Führung, 1980.

Sittard, Ulrich/Ulbrich, Martin: Fortgeschrittenenklausur – Öffentliches Recht: Das Luftsicherheitsgesetz, in: JuS 2005, 431-436.

Stern, Klaus: Das Staatsrecht der Bundesrepublik Deutschland, Bd. III/1, 1988.

Stoll, Peter-Tobias: Das parlamentarische Zustimmungsverfahren zum Auslandseinsatz der Bundeswehr in der Praxis, 2005.

Störer, Bernd: Der Kalte Krieg, 3.Aufl., 2008.

Streinz, Rudolph (Hrsg.): EUV/AEUV, Vertrag über die Europäische Union und Vertrag über die Arbeitsweise der Europäischen Union, 2. Aufl., 2012.

T
Thiele, Jan: Auslandseinsätze der Bundeswehr zur Bekämpfung des internationalen Terrorismus. Völker- und verfassungsrechtliche Aspekte, 2011.
Turner, Henry Ashby: Geschichte der beiden deutschen Staaten seit 1945, 1989.

U
Uzulis, André: Die Bundeswehr. Eine politische Geschichte von 1955 bis heute, 2005.

V
Vedder, Christoph/Heintschel von Heinegg, Wolff (Hrsg.): Europäisches Unionsrecht. EUV/AEUV/Grundrechte-Charta, 2012.
Volkmann, Hans-Erich: Der westdeutsche Verteidigungsbeitrag in der innenpolitischen Auseinandersetzung. 1950-1955, in: 30 Jahre Bundeswehr. 1955-1985. Friedenssicherung im Bündnis, herausgegeben vom Militärgeschichtlichen Forschungsamt, 1985, S. 277-297.
Volle, Angelika/Weidenfeld, Werner (Hrsg.): Europäische Sicherheitspolitik in der Bewährung. Beiträge und Dokumente aus Europa – Archiv und internationale Politik (1990-2000), 2000, S. 50-51.

W
Wagner, Thomas M.: Parlamentsvorbehalt und Parlamentsbeteiligungsgesetz. Die Beteiligung des Bundestages bei Auslandseinsätzen der Bundeswehr (Beiträge zum Parlamentsrecht 66), 2010.
Walpuski, Günter/Wolf, Dieter O.A.: Einführung in die Sicherheitspolitik. Ein Lehr- und Studienbuch, 1979.
Weber, Stephan: Die parlamentarische Untersuchung von Auslandseinsätzen der Bundeswehr: Der Fall Murat Kurnaz, in: Weingärtner, Dieter (Hrsg.). Die Bundeswehr als Armee im Einsatz – Entwicklungen im nationalen und internationalen Recht, 2003, S. 143-158.
Weingärtner, Dieter: „Wehrrecht" – ein Rechtsgebiet in Bewegung, in: Ders. (Hrsg.). Die Bundeswehr als Armee im Einsatz – Entwicklungen im nationalen und internationalen Recht, 2003, S. 9-21.
Wenzke, Rüdiger/Zundorf, Irmgard: „Ein eiserner Vorhang ist niedergegangen". Militärgeschichte im Kalten Krieg 1945-1968/70, in: Neugebauer, Karl-Volker (Hrsg.). Grundkurs deutsche Militärgeschichte. Die Zeit nach 1945. Armeen im Wandel, Bd. 3, 2008, S. 1-149.
Werner, Angela: Die Grundrechtsbindung der Bundeswehr bei Auslandseinsätzen, 2006.
Wettig, Gerhard: Von der Entmilitarisierung zur Aufrüstung in beiden Teilen Deutschlands 1945-1952, in: Thoß, Bruno (Hrsg.). Vom Kalten Krieg zur deutschen Einheit. Analysen und Zeitzeugenberichte zur deutschen Militärgeschichte 1945 bis 1995, 1995, S. 3-36.

Wieck, Hans-Georg: Die Bundesrepublik Deutschland und das Nordatlantische Bündnis – Rückblick und Perspektive, in: 30 Jahre Bundeswehr. 1955-1985. Friedenssicherung im Bündnis, 1985, S. 299-311.

Wiefelspütz, Dieter: Das Parlamentsheer. Der Einsatz bewaffneter deutscher Streitkräfte im Ausland, der konstitutive Parlamentsvorbehalt und das Parlamentsbeteiligungsgesetz, 2005.

Ders.: Der Einsatz bewaffneter deutscher Streitkräfte und der konstitutive Parlamentsvorbehalt, 2003.

Ders.: Der Auslandseinsatz der Bundeswehr gegen den grenzüberschreitenden internationalen Terrorismus, in: ZaöRV 65 (2005), S. 819-835.

Ders.: Reform der Wehrverfassung, 2008.

Ders.: Verteidigung und Terrorismusbekämpfung durch die Streitkräfte, in: NZWehrR 49 (2007), S. 12-21.

Wiggershaus, Norbert: Die Überlegungen für einen westdeutschen Verteidigungsbeitrag von 1948- bis 1950, in: 30 Jahre Bundeswehr. 1955-1985. Friedenssicherung im Bündnis, herausgegeben vom Militärgeschichtlichen Forschungsamt, 1985, S. 233-257.

Wust, Harald: Bundeswehr ins dritte Jahrzehnt. Reden – Vorträge – Ansprachen, 1980.

Y

Yousif, Muna A.: Die extraterritoriale Geltung der Grundrechte bei der Ausübung deutscher Staatsgewalt im Ausland, 2007.

Z

Zippelius, Reinhold/ Würtenberger, Thomas: Deutsches Staatsrecht, 32. Aufl., 2008.

Zoll, Ralf/Lippert, Ekkehard/Rössler, Tjarck (Hrsg.), Bundeswehr und Gesellschaft, 1. Aufl., 1977.

Quellenverzeichnis

Herausgeber/*Autor*

A

Ahrens, Peter: Anschlag während des Länderspiels: Nur weg, 14.11.2015, http://www.spiegel.de/politik/ausland/terrorserie-in-paris-anschlag-waehrend-des-laenderspiels-a-1062809.html (zuletzt abgerufen: Januar 2016).

B

Biermann, Rafael: Der Weg in Krise und Krieg (1989-1998), in: Chiari, Bernhard/Keßelring, Agilolf (Hrsg.), Wegweiser zur Geschichte Kosovo, 3. Aufl. 2008, S. 73-83, http://mgfa.de/html/einsatzunterstuetzung/downloads/meukosovoiiiansicht01.pdf, (zuletzt abgerufen: Januar 2016).

Blank, Theodor: Regierungserklärung vor dem Deutschen Bundestag am 27. Juni 1955, in: A. König (Hrsg), 30 Jahre Bundeswehr - 30 Jahre Sicherung des Friedens Dokumente zum politischen Verständnis der Streitkräfte in der Demokratie, in: CDU-Dokumentation, Union in Deutschland, 32/1985, http://www.kas.de/wf/doc/kas_26653-544-1-30.pdf?110826092540 (zuletzt abgerufen: Januar 2016).

Bötel, Frank: Hintergründe zum Syrien-Einsatz der Bundeswehr, 07.12.2015, in: BMVg (Hrsg.), http://www.bundeswehr.de/portal/a/bwde/!ut/p/c4/NYvBCsIwEET_KNugIHhrKYJ4kV5qvZRts5TFNCnJxoL48SYHZ-Bd3gw8IdfhmxcU9g4tPGCY-TztatoNKXxJImspKkxxNLSOxC6ifKAvz7yYvSMpFHLCmUtA8UFtPogtJoWQjWIDQ6XbRp-qf_S3PnaX-00fdHttOtjWtf4B3Qkveg!!/ (zuletzt abgerufen: Januar 2016).

Braun, Stefan: Bundeswehr. Mehr Soldaten nach Mali, 25.11.2015, http://www.sueddeutsche.de/politik/bundeswehr-mehr-soldaten-nach-mali-1.2754072 (zuletzt abgerufen: Januar 2016).

Bundeskanzlei (Hrsg.): Zusatzprotokoll zu den Genfer Abkommen vom 12. August 1949 über den Schutz der Opfer internationaler bewaffneter Konflikte (Protokoll I), 18.07.2014, https://www.admin.ch/opc/de/classified-compilation/19770112/index.html#a1 (zuletzt abgerufen: Januar 2016).

Bundesministerium der Verteidigung, BMVg (Hrsg.): Äthiopien / Eritrea - UNMEE (United Nations Mission in Ethiopia and Eritrea), 19.05.2014, http://www.einsatz.bundeswehr.de/portal/a/einsatzbw/!ut/p/c4/04_SB8K8xLLM9MSSzPy8xBz9CP3I5EyrpHK9pPKU1PjUzLzixJIqIDcxKT21ODkjJ7-4ODUPKpFaUpWqByQzMvMLMlPz9AuyHRUBxUMDeA!!/ (zuletzt abgerufen: Januar 2016).

Ders.: Bosnien Herzegowina – EUFOR (European Union Force), 19.05.2014, http://www.einsatz.bundeswehr.de/portal/a/einsatzbw/!ut/p/c4/LckxDoAgDEbhs3gBurt5C3UhBf9AIynGEkk4vQ7mTV8e7fSl_EjiJlW50EpblDl0F_oBD1HjNj5ySLCYSzWD_gNtwIVqKlCfcQ-k2kWZrnOZXhp0QWc!/ (zuletzt abgerufen: Januar 2016).

Ders.: Demokratische Rebublik Kongo – EUFOR RD Congo, 30.09.2014, http://www.einsatz.bundeswehr.de/portal/a/einsatzbw/!ut/p/c4/LclBDoQgE AXRs3gBej-7uYXOhjTwRQLTbQQ18fRiYmr1UvSjnvCRIrekwoVGmnz6uNO4M8Ai SeV2dbKLqH4pWivkHWgXTMBf82Y3rDarRDXYZ-0O1j-kNX-HG-DsBJ4!/ (zuletzt abgerufen: Januar 2016).

Ders.: Der Einsatz am Horn von Afrika, 12.01.2016, http://www.einsatz.bundeswehr.de/portal/a/einsatzbw/!ut/p/c4/04_SB8K8x LLM9MSSzPy8xBz9CP3I5EyrpHK9pPKU1PjUzLzixJIqIDcxu6Q0NScH KpRaUpWqV5yfm5iTmaiXmZeWHw_l6BdkOyoCAKLz-AE!/ (zuletzt abgerufen: Januar 2016).

Ders.: Der Einsatz im Kosovo, 20.01.2015, http://www.einsatz.bundeswehr.de /portal/a/einsatzbw/!ut/p/c4/04_SB8K8xLLM9MSSzPy8xBz9CP3I5EyrpH K9pPKU1PjUzLzixJIqIDcxu6Q0NScHKpRaUpWql51fnF-Wr5eZl5Yfn52WX6RfkO2oCABjVf7G (zuletzt abgerufen: Januar 2016).

Ders.: Der Einsatz im Libanon, 19.11.2015, http://www.einsatz.bundeswehr.de /portal/a/einsatzbw/!ut/p/c4/LcgxDoAgDEbhs3gBurt5C3UhRYv5Q1NMB Ek4vQzmTd-jnUbGLy4uyMZKK20H5tBcaKd4gT1c-iCnUkX1X1K 6OEVgy-ZgMftqiFC60zJ9PkwHNA!!/ (zuletzt abgerufen: Januar 2016).

Ders.: Der Einsatz in Afghanistan, 12.01.2016, http://www.einsatz.bundeswehr.de/portal/a/einsatzbw/!ut/p/c4/LcgxDoAgD Ebhs3gBurt5C3UhP1q0gRQTqiScXgfzpu_RSl-KRw6YFEWmmZZN xtBcaDt7Fq2w_hHJbs75X2ydHeJxQqUa1InG4qUi0pWm4QWiPd-F/ (zuletzt abgerufen: Januar 2016).

Ders.: Die Bundeswehr in Mali (MINUSMA), 22.06.2015, http://www.einsatz.bundeswehr.de/portal/a/einsatzbw/!ut/p/c4/04_SB8K8x LLM9MSSzP8xBz9CP3I5EyrpHK9pPKU1PjUzLzixJIqIDcxu6Q0NScH KpRaUpWql5uYk6mXmZeWr1-Q7agIANrtCHc!/ (zuletzt abgerufen: Januar 2016).

Ders.: Die Unterstützungsmission in der Republik Südsudan, 13.11.2015, http://www.einsatz.bundeswehr.de/portal/a/einsatzbw/!ut/p/c4/04_SB8K8x LLM9MSSzPy8xBz9CP3I5EyrpHK9pPKU1PjUzLzixJIqIDcxu6Q0NScH KpRaUpWqV5qXm1lcrJeZl5avX5DtqAgAet3TxQ!!/ (zuletzt abgerufen: Januar 2016).

Ders.: Einsatzzahlen – Die Stärke der deutschen Einsatzkontingente, 22.01.2016, http://www.bundeswehr.de/portal/a/bwde/!ut/p/c4/04_SB8K8xLLM9MSSz Py8xBz9CP3I5EyrpHK9pPKUVL3UzLzixNSSqlS90tSk1KKknMzkbL2qx Iyc1Dz9gmxHRQDYLHC-/ (zuletzt abgerufen: Januar 2016).

Ders.: Kampf gegen den internationalen Terrorismus - OEF (Operation ENDURING FREEDOM), 19.05.2014, http://www.einsatz.bundeswehr.de /portal/a/einsatzbw/!ut/p/c4/LclBDkBADEbhs7iA7u3cAptJh99o0JFpkTg

9C3mrL48G-lK-JLFLVt6oo36UJt51vCcEiBr785Fjgo3Lls2g_4A_qFfejzkk
JGgQ9eAoJRex_TQ61rZ6AYtgvh8!/ (zuletzt abgerufen: Januar 2016).

Ders.: Weißbuch zur Sicherheitspolitik Deutschlands und zur Zukunft der Bundeswehr 2006, http://www.bmvg.de/resource/resource/MzEzNTM4M
muzMzMyMmUzMTM1MzMyZTM2MzEzMDMwMzAzMDMwMzAz
MDY3NmE2ODY1NmQ2NzY4MzEyMDIwMjAyMDIw/WB_2006_dt_m
B.pdf, (zuletzt abgerufen: Januar 2016).

Bundeszentrale für politische Bildung, bpb (Hrsg.): Die Europäische Union, Der Lissabonner Vertrag auf einen Blick, 24.09.2009, http://www.bpb.de/internationales/europa/
europaeische-union/43000/grafik-lissabonner-vertrag (zuletzt abgerufen: Januar 2016).

D

Dames, Marco: Armee im Einsatz, 05.02.2015, in: BMVg (Hrsg.), http://www.bundeswehr.de/portal/a/bwde/!ut/p/c4/DcixEYAgDADAWVy
A9HZuoXYhRMiB0YMg68t993DCpPhJRJNHscAOB8nqh_MjsGtWWSx
X5MvYxdo1FIysLnKjJJTm9tvXTgnevC0_m-5KJg!!/ (zuletzt abgerufen: Januar 2016).

Deutscher Bundestag (Hrsg.): Anti-Schleuser-Einsatz im Mittelmeer, 21.09.2015, www.bundestag.de/presse/hib/2015_09/-/388442 (zuletzt abgerufen: Januar 2016).

E

Ehmann, Tobias: Polizeiliches Handeln der Bundeswehr im Innern unter besonderer Berücksichtigung des § 13 Abs. 1 LuftSiG sowie der Entscheidung des Bundesverfassungsgerichts vom 15. Februar 2006, http://www.deutsches-wehrrecht.de/Aufsaetze/Ehmann-
%20Einsatz%20Bw%20im%20Innern.pdf, S. 1-9 (zuletzt abgerufen: Januar 2016).

Europäische Kommission (Hrsg.): Gemeinsamer Vorschlag für einen Beschluss des Rates über die Vorkehrungen der Anwendung der Solidaritätsklausel durch die Union, 21.12.2012, http://eur-lex.europa.eu/LexUriServ
/LexUriServ.do?uri=JOIN:2012:0039:FIN:DE:PDF (zuletzt abgerufen: Januar 2016).

Europäischer Konvent (Hrsg.): Schlussbericht der Gruppe VIII "Verteidigung", 16.12.2002, http://european-convention.europa.eu/pdf/reg/de/02/cv00/cv0
0461.de02.pdf (zuletzt abgerufen: Januar 2016).

F

FAZ.NET (Hrsg.): Flugzeugentführung. Irrflug versetzt Frankfurt in Angst und Schrecken, 05.01.2003, http://www.faz.net/aktuell/gesellschaft/flugzeug-entfuehrung-irrflug-versetzt-frankfurt-in-angst-und-schrecken-189977.html (zuletzt abgerufen: Januar 2016).

Ders.: Nach der Flutkatastrophe. Bundeswehr beginnt bisher größten humanitären Einsatz, 14.01.2005, http://www.faz.net/aktuell/gesellschaft/ungluecke/nach-der-flutkatastrophe-bundeswehr-beginnt-bisher-groessten-humanitaeren-einsatz-1210230.html (zuletzt abgerufen: Januar 2016).

Flocken, Andreas: Einsatz militärischer Waffen im Inland – Trennung von Polizei und Bundeswehr wird weiter aufgeweicht, 25.08.2012, http://www.bits.de/public/gast/12flocken-02.htm (zuletzt abgerufen: Januar 2016).

H

Hunko, Andrej: EU-Solidaritätsklausel führt zu einer Militarisierung der Innenpolitik, 25.06.2014, http://www.andrej-hunko.de/presse/2105-eu-solidaritaetsklausel-fuehrt-zu-einer-militarisierung-der-innenpolitik (zuletzt abgerufen: Januar 2016).

K

König, Axel (Hrsg.): 30 Jahre Bundeswehr – 30 Jahre Sicherung des Friedens Dokumente zum politischen Verständnis der Streitkräfte in der Demokratie, in: CDU-Dokumentation, Union in Deutschland, 32/1985, http://www.kas.de/wf/doc/kas_26653-544-1-30.pdf?110826092540 (zuletzt abgerufen: Januar 2016).

L

Ladiges, Manuel: Reichweite des Verteidigungsbegriffs bei terroristischen Angriffen, in: HFR 2/2009, http://www.humboldt-forum-recht.de/deutsch/2-2009/index.html, S. 19-29 (zuletzt abgerufen: Januar 2016).

Lehmann, Kai: Der Luftkrieg der NATO und die deutsche Beteiligung am Einmarsch in das Kosovo 1999, in: Chiari, Bernhard/Keßelring, Agilolf (Hrsg.), Wegweiser zur Geschichte Kosovo, 3. Aufl. 2008, S. 85-93, http://mgfa.de/html/einsatzunterstuetzung/downloads/meukosovoiiiansicht01.pdf (zuletzt abgerufen: Januar 2016).

Löwenstein, Stephan: Widerspruch gegen Schäubles Vorstoß, 11.05.2009, http://www.faz.net/aktuell/politik/inland/bundeswehr-und-piraten-widerspruch-gegen-schaeubles-vorstoss-1798685.html (zuletzt abgerufen: Januar 2016).

M

Ministerialblatt des Bundesministeriums der Verteidigung (VMBl): Hilfeleistungen der Bundeswehr bei Naturkatastrophen oder besonders schweren Unglücksfällen und im Rahmen der dringenden Nothilfe – Neufassung, 06.02.2008, Nr. 1, http://www.add.rlp.de/icc/add/med/ccc/ccc40a4e

-29a3-9a11-20a1-99b6a2b720f9,11111111-1111-1111-1111-111111111 111.pdf (zuletzt abgerufen: Januar 2016).

Müller, Andreas: Auslandseinsätze der Bundeswehr, 12.01.2016, in: BMVg (Hrsg.), http://www.bundeswehr.de/portal/a/bwde/!ut/p/c4/04_SB8K8xLL M9MSSzPy8xBz9CP3I5EyrpHK9pPKUVL3UzLzixNSSqlT9gmxHRQDa MqaD/ (zuletzt abgerufen: Januar 2016).

Müllmann, Dirk: Der Inneneinsatz der Bundeswehr vom politischen Wollen und dem verfassungsrechtlichen Können, http://fzk.rewi.hu-berlin. de/doc/sammelband/Der_Inneneinsatz_der_Bundeswehr.pdf (zuletzt abgerufen: Januar 2016).

P
Pauli, Heike: Die Bundeswehr – eine Parlamentsarmee, 03.12.2013, in: BMVg (Hrsg.), http://www.bmvg.de/portal/a/bmvg/!ut/p/c4/NYu7DsIwEAT_y GcroggdIRKiJQWEznEs58AvXS6h4eOxC3alKXa08ITSqHd0mjFF7eEBo 8Hj9BFT2J14pY3KKlY0i6XFIq85eWR8w71eZytMipYr2UbGQkeaE4mci H01G1ExAmcYpeo7qeQ_6ts2w7m5HFTbX7sb5BBOP5Iqr7w!/ (zuletzt abgerufen: Januar 2016).

Polke-Majewski, Karsten/Faigle, Philip/Biermann, Kai/Meiburg, Mounia/Joerres, Annika: Drei Tage Terror in Paris. Was geschah genau zwischen dem 7. und 9. Januar 2015? Der Versuch einer ersten Rekonstruktion, 11.05.2015, http://www.zeit.de/feature/attentat-charlie-hebdorekonstruktion (zuletzt abgerufen: Januar 2016).

Prantl, Heribert: „Quasi-Verteidigungsfall". Schäuble: Beim Abschuss gilt das Kriegsrecht, 11.05.2010, http://www.sueddeutsche.de/politik/quasiverteidigungsfall-schaeuble-beim-abschuss-gilt-das-kriegsrecht-1.303724 (zuletzt abgerufen: Januar 2016).

R
Redaktion PIZ EinsFüKdoBw: Einsatz im Südsudan: „Die tägliche Arbeit hat sich mehr als verändert.", 29.01.2014, in: BMVg (Hrsg.), http://www.einsatz.bundeswehr.de/portal/a/einsatzbw/!ut/p/c4/LYvBCoM wEET_KGuopbS3igjtsT2ovZTVLLI0JhLXCtKPbwLOwMDMY-AF0Q6_ PKCwd2ihgbbnS7eqbjX0JnYzyhYrfmQha_eJZCOo09mQ6r0jSSnkhGMO AcUHNfkgNpElhgUG2gzXRb6lGe79O9cPe9NdciP5a14wDSO1z_JnVsd/ (zuletzt abgerufen: Januar 2016).

Rentzsch, Stefan/ Bonk, Ralf/Bötel, Frank: Deutsche Fregatte schützt französischen Flugzeugträger, 21.01.2016, in BMVg (Hrsg.), http://www.bundeswehr.de/portal/a/bwde/!ut/p/c4/NYtNC8IwEET_Ubb pQdFbSxQET160Xsq2WUowHyXZWBB_vMnBGXiXNwNPKPX4Nguy CR4tPGCYzXHaxLRpEvjiTNZSEpjTqMmNZHxC_sC9PstiDp64ksmzKV wicohiDZFtNTnGYoTRM-

DRS9XLf_CO_3U6dT9dD26pLf4PVue4HBIhyqA!!/ (zuletzt abgerufen: Januar 2016).

S

Schmidt, Nico/Finkenzeller, Karin/Steffen, Tilman: Paris. Was wir über die Anschläge wissen, 14.11.2015, http://www.zeit.de/gesellschaft/zeitgeschehen/2015-11/paris-ueberblick-anschlaege (zuletzt abgerufen: Januar 2016).

SPIEGEL ONLINE (Hrsg.): Kampf gegen den IS: Erste "Tornados" starten Richtung Türkei, 10.12.2015, http://www.spiegel.de/politik/deutschland/bundeswehr-erste-tornados-starten-richtung-syrien-a-1067029.html (zuletzt abgerufen: Januar 2016).

SPIEGEL ONLINE (Hrsg.): Nächster Einsatz für die Bundeswehr: Nato schickt "Awacs"-Aufklärer in die Türkei, 27.12.2015, http://www.spiegel.de/politik/ausland/tuerkei-bundeswehr-mit-nato-vor-weiterem-auslandseinsatz-a-1069576.html (zuletzt abgerufen: Januar 2016).

Süddeutsche Zeitung (Hrsg.): Bundestag. Breite Unterstützung für gefährlichen Mali-Einsatz der Bundeswehr, 14.01.2016, http://www.sueddeutsche.de/news/politik/bundestag-breite-unterstuetzung-fuer-gefaehrlichen-mali-einsatz-der-bundeswehr-dpa.urn-newsml-dpa-com-20090101-160114-99-936289 (zuletzt abgerufen: Januar 2016).

T

tagesschau.de (Hrsg.): Wo die Bundeswehr im Einsatz ist, 07.01.2016, http://www.tagesschau.de/ausland/bundeswehr-auslandseinsaetze-101.html (zuletzt abgerufen: Januar 2016).

Tagesspiegel Online (Hrsg.): Sicherheit. Schäuble will Abschuss von Passagierflugzeugen, 01.01.2007, http://www.tagesspiegel.de/politik/deutschland/sicherheit-schaeuble-will-abschuss-von-passagierflugzeugen-erlauben/793296.html (zuletzt abgerufen: Januar 2016).

U

Uplegger, Silvia: Die Beiträge aus der Arbeitsgruppe VIII, in: Maurer, Andreas (Hrsg.), Der Konvent über die Zukunft der Europäischen Union, Bd. 4/2, 2003, http://swp-berlin.org/fileadmin/contents/products/arbeitspapiere/CONVEU_Konventsynopse_Bd04_Teilbd2_kopierschutz.pdf, (zuletzt abgerufen: Januar 2016).

Z

ZEIT online (Hrsg.): Terrorabwehr. Kriegsrecht soll Abschuss erlauben, 29.12.2006, http://www.zeit.de/online/2007/01/terror-abschuss-schaeuble?commentstart=1#cid-40576 (zuletzt abgerufen: Januar 2016).

Abkürzungsverzeichnis

Bezüglich der in dieser Arbeit verwendeten Abkürzungen sei verwiesen auf *Kirchner, Hildebert/Pannier, Dietrich*: Abkürzungsverzeichnis für die Rechtssprache, 7. Aufl. 2013

Neue Juristische Beiträge

herausgegeben von
Prof. Dr. Klaus-Dieter Drüen (Ludwig-Maximilians-Universität München)
Prof. Dr. Thomas Küffner (Fachhochschule Landshut)
Prof. Dr. Georg Steinberg (Universität Potsdam)
Prof. Dr. Fabian Wittreck (Westfälische Wilhelms-Universität Münster)

Band 122: Oliver Hieke: **Vorvertragliche Aufklärungspflichten des Verkäufers beim Unternehmenskauf**
2018 · 324 Seiten · ISBN 978-3-8316-4704-0

Band 121: Andreas Zürn: **Das Mediationsgesetz im Lichte der europäischen Mediationsrichtlinie**
2018 · 200 Seiten · ISBN 978-3-8316-4657-9

Band 120: Michael Gläsner: **Grenzen der Beschränkung von Patent- und Markenrechten zum Schutz der öffentlichen Gesundheit nach WTO-Recht**
2018 · 250 Seiten · ISBN 978-3-8316-4670-8

Band 119: Sarah Krampitz: **Das allgemeine Persönlichkeitsrecht von Sportvereinen**
2017 · 342 Seiten · ISBN 978-3-8316-4666-1

Band 118: Nana K. A. Baidoo: **Die dienstliche Beurteilung und ihre Kontrolle durch Gerichte** · Anmerkungen zur Verbesserung der Personalauswahl im öffentlichen Dienst
2018 · 234 Seiten · ISBN 978-3-8316-4661-6

Band 117: Hannah Rehage: **Der Einsatz deutscher Streitkräfte** · Unter besonderer Berücksichtigung der verfassungsmäßigen Prüfung innerstaatlicher Verwendungen bei terroristischen Angriffen
2018 · 162 Seiten · ISBN 978-3-8316-4653-1

Band 116: David Chrobok: **Zur Strafbarkeit nach dem Anti-Doping-Gesetz**
2017 · 264 Seiten · ISBN 978-3-8316-4648-7

Band 115: Florian Keller: **Das Finanzamt als Partner des Steuerpflichtigen** · Dargestellt am Beispiel der Korrekturvorschrift des § 173 Abs. 1 Nr. 1 AO
2017 · 280 Seiten · ISBN 978-3-8316-4627-2

Band 114: Johanna Küpper: **Personenbezug von Gruppendaten?** · Eine Untersuchung am Beispiel von Scoring- und Geo-Gruppendaten
2016 · 222 Seiten · ISBN 978-3-8316-4597-8

Band 113: Christine Lanwehr: **Faktische Selbstveranlagung und Fehlerkorrektur im Besteuerungsverfahren von Arbeitnehmern**
2016 · 320 Seiten · ISBN 978-3-8316-4545-9

Band 112: Sonja Dudek: **Auskunfts- und Urkundenvorlageersuchen von Finanzbehörden an Kreditinstitute**
2016 · 214 Seiten · ISBN 978-3-8316-4527-5

Band 111: Janina Fellmeth: **Das lohnsteuerrechtliche Abgrenzungsmerkmal des ganz überwiegend eigenbetrieblichen Arbeitgeberinteresses** · Bestandsaufnahme und Neuorientierung
2015 · 232 Seiten · ISBN 978-3-8316-4526-8

Band 110: Barbara Thiemann: **Kooperation und Verfassungsvorbehalte im Ausgleich** · Anleihen aus dem europäischen Verfassungsgerichtsverbund für eine Kooperation des EuGH mit den WTO-Rechtsprechungsorganen
2016 · 488 Seiten · ISBN 978-3-8316-4560-2

Band 109: Franziska Dautert: **Beweisverwertungsverbote und ihre Drittwirkung**
2015 · 302 Seiten · ISBN 978-3-8316-4479-7

Band 108: Florian Eder: **Beweisverbote und Beweislast im Strafprozess**
2015 · 396 Seiten · ISBN 978-3-8316-4469-8

Band 107: Martina Achzet: **Sanierung von Krisenunternehmen** · Ablauf und Personalentwicklung in Unternehmenssanierungen unter Konkursordnung, Vergleichsordnung und Insolvenzordnung
2015 · 304 Seiten · ISBN 978-3-8316-4467-4

Band 106: Anna Haßfurter: **Form und Treue** · Die Verhältnismäßigkeit von Formnichtigkeit und Formzweck
2015 · 538 Seiten · ISBN 978-3-8316-4459-9

Band 105: Johannes Leutloff: **Public Viewing im Urheber- und Lauterkeitsrecht** · Eine Untersuchung anhand der Public-Viewing-Reglements der Fußballverbände FIFA und UEFA
2015 · 274 Seiten · ISBN 978-3-8316-4429-2

Band 104: Simone Goltz: **Weltanschauungsgemeinschaften** · Begriff und verfassungsrechtliche Stellung
2015 · 336 Seiten · ISBN 978-3-8316-4427-8

Band 103: Verena Guttenberg: **Schutz vor Diskriminierung im Beschäftigungsverhältnis in Großbritannien – Equality Act 2010**
2015 · 680 Seiten · ISBN 978-3-8316-4414-8

Band 102: Johannes Peters: **Kindheit im Strafrecht** · Eine Untersuchung des materiellen Strafrechts mit besonderem Schwerpunkt auf dem Kind als Opfer und Täter
2014 · 294 Seiten · ISBN 978-3-8316-4391-2

Band 101: Oliver Suchy: **Der Verfall im Ordnungswidrigkeitenrecht** · Eine Untersuchung ausgewählter Gesichtspunkte im wirtschaftsstrafrechtlichen Kontext
2014 · 222 Seiten · ISBN 978-3-8316-4339-4

Band 100: Konrad Gieseler: **Die kartellrechtliche Fortsetzungsfeststellungsbeschwerde** · Zu den Zulässigkeitsvoraussetzungen des § 71 Absatz 2 Satz 2 GWB
2014 · 248 Seiten · ISBN 978-3-8316-4388-2

Band 99: Astrid Eiling: **Verfassungs- und europarechtliche Vorgaben an die Einführung neuer Verbrauchsteuern** · Verprobt am Beispiel der Kernbrennstoffsteuer
2014 · 268 Seiten · ISBN 978-3-8316-4366-0

Band 98: Matthias Wieser: **Intelligente Elektrizitätsversorgungsnetze – Ausgewählte Rechtsfragen unter besonderer Berücksichtigung des EnWG 2011 und des EEG 2012**
2014 · 324 Seiten · ISBN 978-3-8316-4349-3

Band 97: Sarah Regina Helml: **Die Reform der Selbstanzeige im Steuerstrafrecht**
2014 · 246 Seiten · ISBN 978-3-8316-4340-0

Erhältlich im Buchhandel oder direkt beim Verlag:
Herbert Utz Verlag GmbH, München
089-277791-00 · info@utzverlag.de

Gesamtverzeichnis mit mehr als 3000 lieferbaren Titeln: www.utzverlag.de